广东外语外贸大学出版基金资助

日本中世文化研究

韦立新◎著

中国出版集团
世界图书出版公司
广州·上海·西安·北京

图书在版编目（CIP）数据

日本中世文化研究/韦立新著．—广州：世界图书出版广东有限公司，2013.12
　ISBN　978-7-5100-7363-2

　Ⅰ．①日…　Ⅱ．①韦…　Ⅲ．①文化研究—日本—中世纪　Ⅳ．①G131.3

中国版本图书馆CIP数据核字(2013)第321616号

日本中世文化研究

责任编辑	孔令钢
出版发行	世界图书出版广东有限公司
地　　址	广州市新港西路大江冲25号
http://	www.gdst.com.cn
印　　刷	虎彩印艺股份有限公司
规　　格	710mm×1000mm　1/16
印　　张	14.25
字　　数	230千
版　　次	2013年12月第1版　2016年1月第3次印刷
ISBN	978-7-5100-7363-2/G・1538
定　　价	45.00元

版权所有，翻版必究

内容提要

本书把关注的重点放在日本中世文化的形成和发展，以及中国宋元文化与日本中世文化之间的内在关联上，更多地关注围绕着禅与武士的关系而形成的，并与禅文化有着千丝万缕的关系的各类文化现象。

我们通常所谈论的，尤其是一般人观念中的"日本文化"，其实绝大部分都可以说是日本中世时期形成的，或多或少带有点"禅味"的日本文化。而至今依然体现在现代日本人生活当中，为大多数日本人所接受并享受、对日本人的精神世界产生着深远影响的，其主流实际上仍然不外乎中世文化。而包含有如此众多"禅"要素的中世文化，实际上是在中日两国佛教文化交流过程中形成并发展起来的。中国宋元文化的许多要素，正是在日本中世武家政权时代（从镰仓时代开始至后期的室町时代）这一段特殊的时期里，通过文化交流的形式流入日本的。

该书以一个全新的视角，对日本中世时期的中日文化关系以及日本文化加以审视。针对该时期两国文化交流主要围绕"中国禅的东传和日本禅的形成与发展"而展开的特点，对以此为契机，由此而形成并发展起来的日本中世文化进行考察、分析，既揭示了该时期两国文化关系的实质，亦揭示了日本中世文化的实质和特征。该书指出，日本中世时期中日两国的文化交流，尽管以佛教文化交流为主，而实际上其结果却远不只局限于佛教文化这一层面上，而是导致了中国宋元文化传入日本并在日本广泛传播，不仅催生了具有典型中世风格的日本中世文化并促进其发展，还深深地影响、渗透于日本文化的方方面面。

前　言

在我国国内的相关学界，尽管我们不愿意看到也很不愿意承认，但却的的确确存在一个令人颇感遗憾的事实，那就是对日本中世文化的研究，无论是其质还是量，都还远远谈不上"与时俱进"。至少可以说，现实的这种研究状况，与我们应有的日本研究事业的发展和需要是极其不相符的。关于学习和研究日本文化的重要性和必要性，在此似乎已无再强调的必要，但有必要谈谈的是：为何要关注日本的中世文化？我想这其实也不难解释，因为我们通常所谈论的，尤其是我们一般中国人心目中、观念中的"日本文化"，其实绝大部分都可以说是日本中世时期形成的，或多或少带有点"禅味"的日本文化，而绝非所谓的奈良文化、平安文化等。而至今依然体现在现代日本人生活当中，为大多数日本人所接受并享受、对日本人的精神世界产生着深远影响的，其主流实际上仍然不外乎这种包含有许多"禅"要素的中世文化。仅以茶文化为例，正如众所周知，在村田珠光开创以追求精神性为终极目的，以"恬静、闲寂、简朴"为最高境界的"侘茶"之前，曾一度盛行的是在将军、大名家中会所举行的"斗茶"，那其实是一种以竞相夸耀、玩赏"唐物"或其他贵重舶来品为主要目的的"华丽的"茶文化。然而，最终没有被淘汰而被保留、承袭下来，并得以发扬光大的，唯有这开创于中世后期的室町时代，注重追求在精神方面"神圣化"的茶道文化。

我们在考察日本文化史、中日文化交流史时不难得知：日本的中世文化，与佛教有着密不可分的联系，其中极大部分（或者说主要部分），是在伴随着中国禅的东传而流入日本的中国宋元文化的影响和渗透之下形成和发展起来的。日本中世文化的许多方面（包括该时期形成的文艺理念、文学思潮、审美意识、价值取向、风俗习惯等），都对日本的后世影响深远，并最终得以较好地沿袭、继承下来，成为日本文化具有代表性的主要内涵。

可以说，日本中世文化的形成和发展，是日本中世武家政权时期（相当于中国宋元明时期）中日两国间"特殊的"佛教文化关系的必然产物。两国间这种特有的佛教文化关系，客观上导致了中国的宋元文化伴随着中国禅的东传和日本禅的形成，影响并渗透于日本文化，催生了颇具特色的"日本中世文化"，并进而促进其发展和繁荣。

因此，考察日本中世文化的形成和发展，探讨其与中国宋元文化之间的渊源，全面审视和准确把握该时期两国的文化关系，准确把握日本中世文化的实质和特征，就具有非常特殊的重要意义。

本书以日本中世时期中日两国之间的佛教文化关系为切入口，把关注的重点主要放在中日两国"禅"之间的渊源、两国禅僧的弘禅活动对日本文化所产生的直接或间接的作用，以及其与日本中世文化的创造主体——武士阶层之间的关系上，以求准确把握该时期中日两国的文化关系和中世文化的实质。

日本的中世文化包括了前期的镰仓文化和后期的室町文化，尽管在文化的内涵、文化的形成和发展上都略有不同，但仍然具有比较明显的共同特点：

（1）文化的创造主体以新登上政治舞台，政治和经济势力日渐强盛的新兴武士阶层为主；

（2）文化的形成和发展均不同程度地受到来自中国的宋元文化的影响和渗透；

（3）文化的主要精神和内涵都得以较好地承袭至今，影响深远。

基于上述理由，本书将日本的"中世文化"整个地纳入考察研究的视野范围内。

由于中世时期中日两国文化关系客观存在的特殊性，使得本书虽仅以佛教文化关系为切入口，通过考察围绕着"中国禅的东传与日本禅的形成和发展"而展开的文化交流的方方面面，却能够比较全面地审视和探讨中国宋元文化（主要是禅文化）与日本中世文化的关系，从而达到"以一斑而窥全貌"之目的。

本书无意探讨佛学的深奥义理，而着重关注该特定时段的中日佛教文化关系，故在研究和论述的方法上对佛学本身不做过多的探讨，而侧重于从文化关系的角度、从两国文化之间的"内在联系"方面，去着力考察中国文化对日本中世文化的影响。因此，在这一方面，笔者尽可能收集、查阅了与本课题相关

的史料和文献资料，以及前辈师友的研究成果。

应当指出的是，一个国家、一个民族的文化，在汲取了外来文化之精华后，需要经过一个适应本土文化的过程，经过适当的改造、转换之后，才有可能与本国文化融合，为本国人民所接受。

日本中世文化对中国宋元文化的接受和汲取自然也不例外。因此，我们说中国宋元文化影响日本文化，绝不意味着中国宋元文化原封不动地被照搬到了日本，也不意味着受中国宋元文化影响的日本文化都应该有宋元文化的影子。

日本中世文化的形成和发展，与伴随着中国禅文化的东传而流入日本的中国宋元文化有很大的关系。绝不能因为日本文化中有的东西（内容、形态）中国并不曾存在，就否认其受中国文化的影响。窃以为，就文化而言，精神方面的、内在方面的联系，才是更应该给予关注和重视的。

众所周知，每个国家、每个民族，其文化的内容、形式、层面、内涵，都必定是多元的，但又都有主流和非主流之分。具体到某一个国家的某一个特定的时代，这种情况亦同样存在。而对所谓的"主流文化"和"非主流文化"的判断和评价，则可能会因研究者的立场和研究视角的不同，结果出现见仁见智的不同看法。这就如同对似乎应该是"绝对一致"的历史事实的认识和把握一样，有时往往会因历史学家的史观不同而有所改变。

笔者根据自己对日本文化及文化史的认识和理解，在本书中对所谓的"日本中世文化"，在关注的重点上也有自己的侧重，那就是更多地关注围绕禅与武士的关系而形成的，并与"禅"有着千丝万缕的渊源的各类文化现象。

本书之所以把关注的重点置于日本中世时期，除了上述因素之外，还主要基于以下理由：

在中日关系史、中日文化交流史上，有两个中国文化流入日本的重要时期：①隋唐文化流入日本的7—8世纪；②宋元明文化流入日本的13—15世纪。在第一个时期，由于日本处于权力高度集中于少数统治阶级的状态之下，故两国的文化交流虽然频繁而活跃，中国文化向日本的流入似乎也汹涌澎湃，但实际上其在日本影响的范围相当有限。而到了中世时期之后，随着日本新兴武士阶层的崛起，一般民众的地位也有所上升，致使该时期流入日本的宋元文化，在日本所产生的影响以及所波及的范围之广、影响程度之深远，乃是前一个时代

所无法比拟的。显然，要探讨两国的文化关系，以求达到准确把握日本中世文化的实质和特征之最终目的，则对该时期给予应有关注的重要性和必要性不言自明。

由于笔者才疏学浅，研究难免有欠透彻，敬请各位方家批评指正。

目　　录

第一章　绪　论 ………………………………………… 001
　一、意义和重点 ………………………………………… 001
　二、先行研究 …………………………………………… 004
　三、内容及范围 ………………………………………… 006
　四、构成及特色 ………………………………………… 008

第二章　中国宋元文化的影响力 ……………………… 011
　一、宋代前后的历史背景 ……………………………… 011
　二、中日佛教之间的渊源 ……………………………… 015
　三、宋元文化在日本人心目中的地位 ………………… 017

第三章　日本中世文化与新兴武士阶层 ……………… 026
　一、"禅味"浓厚的日本中世文化 …………………… 026
　二、禅与日本中世武士阶层 …………………………… 027
　三、著名禅僧与上流社会的"禅宗皈依者" ………… 032
　四、中世武士阶层中的"中国文化情结" …………… 035

第四章　日本中世文化与禅宗文化 …………………… 040
　一、中国禅与日本禅 …………………………………… 040
　二、禅的传入对日本文化的影响 ……………………… 048
　三、禅林清规与"小笠原流"礼法的形成 …………… 061
　四、禅与日本宋学的关系 ……………………………… 063
　五、中日禅僧对日本中世文化的贡献 ………………… 068

001

第五章　日本中世文化的形成 ……………………… 077
　一、宋元文化的冲击与镰仓时期佛教的通俗化倾向 ……… 078
　二、宋元文化与"五山文化" ……………………… 083
　三、室町文化与"禅"精神 ………………………… 088
　四、宋学对日本博士家学的影响 …………………… 095
　五、结　语 …………………………………………… 096

参考文献 ……………………………………………… 098

附录一　本书涉及的中日佛教文化关系大事年表 ……… 102
附录二　索　引 ………………………………………… 105
附录三　中日文化关系史上不容忽视的一页 …………… 117
附录四　中国儒教文化与日本近世思想的形成 ………… 126
附录五　中日悲乐文化刍议 …………………………… 133
附录六　日本文化与道家文化渊源略考 ………………… 145
附录七　儒家经济思想在日本现代化进程中的变迁 …… 154
附录八　日本神道と中国の古代文化との関連性について … 170
附录九　絶海中津の禅学思想への一考察 ……………… 185
附录十　山崎闇斎における「神儒妙契」について ……… 200

后　记 ………………………………………………… 214

第一章　绪　　论

一、意义和重点

关于日本的中世文化，也许是由于中日学界对日本的所谓"中世文化"的定义和概念尚存有疑虑（或者说不认同笼统的"中世文化"提法）的缘故，抑或是由于笔者的孤陋寡闻，虽有对具体到所谓"室町文化"、"东山文化"或"北山文化"等的关注和研究，却鲜见有令人瞩目的专门而系统的"中世文化研究"。的确，从严密的意义上来说，"中世文化"这一提法有过于模糊、过于笼统之嫌，尤其在学问研究方面，远不如"北山文化"、"东山文化"一类的概念令人信服。加上对"中世"的把握，本来就存在着基于文学史、文化史、政治史、制度史等不同立场的划分法，曾经一度以著有《日本中世史》的历史学家原胜郎的划分法为主流的日本学界，后来也出现了认为其过于偏向政治史而逐渐将其摈弃的倾向。故对所谓"日本中世文化"的研究，实际上确实尚未形成足以令人瞩目的"气候"。尽管如此，笔者依然坚持认为：把进入镰仓时期以来直至德川时代为止的"武家政权时代"视为"中世时期"，从一个外国人的角度去认知或者研究日本文化时，把整个"中世时期的文化"作为一个整体来看待，似乎更容易把握，更具有其合理性和便利性。因为正如该时期被称为"武家时代"一样，尽管前期的"镰仓文化"和后期的"室町文化"又分别各具不同特色，但其文化的创造主体，主要都是进入镰仓时期后在政治和经济上都掌握了实权的武士阶级。而且与前一个时期受中国隋唐文化的影响有所不同，该时期主要受到的是来自中国宋元文化的强烈冲击。而我们通常所谈论的、至今依然体现在现代日本人生活当中，对日本人的精神世界产生着深远影响的"日本文化"，其主流实际上恰恰正是该时期形成的、包含有许多宋元文化和

"禅"文化要素的中世文化。因此，对日本中世文化进行专门而系统的研究，显然具有不同寻常的重要意义。

众所周知，中日文化交流的历史源远流长，其中大部分时期文化交流最重要、最直接的媒介都是通过佛教进行的，这在宋元时期表现得更为突出。这就决定了探讨该时期中日两国的佛教文化关系，对中日关系史、中日文化交流史的研究而言，无疑是个重要而具有深远意义的课题。

日本中世文化的形成和发展，实际上与该时期的中日文化交流有着密不可分的关系。中国宋元文化的许多要素，实际上就是在这个被称为"武家政权时代"的中世时期里，通过文化交流的形式流入日本的。在这个特殊的时期，中日两国虽然没有正式的外交关系，但两国由于当时的社会环境、历史背景相当特殊，客观上致使中日两国之间，商人和佛教僧侣的交流都相当频繁而活跃，贸易往来亦兴旺而发达。这一点，已为众多中外史家的相关研究结果所证实。

在该时期活跃的文化交流过程中，中日两国佛教僧侣发挥了极为重要的媒介和桥梁作用。从这个意义上看，该时期两国的文化交流，主要是佛教文化方面的交流，而该时期的中日佛教文化关系，归根结底又是在两国围绕着中国禅的东传、日本禅的确立和发展而展开的文化交流过程中形成的。

作为中外关系史研究的一个领域，中日关系史的研究不仅涉猎者众多，且大家辈出，研究成果也可谓坚实而厚重。在这些以往的研究中，既有以经济贸易往来为主线，重点考察研究中日两国的经贸往来、经贸关系的，也有以政治、军事或外交方面的关系为主线，着重从相关的角度加以审视，或以两国的文化交流为主线，着重从文化交流的角度来对两国关系加以考察研究的。

而着重从文化交流这一层面，对两国之间交流往来的历史和关系加以审视和考察的中日文化关系史的研究，特别是在中日两国各个不同时期的文化交流的历史，从人员往来到典籍文献、文物的交流和传播，及其对两国文化发展所起的作用等方面，其实也都有许多令人信服的成果。

但应当指出的是，在中日文化关系史、中日文化交流史的研究方面，对宋至明初这一段正好相当于日本的中世（镰仓、南北朝、室町）时期里，两国之间的文化交流和文化关系所进行的历史性研究尚显薄弱。经笔者搜寻，有关这一时段中日文化关系史的研究，以新中国1949年建国以来至20世纪90年代初为止的论著为例，仅有相关论文9篇，部分涉及这一时期文化交流

的著作仅2部。而在日本的研究界，涉及这一时期僧侣往来和典籍、文物交流方面的研究虽有不少，但迄今为止鲜有将关注的重点置于对该时期两国间佛教文化关系进行专门研究的专著。

笔者认为，对两国文化交流史上某一特定时段的文化关系，如果其在某一特定层面上具有相当的特殊性，从而使其在文化交流的双方或某一方的文化构建和发展上占据有非一般可比的地位时，则有必要专门就这种文化关系进行深入的探讨和研究，以便更客观、更准确地认识和把握这种文化关系，并给予其应有的、恰如其分的定位和评价。窃以为，这既不失为一种意义深远的研究课题，从事这种研究也应该被视为中外关系史研究者的义务和责任所在。

就中日文化关系史而言，笔者认为，宋元明时期的中日文化关系，就属于一种非常特殊的文化关系。也唯其如此，该时期亦成为中日文化交流史上的一个特殊时期。概括起来看，其特殊之处就在于：

（1）中日两国无论在政治经济还是外交文化上的关系上，当其时都正好处于一个"大转折"时期；

（2）两国的文化交流主要以日本汲取中国文化为主，基本上呈"一边倒"趋势；

（3）文化交流以佛教文化方面的交流为主，人员往来以佛教僧侣之间的来往居多，在文化交流活动中扮演重要角色的主要也是中日两国的佛教僧侣；

（4）文化交流活动主要围绕着中国禅的东传和日本禅的形成和发展而展开；

（5）中国宋元文化随着中日禅僧的传禅、弘禅活动的展开而流入日本，并在日本得以广泛传播；

（6）文化交流的结果，是整个日本中世文化的形成和发展都不同程度地受到中国宋元文化的影响和渗透。

可以说，上述种种特殊性，赋予该时期具有了不同于隋唐时期的另一种特别的意义，从而使之成为中日文化交流史上的一个特殊时期。

有鉴于该时期文化交流的特殊性，可以说，把握住该时期的佛教文化关系，基本上就等于把握住了该时期的中日文化关系的实质，就等于紧紧地抓住了纲。正所谓"纲举而目张"，我们如果以此为研究视角，再进一步去探讨和研究两国的文化关系以及两国文化及文化史方面的有关问题，探讨日本中世文化的实质和内涵等方面的问题，对于充实相关领域的研究，无疑将具有非常重要的现

实意义。

从历史当中去总结两国在文化交流方面的经验教训，总结本国自身文化构建方面的成败得失，从中获得有益的启迪，这不正是我们的终极目标所在吗？

纵观目前相关学界的研究现状，以如此视角去审视该时段的中日文化关系，如此去评价和定位该时期的佛教文化关系，如此去理解和把握日本的中世文化，并给予其应有的关注，做专门而系统的研究者其实尚不多见，有鉴于此，本书把关注的重点集中在对该时期的两国佛教文化关系进行全方位的整体把握上。在参考并借鉴前辈学人研究成果的基础上，重点对该时期两国在佛教文化交流方面相关史实做进一步的分析和考察，以探讨该时期中国佛教文化（以禅文化为主）的流入对日本佛教文化的影响，以及伴随着佛教文化的交流（实际上是中国禅文化向日本的流入）而来的中国宋元文化对日本中世文化的形成和发展所产生的影响，及其对日本文化渗透的程度，从而进一步揭示当时中日两国在文化交流方面的真实原貌，同时以自己的认识和评价基准，展开并阐述自己的基本评价和定位，以更准确地把握日本中世文化的内涵、特征和实质。

二、先行研究

纵观迄今为止的中日文化关系史、中日文化交流史研究，就中国学界而言，或偏重于至隋唐时期[①]为止的"古代中日文化交流史"研究，或侧重对近代以来交流史的研究，而对于宋元明时期这个相当于日本的中世时期里两国的文化交流史及文化关系的研究，则不仅涉猎者少，深入研究之作也不多见。为便于说明问题，在此将新中国建国以来至 20 世纪 90 年代初为止涉及或部分涉及这一时段文化交流的研究论著列举如下。[②]

论文：

（1）《明初流寓云南的日本僧人》（孙太初，《思想战线》，1980.3）；

[①] 由于国内学者多有将近代以前的中日文化交流史笼统地视为"古代中日文化交流史"者，但笔者倾向于隋唐前后应分开来考虑，故特作此说明。

[②] 根据周维宏《建国以来的中日文化交流史研究——统计与分析》一文整理。参见北京日本学研究中心编：《中国日本学年鉴1992》，科学技书文献出版社1992年版。

(2)《宋代折扇及其对外文化交流》(朱培初,《浙江工艺美术》,1982.1);

(3)《元国信使一山一宁东渡述略》(毛德传,《南开史学》,1982.2);

(4)《中国禅僧东渡日本及其影响》(夏应元,《历史研究》,1982.3);

(5)《元代中日文化及宋学在日本的传播和研究》(刘国珍,《内蒙古师大学报》,1984.4);

(6)《元宋时期中日民间贸易的历史作用》(方安发,《江西大学学报》,1985.1);

(7)《日本来华五山僧侣与日本中世纪汉文学的繁荣》(孙东临,《日本问题》,1987.6);

(8)《北宋中日僧侣的文化交流》(安淑珍,《河南大学学报》,1990.1);

(9)《无准师范和圆尔辨圆的交往——中日文化交流史上的美妙乐章》(冯学成,《文史杂志》,1990.6)。

著作:

(1)《中国典籍在日本的流传与影响》(陆坚、王勇主编,杭州大学出版社,1990);

(2)《中国日本交通史》(王辑五,上海人民出版社,1985);

(3)《中日文化关系史论》(周一良,江西人民出版社,1990);

(4)《中日文化交流史论》(梁若容,商务印书馆,1985);

(5)《宋元时期的海外贸易》(陈高华、吴泰,天津人民出版社,1981)。

从上述相关的研究成果可以看出,对宋元时期的中日关系、文化交流史的研究仍属薄弱,而且专门就该时期的佛教文化关系进行深入研究者尚不多见。

那么,日本的相关学界又如何呢?

应该说,由于日本学界对日本佛教史、日本禅宗史的研究相当深厚,其中涉及宋元明时期渡日中国禅僧以及到中国求法巡礼的日本佛教僧侣的研究也不在少数。另外,从思想史的角度进行的研究自然也会涉及"禅"思想的传入及其在日本思想史上的影响和地位,涉及禅宗的传入、日本宋学的形成等方面。除此之外,涉及宋元明时期中日关系、文化交流史方面的研究主要有:

森克己对日宋之间的贸易以及文化交流的研究；辻善之助关于宋文化、元明文化对日本的影响方面的研究；藤善真澄、王丽萍等对日本入宋僧成寻的有关研究；竺沙雅章关于宋代东亚佛教文化交流的研究；还有侧重于明代前后（日本室町时期）的日本对外关系及文化交流的田中健夫（更多关注包括朝鲜、琉球在内的整个东亚地区的往来交流）和佐久间重男（集中于明代的日中关系）的研究；以及玉村竹二、谷信一、今枝真爱、芳贺幸四郎等学者关于日本中世禅林以及日本禅僧、中世室町文化与"禅"思想的关系方面的研究。

从上述日本的相关研究来看，实际上，除了从佛教史、禅宗史角度对日本禅宗的研究（在此恕不一一列举）和对某一特定的人物、事件有偏重于考据性的深入研究以外，以日本的中世时期两国间佛教文化关系为重点的专门研究，其情形与中国相差不大。至于对所谓日本中世文化方面的研究，则正如前文所提及的那样，由于学界对日本的所谓"中世文化"的定义和概念尚存不少见仁见智的看法，莫衷一是，致使迄今未见有专门而系统的"中世文化研究"。

从这个意义上来说，本研究所重点关注的时段，以及以佛教文化关系来把握该时期的中日文化关系，进而从中日文化交流及文化关系的视角去理解和把握日本中世文化的特征和实质，这既可以视为中日文化交流史研究方面的一个新视角，同时在日本文化的研究方面亦自有其独到之特殊意义。

三、内容及范围

关于对日本中世文化以及中世时期中日两国之间的文化关系的认识，笔者一直坚持这样的观点，即包括日本禅宗、"镰仓新佛教"，以及"五山文学"、"宋学"，甚至在日本中世后期（室町时期）兴起的庶民文化在内的、通过"五山"僧侣们以"五山禅林"为据点对宋元文化的积极研究和推广而发展起来的、以"宋学中兴、佛儒融会"为特征的日本中世文化，实际上大部分都是在中国宋元文化的影响和渗透之下形成的。有的是由宋元文化直接促成和推动起来，有的则是以"禅文化"的传入为契机，直接或间接地受到刺激和影响，并承袭了宋元文化的主要精神而发展起来的。

基于如此观点，本书设定了从佛教文化关系这一视角去考察研究日本整个中世文化，探讨其与中国宋元文化之间的渊源。窃以为，这样的研究既是成立的，同时也是相当有意义的。而且对于准确而客观地认识和把握日本的中世文

化乃至整个日本文化无疑具有重要的意义。

如前所述，通过在隋唐时期对中国文化的积极汲取、消化和吸收，逐渐羽毛渐丰至能与中国文化"抗衡"之日本，不仅一度停止了"遣唐使"的派遣，而且日本文化在唐末北宋时期还曾经一度反过来影响中国文化。但到了南宋，中日文化关系又发生了一个大的"转折"。可以说，在日本包括镰仓、室町时期在内的整个中世武家政权时期里，中日关系史、中日文化交流史，归根结底就是中国佛教文化对日本文化影响和渗透的历史。

从中日文化交流史上看，中世的镰仓、南北朝、室町时期，正值中国禅传入日本，并在日本形成日本禅进而获得发展壮大的时期。以禅文化为主要内容的中国宋元文化，也伴随着这一过程流入日本，影响并渗透于日本文化当中。而从日本佛教史、日本文化史上看，这一时期的日本文化呈现出具有划时代意义的显著变化：①日本禅宗迅猛发展；②所谓的"镰仓新佛教"日益"平民化、通俗化"；③以禅文化、禅林文学为主要内容的"五山文学"以及宋学、佛儒融合之风在日本兴起；④深受中国禅文化影响和渗透并具显著特色的"中世文化"形成。

正如我们在先行研究部分里提到过的，从国内外有关中日交通史、中日文化交流史方面的研究现状和已有成果来看，虽然对两国各时期的僧侣往来、典籍交流方面有比较详尽的研究和论述，但对日本中世时期的中日佛教文化之交流，却鲜见专门的研究。而仅从日本文化史上看亦不难得知，日本整个被称为"武家政权时代"的中世时期，恰恰是一段在文化史上占有相当重要地位的时期，因此，这不能不说是一个缺陷。

有鉴于此，本研究把在中世时期里两国间的佛教文化关系，以及伴随着中国禅的东传、日本禅的确立和发展而形成并发展起来的日本中世文化，有意识地纳入到研究的范围之内。研究内容涉及伴随着佛教文化的交流而来的中国宋元文化对日本中世文化的形成和发展所产生的影响、所起的作用，及其对日本文化影响及渗透的程度等等。概括而言，研究的内容及范围主要包括：

（1）日本中世时期中日两国在佛教文化（主要是禅文化）方面的交流情况，以及两国在佛教文化方面的渊源；

（2）在中国禅的东传以及日本禅宗的形成和发展过程中，中日两国禅僧在日本展开的传禅、弘禅活动，以及与此相关的其他活动给日本中世文化带来

的影响；

（3）伴随着禅宗的传入而附带被传入日本的（以禅文化为主的）宋元文化对日本中世文化的形成和发展所产生的影响以及所起的作用。

四、构成及特色

本书共分为五章。第一章为绪论，主要就本书的意义、内容、特色、基本思路和结论等有关问题作必要的介绍。在第二章主要就宋元文化对日本的影响力与日本佛教文化的形成和发展的关系进行分析和论述，并得出结论：日本佛教的历史和传统，导致了中国宋元文化在当时日本人心目中形成了一座在精神上难以逾越的"精神高峰"，具有崇高无上的威信和强大的影响力。这一点注定了该时期的两国佛教关系不是一种"平等的、互动的"关系，而几乎是中国宋元文化涌入日本，影响并渗透于日本佛教文化之中的"一边倒"的关系。中国宋元文化实际上影响并促进了该时期的日本佛教文化的形成和发展。

第三章主要就日本中世文化与该时期新兴的武士阶层的关系进行考察和论述。而第四章则围绕着自中国传入的禅宗文化给日本中世文化带来的影响进行考察、分析，包括两个方面：①通过考察日本中世时期形成和发展起来的较有代表性或典型意义的各种文化现象的来龙去脉，力求揭示其与禅宗文化之间的渊源；②论述了中国禅僧对日本文化的贡献。本章表明了以下观点：自中国传入的禅宗文化，以及中日禅僧围绕着禅文化的传播展开的活动给日本中世文化带来的影响之深远难以估量。

第五章主要围绕中国宋元文化与日本中世文化的形成和发展之间的联系进行考察、分析，着重从两者之间内在的、精神方面的联系，进一步去揭示日本进入中世后期以后，形成和发展起来的"禅文化"以外的其他文化与中国宋元文化之间的渊源，旨在强调：以"禅的传入和传播"为契机，附带传入日本的宋元文化又随着中国禅僧们的弘禅活动向外延伸，自然而然地影响、"催生"了"禅宗文化"以外的其他文化。最后，在结语部分里以结论的形式概括对宋至明初中日两国的佛教文化关系的看法。对该时期两国的佛教文化交流在日本文化史上所占的地位、对日本文化的形成和发展所起的作用，给予相应的定位和评价。

本书的最大特色就在于：以一个迄今为止尚未有过的全新视角，来审视和

把握在日本所谓"武家政权时代"的中世时期（中国南宋至明初）这一特定时段中的中日文化关系，分析和思考在该时期形成并发展起来的所谓"日本中世文化"。并以自己对中日两国文化的理解和判断、评价基准，对该时期两国的文化关系在日本文化史上的作用和影响给予相应的定位和评价，从而对日本中世文化乃至整个日本文化的内涵、特征及实质进行更准确而客观的把握。

就与本书相关的问题而言，迄今为止有从日本佛教史的角度来把握和理清该时期的日本禅宗史及有关问题，并给予相应的定位和评价的研究；也有从中日交通史、中日文化交流史的角度来审视该时期的两国文化关系并给予相应评价。此类研究多倾向于挖掘有关的史料以再现当时人员、典籍、文物的交流往来的历史真相，故重点大多放在对文献、史料的发掘整理以及对实地、文物、物证的考据方面。也就是说，至今为止鲜有把关注的重点放在对当时两国文化之间的、精神层面的联系上。然而笔者始终认为：既然将重点放在两国"文化关系"的研究上，则应该重点关注该时期明显存在着的内在的、精神方面的、有实质性关联的文化现象。此类文化现象所反映的内在关联，有些或能为相关的史料所证实，有些则可能即使没有确凿的史料和物证相佐证，但依然可以依据周边的史料和当时的历史条件得以推断出极具互相关联的可能性。对于其在两国文化史上的地位和作用进行思考和探讨，仍然不失为一件有意义的工作。当然，这需要有一个大前提，即从客观的角度，从整个历史上看，两国间的文化的确存在着千丝万缕的联系，或直接互相影响，或表面上虽然似乎无直接的联系，但实际上却存在着某种内在的、精神上的渊源、承袭关系。如果没有了这个大前提，则难免有失"牵强附会"之嫌，研究也就失去了成立的基础。而依笔者对中日两国的历史、文化史的认识和了解，窃以为在中日两国的文化关系上，这个大前提还是存在的，而且已为大多数史学研究者所认同。

如前所述，从中日文化交流史上看，相当于中国宋元明时期的"日本中世"是个非常特殊的时代。是继隋唐时期之后，又一个"日本汲取中国文化"的特殊时期，而且从结果上看，该时期的文化交流给日本文化带来的影响重大而深远，许多在日本中世时期形成并发展起来的文化一直延续至今，成为日本文化的典型代表。一句话，围绕着中国禅的东传和日本禅的形成和发展而形成的该时期两国间特有的佛教文化关系，导致了日本文化史上不仅形成了深受禅文化影响或伴随着中日禅僧的活动而发展起来的文化，还给该时期的日本建筑文化、

庭园文化、印刷文化、饮食文化、茶文化以及文学、书画艺术等，都不同程度地打上了深深的"禅文化"烙印。因此，只要把握住了该时期的佛教文化关系，基本上就等于把握住了该时期的中日文化交流的主要方面，同时也可以说基本上把握住了日本中世文化的本质。

基于这样的指导思想和基本思路，笔者设定了这样一个小小的研究视角：对日本中世时期（包括镰仓、南北朝和室町时代）中日两国的佛教文化关系进行研究，从佛教文化关系这个角度来审视和把握该特殊时段里的两国文化关系，并力图构建一个小小领域，在这个框架内来展开对中日文化关系以及日本中世文化的研究。如此一来，可以把日本中世时期的历史、文化都纳入到研究的范围里来。应该说，如此非同以往的研究视角，正是本书的最大特色。

第二章　中国宋元文化的影响力

一、宋代前后的历史背景

有鉴于日本中世文化与宋元时期中日文化交流史、中国宋元文化之间的特殊关系，我们在讨论日本中世文化时，显然有必要考察一下当时的历史背景。

关于宋代前后中日两国在政治、经济、文化上的优劣对比，以及当时中日关系方面的大致情形，似乎已无赘述之必要。在此，仅就当时两国在文化关系、文化交流方面所处的"大环境"概而言之，即该时期的前期（北宋）和后期（南宋），中日两国在围绕着文化发展的大时代背景上，分别有着各自不同的显著变化。

中国方面，在前期，经历了唐代末期半个世纪的弑杀、篡位和战乱的五代兴亡时期之后，北宋面临的当务之急，是如何复兴因战乱而衰退没落的文化。而当时的日本，尽管停止了"遣唐使"的派遣，中断了与中国的正式往来，但通过在此之前积极输入、汲取中国文化而开创起来的"国风文化"[①]已经充分繁荣兴盛，甚至达到可以向中国"夸耀"，足以抗衡中国的地步。

众所周知，在中日文化交流史上的隋唐时期，实际上可以说是日本不堪忍受那种听任中国文化自然而然地经由朝鲜半岛缓慢流入的状况，而采取积极主动的方式去汲取中国文化以为自己所用的"特殊时代"。为了直接从强盛的中国吸取先进的文化"营养"，日本政府先后派出了 4 次遣隋使、20 次（实际

[①] 日本废止遣唐使之后，在平安时代中后期形成了以优美典雅为主要特色的贵族文化。该时期的文化在各个领域都摆脱了中国唐文化的影响，是日本特有的文化，故又称"国风文化"。

成行16次）遣唐使①前往中国，使团的规模有时竟达五六百人。在当时那种造船技术和航海经验都相当有限的条件下，派遣如此大规模的使团冒险出海实属罕见，由此足见当时的日本对中国文化之"渴求"程度有多深、汲取中国文化之决心有多大。

日本国风文化的繁荣昌盛，可以说就是日本积极汲取中国文化"营养"之后取得的最大、最直接的成效。

随着盛唐的逐渐衰落，在菅原道真的提议下，日本于894年正式废止了遣唐使的派遣。那么，日本中断了与中国的正式往来之后，是不是文化上的交流也完全停止了呢？这实际上是不可能的。因为有了前一个时代频繁而密切的文化交流给日本文化带来的欣欣向荣的景象，日本人民感同身受到文化交流带来的"实惠"，民间的往来岂是政府一纸"禁令"所能轻易禁止得了的？通过考察当时的中日交通史可以得知：即便是在那样的年代，中日间的交通往来仍然频繁不断。

（一）南宋前中日两国在对外政策上的不同姿态

如前所述，日本于894年（宽平六年）不仅正式废止了遣唐使的派遣，还禁止国人私自进出海外。②一直到北宋年间都采取消极的锁国封闭政策。政府在对外政策上的考虑，加之当时日本文化正处于高度繁荣昌盛时期，这一特殊的时代背景自然会影响到当时两国间的文化往来。一个最具体而明显的反映就是，与前一个时代相比，佛教僧侣们的交流往来明显陷入低潮，而其中名留史册者更是寥寥无几。③据日本学者研究，五代时期中日之间船舶往来有据可查

---

① 关于日本政府派出的遣唐使的主要目的，尽管有各种论调，但窃以为当以"汲取文化"为主要目的的观点较为可信。

② 关于当时日本严加禁止国人前往海外之事例，有据可查的有：永承二年（1047）十二月因私自入宋事情败露而被严处的筑前人清原守武和嘉保元年（1094）因私派僧人从事贸易而被贬官问罪的藤原伊房。参见木宫泰彦：《日中文化交流史》，商务印书馆1980年4月第1版，第244—245页。

③ 参见［日］木宫泰彦：《日中文化交流史》，商务印书馆1980年4月第1版，第254页。

的有15次，北宋160年间有70多次，却罕有日本驶往中国的商船。① 相比之下，中国宋朝的对外政策比较积极开放，更积极寻求与海外各国的交流往来。与东邻的日本则更是如此。

宋朝积极主动的对外政策，还表现在对来自日本的入宋僧的优遇上。我们从日本学者木宫泰彦研究整理的"北宋时代入宋僧一览表"得知，在北宋年间入宋的日本僧侣，基本上都得到宋朝皇帝的召见并获得各种优待。②

如983年（永观元年）入宋的东大寺僧人奝然，在携弟子来到宋都汴京时，既获宋太宗召见，又获赐紫衣及宋版《大藏经》，并且获授"法济大师"法号。据传当时奝然献上《职员令》和《王年代纪》，并向太宗介绍了日本国体。太宗听闻日本天皇血统得以世代相传而延续不断，曾经深为叹息。1003年（长保五年）率弟子7人入宋的天台僧侣寂昭到达汴京时，亦荣幸地获得宋真宗赐见，并获授紫衣及"圆通大师"法号；1072年（延久四年）率弟子7人入宋的京都大云寺僧人成寻，来到洛阳时也获宋神宗在延和殿召见，同时获赐紫衣、绢帛，并获授"慈悲大师"法号。另外，1078年（承历二年）携答复宋神宗的复信和答礼入宋的仲回，也获赐了"慕化怀德大师"法号。皇帝既亲自召见，赐厚礼，授大师号，想必在其他方面的优厚待遇更不在话下。入宋的日本僧侣，不仅获朝廷重视，得皇帝亲自召见，在入京沿途的各地也都受到相当优厚的礼遇。关于这一点，我们从与成寻的《参天台五台山记》齐名的另一部由入宋僧戒觉留下的《渡宋记》中不难得以窥见。据《渡宋记》记载，戒觉入宋时曾上表朝廷，请求获准能效仿前辈成寻滞留宋朝，巡礼五台山、天台山，并最终能长留此地，以五台山为"终焉之地"。③ 在1082年（元丰五年）12月2日，戒觉竟荣幸地获得来自大宋朝廷的招聘，先行前往宋朝之都开封以拜见宋神宗。在乘坐河船前往京洛时，还获派专门的"行事官"来陪同照顾前往。沿途经过各地时，每日还能领到一定数额的"供养钱"。④ 戒觉最后在崇政殿前获宋神

---

① 参见[日]木宫泰彦整理的"五代时期中日间船舶往来一览表"、"日本和北宋往来一览表"，载木宫泰彦：《日中文化交流史》，商务印书馆1980年4月第1版。
② 参见[日]木宫泰彦"日本和北宋往来一览表"，载木宫泰彦：《日中文化交流史》，商务印书馆1980年4月第1版，第255—258页。
③ 参见《渡宋记》元丰五年10月2日条。
④ 据《渡宋记》元保二年9月29日条记载，每日可有100文钱可供花销。

宗谒见，并获赐紫衣一袭。另外，出了宫殿之后，戒觉再获追赐香染、装束及绢帛20匹。[①] 由此我们不难想象，当时宋朝的对外政策是何等的积极开放，与日本之间的交往又是何等的迫切而友善。在这一点上，唐代与宋代可以说有着天壤之别。据传，"入唐八家"之一、著名的日本僧圆仁，在滞留唐朝期间就曾不得不沦落至乞食旅行之地步。

（二）南宋后日本进入"建立新文化"时代

正如前面所述，北宋时期中日两国在文化方面的"气势"和地位，基本上处于对等状态。当然，由于文化离不开历史渊源，离不开传统，所以尽管当时日本在文化上已经获得了极大发展，却仍然或多或少地、自觉不自觉地汲取中国文化并受其影响和渗透。不过有一点，该时期的日本已经具备了反过来向中国输出文化的"实力"。[②]

值得注意的是，中日两国在文化上的这种优劣态势转移，到了南宋时代又戏剧性地发生了大转变。

正如陈寅恪先生所指出："华夏民族文化，历数千载之演进，造极于赵宋之世。"[③] 中国在这时候不仅构建起了高度完备的宋代理学体系，还形成了以讲究精致、内趋、细腻而风雅的士大夫文化为主要特色的"宋文化"，教育和科技等方面也获得了高度的发展。同时，随着晚唐以来都市经济的发展、商市生活的繁华，一种不同于典雅的士大夫上层文化的市民文化也蓬勃兴起。可以说，在文化的发展和成就方面，宋词、理学、科技发明等，足以使宋文化堂堂屹立于世界文化的舞台上，虽没有隋唐文化的气象恢弘，却也不乏宋文化特有的独特风采。

而此时的日本，正当武家兴起，进入由幕府将军掌握政治实权的所谓"中世武家政权时代"。过去一直处于社会下层的武士阶级，逐渐走到了历史舞台的前台，拥有并牢固掌握了政治上的权力和经济上的实力，并进而追求在文化

---

① 参见《渡宋记》元丰六年3月5日条、2月11日条。
② 如兴福寺僧人宽建在中国传布日本有名文人的诗、书法，澄觉和宽辅在中国传播佛教而获赐紫衣和大师称号等。参见木宫泰彦：《日中文化交流史》，商务印书馆1980年4月第1版。
③ 陈寅恪：《宋史职官志考证序》，载《金明馆丛稿二篇》，生活·读书·新知三联书店2001年版，第145页。

上占据主导地位，以图与政治、经济势力相适应，与其统治者身份相符合。而在此前的一个时代里，从中国移植而来的包括政治制度在内的唐文化，显然已难以适应新兴武士阶层的爱好和需求。简而言之，该时期的日本，不仅政治上在转型，原有的中国式中央集权政治制度亦日趋崩溃，中央政府对地方在政治、经济上的支配和控制日渐弱化。在文化方面，过去在朝廷公卿、贵族们当中备受推崇的唐文化，既不合新兴武士阶层的"口味"，也并无多少"实惠"可言。因此，对于在政治权利和经济实力上"新崛起"的武士阶层（将军、地方庄园领主、地方豪族）来说，追求"新文化"，构建一种新的文化模式就成为自然而然的。

由于整个中世时期（包括镰仓时期、南北朝时期和室町时期）都是武士阶层占据了政治、经济和文化的历史舞台，因此，武士阶层的需求自然也就主导了当时的社会需求和发展，而所谓"日本中世文化"，其创造文化和享受文化的主体，自然也就变成了新兴的武士阶层。

换句话来说，日本实际上又到了一个渴求新文化的"饥渴时代"。积极寻求新文化的结果，导致日本再一次进入主动汲取中国文化的"特殊时期"——宋元时期，在中日关系史、中日文化交流史上，这无疑应该成为另一个备受关注的时代。

另外值得一提的是，这样一种特殊的历史条件和时代背景，决定了往后一段时期的中日文化关系，实际上主要是日本文化汲取中国文化，并在依存中国文化的基础上，获得极大发展的"特殊"的文化关系。

当然，导致中国宋元文化流入日本，除了上述特殊的历史条件和时代背景因素外，中日佛教间客观存在的渊源，也是不容忽视的重要因素之一。

二、中日佛教之间的渊源

讨论中国宋元文化对日本佛教文化的影响力问题，还有必要追溯一下日本佛教的历史，从日本佛教各宗的传承关系来看中日佛教间的渊源。

日本佛教，始于6世纪初经由朝鲜半岛传入的中国佛教。这一客观的史实决定了中国文化在日本佛教史上的地位。

自日本佛教产生明确的宗派之后，如镰仓时代以前的南都六宗（三论宗、

法相宗、华严宗、俱舍宗、成实宗和律宗）和平安二宗（天台宗、真言宗），几乎都与中国佛教有着千丝万缕的联系。让我们先从最早传入的三论宗、法相宗的传承关系看起吧。

考察日本佛教的历史可以得知，传入三论宗的是于625年（推古三十三年）来日的高丽僧人慧灌僧正，被称为三论宗的第一传。第二传是智藏僧正（入唐归国后弘法于奈良法隆寺），第三传为道慈律师（大安寺）。这三论宗的"三传"中，第一传慧灌虽然是高丽僧人，其实也曾经入唐从著名的吉藏法师（嘉祥大师）受教，而且，其门下弟子大多曾经入唐求法而归；第二传智藏曾经入唐从高僧研习"三论"；第三传道慈律师也不例外，曾于701年（大宝元年）乘遣唐使船入唐，历访各宗高僧而归，归国后住大安寺，创"大安寺派"。

再来看看日本法相宗的传承关系。

日本法相宗的第一传为道昭（629—700），于653年（白雉四年）5月随遣唐使赴唐，师事唐高僧玄奘三藏，在唐居住达7年，归国后于元兴寺创建禅院，从事弘法活动。第二传为智通、智达，曾于658年（齐明天皇四年）7月乘新罗船西航入唐，师从玄奘和窥基（慈恩大师）学法相教义。第三传为智凤、智鸾等，于703年（大宝三年）入唐从智周学习唯识教义。第四传玄昉于717年（养老元年）3月乘遣唐使船赴唐，师从智周学法相教义，在唐居留达18年。据传在唐时深得玄宗皇帝的赏识，获赐紫袈裟，于734年（天平六年）11月，携带经论5000余卷以及各种佛像归国。[①]

日本华严宗与中国佛教的渊源又如何呢？

根据日本佛教史学者村上专精的研究[②]，华严宗传入日本的大致经纬是：736年（天平八年）唐代高僧道璿带来大量《华严经》的章疏，后由新罗高僧审祥于740年（天平十二年）在金钟寺道场首次开讲《华严经》（审祥也因此被视为华严宗第一祖），再由良辨（第二祖）继承并加以弘传。通过细考其师承渊源发现，被称为华严宗第一祖的新罗高僧审祥，却原来是中国华严宗教义

---

① 参见[日]木宫泰彦整理的"遣唐学生、学问僧一览表"，载木宫泰彦：《日中文化交流史》，商务印书馆1980年版，第126—149页。

② 参见[日]村上专精：《日本佛教史纲》，杨曾文译，商务印书馆1981年11月第1版。

集大成者贤首大师的弟子。①

再来看看日本律宗。一般认为，日本律宗应以大名鼎鼎的鉴真和尚于 745 年来到日本，设戒坛于奈良东大寺，后又于 759 年（天平宝字三年）另建唐招提寺，并在此设坛授戒为其正式形成。但实际上，在此之前的所谓南山律宗第一传（道光律师，曾入唐受传戒律）、第二传（道璿律师来日传戒）也都与中国渊源深厚。而所谓南都六宗中余下的俱舍宗、成实宗，则分别为法相宗、三论宗的附宗，在此且容略过不述。

同样，平安二宗也不例外。

通过考察得知：被视为日本天台宗鼻祖的传教大师最澄（767—822），于 804 年（延历二十三年）入唐。由于在唐从道邃和尚受菩萨大戒，从顺晓上师受三昧灌顶归国，所以他尽管在唐滞留仅短短一年时间，但却因此而在当时的佛教界威信大起，奉天皇敕命为南都八高僧讲授天台宗法门，在高雄山寺设坛授灌顶，并最终使天台宗正式获得朝廷的"公认"。

至于日本真言宗的创始人弘法大师空海（774—835），亦与最澄在同一年时间入唐，在长安拜青龙寺的惠果为师，得授密教秘法归国，在日本创建了真言宗。

总而言之，日本镰仓时期以前的佛教各宗，正如日本佛教学者增谷文雄所指出的那样："其学派的谱系无不与中国联系在一起。"② 应该说，在日本佛教历史上客观存在的这种与中国佛教之间特殊的渊源及传承关系，无形之中使中国佛教乃至中国文化，在日本佛教信徒以及其他信奉佛教的人们心中占据了近乎至高无上的地位，并形成了一座在精神上、心理上难以逾越的"精神高峰"。日本佛教界中的如此现象，连同其佛法、教义一起，师徒相承，其影响波及一代又一代。

---

① 参见［日］村上专精：《日本佛教史纲》，杨曾文译，商务印书馆 1981 年 11 月第 1 版，第 30 页。
② ［日］增谷文雄：《佛教概论》，筑摩书房 1965 年版，第 262 页。

三、宋元文化在日本人心目中的地位

日本的佛教界不仅在隋唐时期以能留学中国为荣,以能招请到中国僧侣、结缘于中国大德高僧为至幸,甚至时至五代北宋,日本所谓"国风文化"已极度繁荣至足以抗衡中国文化之地步的时候,中国文化在日本僧侣心目中,依然具有难以抗拒的权威性和影响力。

当时的宋朝,经过了唐末五代的战乱,典籍佚失者不在少数,以致在文化方面"元气大伤"。而与此相反,许多典籍在前一个时代流入日本之后,大多得以在日本完好地保存了下来。因此,来自日本的入宋僧们,有不少人专门携带听说在中国已失散不见的经疏典籍"回赠"宋朝,这在中日文化交流史上已成为佳话。

如北宋时期的入宋僧奝然,为了夸耀日本国体精华而携《王年代纪》献与宋太宗,同时还进献了在中国已失传不见的后汉大儒郑玄所著《郑氏注孝经》;寂昭入宋时带去了宋都已散佚的南岳禅师的《大乘止观》和《方等三昧行法》;成寻在入宋晋谒宋神宗时,其携带而去的天台、真宗等经典多达600余卷[①],足见当时的日本,其在文化方面所拥有的资本是多么的雄厚、"底气"是多么的盈足。

也就是说,当北宋为复兴因战乱而衰退的文化而努力之际,日本方面却终于摆脱了来自中国大陆的文化影响,克服了照搬"中国大陆文化模式"的弊病,而发展、繁荣至渐具独立的日本风格的"国风文化",并具备了反过来向中国"输出文化"的资本和能力。类似的情况,除了上述几例"回赠"中国的典型事例之外,在中日文化交流史上尚能举出不少。

据传,在中国的五代时期,于926年(延长四年)为朝拜圣迹而来到中国的日本兴福寺僧人宽建,就曾经携带日本平安时期著名书法家、被誉为日本"三迹"之一的小野道风的行、草书各一卷,来到中国进行传布。当时的日本朝廷,为使其能在中国"为国争光",不仅赐其黄金以作旅费,还赐给他不少如菅原道真、纪长谷雄、桔广相等著名文人的诗集为其壮行。

另外,前面也曾提及的、以入宋晋谒宋太宗,进献《王年代纪》并向宋太宗夸耀日本皇室万世一系而出名的奝然[②],据传也曾携有藤原佐理的笔迹献与

---

① 参见[日]木宫泰彦:《日中文化交流史》,商务印书馆1980年版。
② 参见《宋史·日本传》。

宋帝，夸耀日本书道之妙，引得时人赞赏不已。①另据木宫泰彦所述，尽管未能确定源信的《往生要集》是否真的曾被放在天台山国清寺而致"缁素随喜、贵贱归依"，但《往生要集》曾被托寄往中国，一度令时人惊叹不已，并在宋朝引起了莫大反响，这似乎应为不争之史实。②

但尽管如此，在日本佛教僧侣及信奉佛教的人们心目当中，中国文化始终不失为一座高不可攀的"精神高峰"，总是令他们不由自主地产生憧憬和景仰之情。

关于这一点，早有日本学者指出："自遣唐使废止后，日本人对海外的关心明显减退，但其怀念昔日盛唐、崇拜中国之风并未衰微。"③

如前所述，由于日本佛教与中国佛教之间客观上存在着千丝万缕的特殊渊源，从而奠定了中国文化在日本佛教僧侣们心目中至高无上的地位和威信，同时还导致了中国文化在一般日本人心目中也同样具有很高的地位和很大的影响力。

其实，日本人对中国文化的憧憬，尤其是日本的统治者中对中国文化充满向往者古已有之。如推古天皇时期的摄政圣德太子（574—622）、苏我马子（？—626）等。正是出于对中国文化的向往和憧憬，才促使其产生了汲取中国（隋朝）的先进文化，进而赶超其先进文化的积极愿望和动力，从而客观上促进了本国文化的发展和繁荣。

镰仓幕府第八代执权④北条时宗，当年派日僧入宋邀请中国高僧大德东渡日本时，就曾亲笔写过这样一封短信，信中说："树由其根，水有其源。是以欲请宋朝名僧，助行此道。"⑤由此可见，中国的佛教高僧在日本人心目中的地位是何等崇高。

---

① ［日］家永三郎：《日本文化史》，岩波新书1959年12月第1版，第106页。
② ［日］木宫泰彦：《日中文化交流史》，商务印书馆1980年4月第1版，第288—292页。
③ ［日］田中健夫：《中世对外关系史》，东京大学出版会1975年版，第72页。
④ 日本中世时期镰仓幕府的官职名称。作为拥有主导幕府一切事务的权力者，在当时是最有实权的官职。
⑤ 转引自周一良：《中日文化关系史》，江西人民出版社1990年版，第181页。

下面就让我们再来看看日本人"怀念盛唐、崇拜中国"的具体事例吧。

（一）再三托寄著作往宋朝的源信

奠定了日本净土宗发展基础的平安中期天台宗学僧源信（924—1017），自幼出家登上比睿山，师从著名的慈慧僧正，才智过人，精通显密二教，对佛门教义有独到的理解，著有著名的《往生要集》三卷，引经据论，力陈通过念佛，往生极乐净土之功德，宣扬净土教思想，对后来形成的日本净土宗、净土真宗影响极大。

可以说，他是一位通过自己潜心钻研佛教经典，并在此基础上形成了自己对佛教教义的独到见解，足以令日本人为之骄傲的著名高僧，在日本佛教界极具影响力。但就连这样一位非凡人物，似乎也依然难抑心中对中国文化的敬畏和仰慕。他于永延（987—988）初年托便船将自己所著《往生要集》寄送往宋朝。[1] 后来，还专门再托弟子寂昭入宋，向四明山的知礼请教有关天台宗教义的27个疑难问题。据传，后来源信得到了来自知礼对自己提出的疑难问题点所作的答释，多有不以为然之处，于是后世有传言说，以其过人之才智，源信其实并非真的不解，只是有意借此试探中国高僧的学问深浅而已。即便果真如此，难道不也应视其为对中国高僧有所顾忌，对中国文化心存"顾虑"所致吗？

实际上，在日本佛教界，曾经一度在很长一段时间里都流行所谓的"唐决"[2]现象，这其实也应视为对中国文化心存敬畏的最好例证。

或诚心诚意求教解答，或千方百计求证自己所学或试探对方深浅，如不达到目的，恐怕此生难以"释怀"。中国文化在其心目中的地位由此可见一斑。

据木宫泰彦的《日中文化交流史》记载，源信在圆融天皇时期的978年（贞元三年）3月，曾被选为比睿山法华会广学竖义的竖者[3]。为了准备竖义，他特地专门研究因明学，并著书《因明论疏四相违略注释》三卷。后又于1001年（长保三年）摘录因明大意，著成《因明义断纂要注释》一卷，均分别千方

---

[1] 有认为此事发生在宽和二年（986）之说，但笔者认为木宫泰彦之说较为可信。参见［日］木宫泰彦：《日中文化交流史》，商务印书馆1980年4月第1版，第289页。

[2] 在平安时代，日本僧侣每当遇到教义上（以天台、密教方面的居多）的疑难问题难得其解，或相互争论不休、僵持不下时，往往通过入唐僧向中国有名的学问僧请求解答或请求裁决，称为"唐决"。

[3] 学问高深，专门在佛教中就教义难题立意作答者。

百计托人带往宋朝,以求"详定是非、以披愚蒙"。[1] 源信再三托寄其著作往宋朝之举,不论其真实目的何在,至少可以说明两点:①正如木宫泰彦所指出的那样,"表明日本佛教已发展到和中国处于对等地位"[2]之地步;②在日本佛教僧侣的心目当中,大凡佛教之学问,必欲求得中国高僧之认可方能获得其"权威性",否则始终难以令人释怀。

(二)日本人心目中的阿育王寺信仰

位于明州的阿育王山,作为禅院"五山"中最先为日本人所熟悉的山,在许多日本人心中是憧憬和向往的对象。

据《唐大和上东征传》记载,早在奈良时代,著名的鉴真和尚就曾经陪同来自日本的学问僧荣睿、普照等登上此山瞻仰名寺,后来入宋的许多著名僧侣(如重源、荣西)也都曾到此山瞻仰。另外,据传平安时代末期的著名武将平重盛曾派一名叫妙典的船主专门到阿育王山寺施舍黄金以建功德,了却自己多年的心愿。

日本镰仓时期的幕府第三代将军源实朝(1192—1219),可谓当时幕府将军的代表人物。据《吾妻镜》记载,1216年(建保四年)6月15日,有宋人工匠陈和卿谒见源实朝,并告知其前世乃明州阿育王山寺长老。源实朝听后暗自称奇,因为此前曾有一位高僧梦中相告,所述前世之事,正好与陈和卿所言相符。于是,本来就信奉佛教的源实朝越发深信不疑,下令建造大船、召集人马,积极策划入宋拜谒阿育王寺。尽管最终未能达成心愿,但已足见日本人心中对中国佛教名刹的景仰。

(三)与中国结缘乃日本僧侣之梦寐所求

正如前面所提及,佛教讲究师承、渊源、法系等。由于日本佛教与中国佛教之间特殊的渊源,从而决定了能以某种方式结缘于中国的名山古刹、高僧硕学,乃是日本佛教僧侣之梦寐所求。凡是得以结缘于中国者,必将威信大增,仰慕者众、皈依者趋。

---

[1] 参见[日]木宫泰彦:《日中文化交流史》,商务印书馆1980年4月第1版,第291页、第292页。

[2] 参见[日]木宫泰彦:《日中文化交流史》,商务印书馆1980年4月第1版,第292页。

在日本禅宗史上有一事例，足以说明日本僧侣与中国结缘之重要。据传，日本早期的禅师大日房能忍（生卒年不详）是一位天性好禅、悟性极高的人，通过自己研读"达摩三论"（《达摩大师悟性论》、《达摩大师血脉谱》、《达摩大师破相论》）并潜心修禅得以悟道，便在摄津吹田的三宝寺开始弘禅。但由于他既不曾到过中国，也未曾获得过中国高僧的"印可"，故在师承问题上遭到不少人的质疑，只好派弟子练中、胜辨于1189年（文治五年）入宋，将自己的所悟托弟子二人到中国以求"印可"，最后终于求得阿育王山著名禅僧拙庵德光的认可，并获赠自赞的顶相[①]和达摩摩像以作为同意其嗣法的证明，方才得以作为临济宗杨岐派的传人，"名正言顺"地在日本弘传禅法。

后来的日本佛教僧侣，即使不再图到中国继承著名高僧的法统、衣钵，却仍然以亲历中国求得著名高僧巨儒的亲笔手迹为无上荣光。

据《延宝传灯录》、《本朝高僧传》等书记载，1368年（正平二十三年），肥后正观寺大方元恢死后，其徒弟日昙聪携带师父顶相入明，请得天宁楚石梵琦写的顶相赞而归；天龙寺独芳清昙死后，其徒弟也是带着师父顶相入明，求得中国高僧为其撰赞欣然归国。[②]其他由入元僧、入宋僧携带回国的语录、诗文集的序跋更是不在少数，已为日本学者木宫泰彦的研究结果所证实，在此恕不一一列举。

日本学者木宫泰彦通过对日本佛教僧侣来到中国后所游历的地方、所从事的活动进行考察研究之后，得出如下结论：入唐僧最大的目的在于求法；入宋僧主要是为了消除自身罪障，以图后世成佛而去朝拜圣迹；而入元僧、入明僧则是为了亲历心目中的中国丛林，一睹中国江南正宗禅林的山川风物，领略正宗的中国风趣。[③]

由此我们可以得知，宋代以后进入中国的佛教僧侣们，实际上已经不再是以到中国求法以继承中国高僧之法统和衣钵为目的。而且，由于自那以后就有不少中国著名高僧相继渡日，并在日本培养了很多优秀弟子，致使宋代以后的

[①] 禅宗高僧的肖像。一般附有像主本人书写的"赞"，多为师授予嗣法弟子以为凭证之物。

[②] [日]木宫泰彦：《日中文化交流史》，商务印书馆1980年4月第1版，第610页。

[③] 参见[日]木宫泰彦：《日中文化交流史·南宋、元篇》，商务印书馆1980年4月第1版。

日本佛教僧侣"如果仅以参禅究道为目的，已无须冒渡海的危险入元了"[①]。尽管如此，在当时日本的佛教僧侣当中，入元、入明者却依旧大有人在，蔚然成风。笔者认为，这显然与其心目中的"精神高峰"依然屹立不倒有关。

日本佛教僧侣崇拜中国，事事以有缘于中国为荣，处处以富于中国趣味为"正宗"。他们的这种"中国文化情结"，对于中国宋元文化得以在日本广泛传播，并影响、渗透于日本文化的方方面面，起到了决定性的作用。

（四）上流有闲阶层中的"唐物"情结

实际上，我们在思考日本中世文化的形成和发展时，除了要关注日本佛教僧侣们心目中根深蒂固的"中国文化情结"所起的作用之外，还应该注意到一个不能忽视的因素，那就是在当时的上流社会有闲阶层当中，还客观存在着一种崇尚所谓"唐物[②]趣味"和"禅趣味"的特殊风气。窃以为，如此风气在日本中世文化的形成和发展过程中，同样起到了非常重要的作用。

如众所周知，日本发展至中世时期，由于被称为"町众"的工商、金融业者群体的出现，以及地方上被称为"惣村"的自治性、地缘性村落组织的形成，致使其中世文化的一部分在一定程度上呈现出典型的"庶民文化"特点。但作为日本中世文化中尤为引人注目的，仍然当数以所谓"北山文化"、"东山文化"为代表的上流武士文化。

我们知道，进入镰仓时期以后，随着镰仓新佛教的进一步通俗化、庶民化，更具体点说，随着日本禅宗势力在幕府及权力者庇护下的不断发展壮大，禅文化及禅的理念和精神，实际上已逐渐影响、渗透于日本人的日常生活当中，虽然尚不至于达到所有文化都"与禅紧密地联系在一起"[③]之地步，但正如我们所熟悉的"禅与（枯山水）庭园"、"禅与书院式建筑"、"禅与茶道"等所反映的那样，渗透着禅的理念和精神的"中世文化"实际上已经大行其道，深为时人所喜爱，这已成为不争的事实。

[①] ［日］木官泰彦：《日中文化交流史·南宋、元篇》，商务印书馆1980年4月第1版，第464页。

[②] 日本在中世、近世时期对所崇尚的中国制品的雅称。有时狭义上指宋、元、明时期的美术作品，有时还指产地不明的舶来品。这里指中国的书画作品及古董文物。

[③] 参见［日］西义雄：《禅的人性尊重观——以黄檗、临济父子的禅为中心》，载须纯道编：《禅与日本文化的诸问题》，平乐寺书店1969年5月出版，第413页。

而我们在考察、研究日本文化史时得知，日本中世文化之所以带有浓厚的"禅"文化风格，显然与以幕府将军为首的上流有闲阶层当中盛行的好禅、尚"唐物"之风有难以分割的关系。

进入室町时代以后，势力显赫的足利将军家族不仅承袭了作为禅宗的有利支持和庇护者的传统，还以嗜好"唐物"、崇尚"禅风"而闻名天下。

从足利义满开始，足利义教、足利义政等历代将军均有此嗜好。他们通过与明朝之间的贸易往来，不仅获得了经济上的利益，还收集到许多中国宋元时期的名画，经过专门负责唐物的鉴定、甄别和管理的"同朋众"[1]的整理后，盖上"天山"、"道友"等鉴藏印加以收藏。

到了足利义政的时期，由"同朋众"能阿弥编撰了《御物御画目录》[2]，对将军家所收藏的280幅名画，分别就其材质、形态等进行分类，并就画家、画题、赞者等一一进行记述。后来，能阿弥、相阿弥还专门就足利家族所藏的所谓"东山御物"[3]撰述了有名的《君台观左右帐记》[4]。据传，足利义政曾经由于过度沉湎于"唐物"嗜好，在追求"唐物趣味"方面耗费过多精力、财力和人力，达到近乎"走火入魔"之地步，以致在发生"宽正大饥馑"[5]之年，竟罔顾京都贺茂川饿死者尸骸堆积至阻断水流，而依然一味只顾打造其心目中的理想庭园及建筑，因此招致民间怨声载道、恶名远播。而且，财力、人力和物力的大量过度耗费，最终还导致了"应仁之乱"[6]后财政陷入极度困境，而为解救财政之困不得已变卖部分"东山御物"，最终导致不少唐物散佚、流落至民间，在此不作详述。

中世时期日本上流有闲阶层当中的"唐物"情结，除了上述事例之外，还

---

[1] 在幕府将军家中专门从事诸如园艺、木匠等工作的具有某种特殊技能的下人。
[2] 撰述年代不详。据传为能阿弥所撰。记载了室町幕府历代将军收藏的中国书画的作品名、画题、画家名等的目录。
[3] 指足利家族所藏的宝物。
[4] 成书于室町时代，据传为能阿弥所撰的关于传自中国宋元的书画、工艺品的鉴定、鉴赏方面的秘传书。书中分类详记了将军家中会所里摆设、装饰的书画、文物等的名称、由来、作者等。原书已经失传，现存有据传为能阿弥撰述的《群书类丛》本和据传为相阿弥撰述的东北大学本两种版本。
[5] 指发生于1461年（宽正二年）的大饥荒。京都地区一带尤其惨重。
[6] 指发生于1467年（室町时代应仁元年）至1477年（文明九年）期间，细川胜元派（东军）与名持丰派（西军）之间，以京都为中心一直持续了10年之久的内乱。

表现在：①上流社会中的家庭会所向作为"唐物"展示场的转变；②以玩赏唐物为主要目的的"茶会"的盛行。

据传，早期的上流权贵们家中的会所，往往所摆设和展示的是主人家珍藏的各种风雅作品，既能显示自己的文化和修养，又能使来会所参加聚会的宾客们赏心悦目。进入室町时代以后，随着禅宗的兴隆，以及日本与宋、元之间交流往来的增多，大量唐物流入日本，成为了上流有闲阶层收藏和玩赏的宝物，从而使该时期的会所大多成为了名副其实的唐物展示场所。关于这一点，有《室町殿行幸御饰记》、《小河御所并东山殿御饰图》等，对将军们外出时以及平常会所里的装饰和摆设的大致情形进行描述。根据该描述可知，位于足利义满的北山殿的会所，和足利义教的室町殿的会所，其内摆设的几乎都是清一色的唐物。据此，我们既可以看出室町幕府的将军、权贵们，自有其不逊色于前一个时代的王朝贵族文化的、与自己的地位和身份相符合的"上流武士文化"，同时亦能窥出在当时的上流阶层当中唐物被珍爱、被崇尚的程度。

第三章 日本中世文化与新兴武士阶层

一、"禅味"浓厚的日本中世文化

所谓的日本中世文化，正如前面所提及，在此指日本进入镰仓幕府（1192—1331）时期后，一直到后期的室町幕府（1336—1573）时代，在这个所谓的"武家政权时代"里，以新崛起的武士阶层为创造主体而形成并发展起来的文化。

我们知道，日本中世文化的形成和发展，实际上是中世时期中日两国间"特殊的"佛教文化关系的必然产物。由于有了这种特殊的佛教文化关系，客观上导致了中国宋元文化伴随着中国禅的东传和日本禅的形成而影响、渗透于日本文化当中，其结果，催生了一种融"（宋元）禅文化、王朝贵族文化和武士（平民）文化"为一体的、"禅味"浓厚的日本中世文化，并进而促进其发展。

可以说，日本中世文化与禅宗文化的关系，乃是最能体现在日本中世武家政权时期里，两国特有的佛教文化关系的一个重要方面。因此，在探讨了中国宋元文化对日本佛教文化所具有的深远影响力，以及中国禅与日本禅之间的渊源之后，有必要考察一下日本中世文化与传自中国的禅宗文化之间的关系，以进一步探明中国禅之东传在两国的佛教文化关系上，以及其在日本中世时期特有的"中世文化"的形成和发展上所具有的重大意义。

禅宗是在日本的中世时期，亦即中国的南宋时期前后由中国传入日本的。在众多来自中国的宋僧、元僧以及日本的入宋僧、入元僧们师徒相承、前仆后继的共同努力下，加之迎合了日本中世时代新兴的武士阶层的需求，同时获得了来自幕府、朝廷的强有力的庇护和扶持，最终得以在日本发扬光大，获得了极大的发展。

伴随着中国禅的东传和日本禅的形成及发展，与禅有关的，包括禅的理念、禅的思想和世界观在内的禅文化，深深地影响并渗透于日本中世文化的方方面

面，在如此背景下形成的"禅味"浓厚的中世文化，其在日本文化史上所具有的深远意义不言而喻。

日本的中世文化既然处处渗透着禅文化的影响，处处带着"禅味"，体现着禅的精神，又是那么为中世时期里尚禅、好禅的武士阶层所津津乐道，则如何能将其与"禅"分割开来考虑呢？

二、禅与日本中世武士阶层

众所周知，禅宗一经传入日本，就与日本中世时期新兴的武士阶层结下了不解之缘。而在日本中世武家政权时期里的武士阶层，实际上是日本中世文化的主要创造主体。可以说，日本整个中世时期文化的形成和发展，大多是以武士阶层的生活为主要舞台，围绕着武士们的政治、经济和文化活动而展开的。

因此，我们有必要考察一下禅与日本中世武士阶层之间的关系。

我们知道，在日本中世武家政权时期，伴随着中国禅宗的"长驱直入"，宋元文化也潜移默化地流入日本，影响并渗透于日本中世文化乃至整个日本文化的各个领域。在此过程中，中日两国禅僧扮演了极其重要的角色，并发挥了不容忽视的积极作用。"他们在念经坐禅之外，喜欢吟诗作画，将"禅味"融入诗画之中，与茶道、庭园、禅房相辉映，酿造出独特的静寂之美。"[①] 而正如前面在历史背景部分所述，来自中国的禅宗、禅文化，既符合新崛起的幕府统治阶级政治上的需要，又迎合了逐渐走到历史舞台前台的武士阶层"口味"，很快导致了当时武士阶层中"好禅"、"尚禅"之风的盛行，武士与禅僧之间的结交往来也随之日渐密切。武士们耳濡目染了禅僧们举止言行之娴雅、洒脱，其所受之潜移默化的影响自然不小。

（一）禅对武士的影响

众所周知，所谓的日本中世文化，可分为前期的镰仓文化和后期的室町文化。从其类型上看，包含有"武士文化"、"庶民文化"、"王朝怀古文化"等。其文化的"舞台"、文化的特点和内涵尽管有所不同，但可以说都或多或少地与当时的武士阶层有着千丝万缕的联系。因此，禅宗给日本中世武士阶层带来的影响，从最终的结果来看，已经不仅仅局限于武士阶层这一有限的"舞

---

① 参见王勇：《日本文化》，高等教育出版社2001年3月第1版，第333页。

台",其形象不仅波及面广,而且一直影响至后世。

禅宗给日本中世武士阶层带来的影响,可以概括性地归纳为以下几个方面:

(1) 禅强调的理念和精神对武士的价值取向、世界观的形成产生了不容忽视的影响;

(2) 禅讲究的玄妙、恬静、娴雅的境界影响了所有以武士阶层为创造主体的中世文化的审美情趣的形成;

(3) 禅僧们怡然洒脱的生活态度和起居以及高雅而娴静的举止、气质,潜移默化地影响了武士们的"生活情趣"。

禅宗之所以为武士所接受,皆因其"以朴素寡欲为宗旨",能"破碎生死之牢关,虽遇未曾有之大难,亦能从容行事,断然行其所信"。① 据《佛光国师语录》(卷七)记载,著名禅僧无学祖元曾说:"若能空一念,一切皆无恼,一切皆无怖,犹如着重甲,入诸魔贼阵,魔贼虽众多,不被磨贼害,掉臂魔贼中,魔贼皆降服。"②

在日本中世史上,有镰仓武士从容应对忽必烈派遣的元军和高丽军联合组成的远征军的大举入侵,平息了此"空前未有之灾难"的著名史话。③ 不少中日史家都认为,此乃得益于镰仓武士的"修禅之功"。同时,该史话也常被引以为"禅"影响了日本镰仓武士之例证。可以说,对于镰仓武士而言,如此禅的理念和精神可谓正中下怀,实乃武士们精神上之"孜孜所求"。其实,这也正是发展至后来,在日本中世时期的武士阶层当中皈依禅法者众,"好禅"之风盛行的主要原因所在。

(二) 禅与幕府的关系

我们在论及禅与日本中世武士阶层的关系时,首先最应该提起的是,日本中世时期的幕府统治者对禅宗的有力庇护和扶持,不仅使日本禅宗得以迅猛发

---

① 参见王辑五:《中国日本交通史》,上海书店1984年1月第1版,第124页。
② 参见王辑五:《中国日本交通史》,上海书店1984年1月第1版,第124页。
③ 忽必烈征服朝鲜半岛高丽国之后,因六次遣使威逼日本归顺不成,盛怒之下于1274年(文永十一年)和1281年(弘安四年)两度发动对日的大举入侵,但却遭到了镰仓武士的顽强抵抗,最后在暴风的袭击之下溃败而退。日本史称"文永之役"和"弘安之役"。当时的日本朝廷曾深感"大劫"难逃而一度惶惶不可终日,但最终却有如"神"助似的,奇迹般地躲过了灾难。

展壮大起来，客观上还大力促进了日本文化对伴随着禅宗和禅文化而流入日本的宋元文化的汲取和吸收。

如前期的北条氏通过积极招请，聚集了大批来自中国的著名高僧，无论在数量上还是质量上都占据了绝对的优势，使日本禅界的主导权牢牢地处于镰仓禅刹的掌握之中。同时，由于其招请而来的著名禅僧大多是禅学儒学兼通、学识才能俱佳的杰出人物，他们在弘布禅法的同时，其中国文化色彩浓厚的学识和才华必然潜移默化地影响众多门徒。另外，这些来自中国的高僧硕学在选择优秀弟子以嗣传衣钵的过程中，其所用的思维方式和采取的方法手段自然而然地带有中国传统思想、传统文化的"烙印"，师徒相承、代代相传，客观上使得中国文化在不知不觉中得以推广开来。

可以说，最积极而热情地迎接中国禅的传入并为其提供庇护和帮助的，当数镰仓幕府的执权北条时赖。当然，刚刚掌握政治大权不久的他，经济实力自然也不弱，但在宗教、文化方面却远远未能达到掌握主导权的地步，颇有些"英雄气短"的感觉。所以，基于政治上的考虑与需要，他积极引入并热情接纳了来自中国的，既与过去日本旧佛教较少瓜葛，又与日本皇族公卿没有多少关系的禅宗，"以与京几诸旧教相对峙"[①]。

北条时赖于1246年（宽元四年）邀请中国宋僧兰溪道隆（1213—1278）至镰仓创建建长寺。后来还有意退位出家专事参禅，特意派使者入宋，到中国禅院"五山"第一位的径山兴圣万寿禅寺向德学并茂的石溪心月问禅。[②] 在他的盛情邀请之下来到镰仓的宋朝禅僧还有兀庵普宁（1260年渡日）。受其影响，其嫡子北条时宗（镰仓幕府第八代执权）也对临济禅痴迷有加。他很早就从来自中国的宋僧兰溪道隆和大休正念（1215—1259）参究禅法，还曾经派人入宋向庆元府瑞岩山开善寺的希叟绍昙请求法语，以作为修禅之机缘，足见其皈依禅法之虔诚。在他任执权后，不顾当时日本和元朝之间紧张的关系，亲写请帖，专门派人赴宋邀请中国高僧无学祖元（1279年渡日）来到镰仓，并从其热心参究禅法。后来于1282年（弘安五年）创建园觉寺，请无学祖元任开山，并以该寺作为幕府的"祈愿所"。园觉寺也因此而名声大振，后来成为镰仓"五山"之一，与建长寺一起成为日本关东地区禅宗寺院的两大中心。关于北条时

---

① 转引自王辑五：《中国日本交通史》，上海书店1984年1月第1版，第124页。
② [日]木宫泰彦：《日中文化交流史》，商务印书馆1980年4月第1版，第366页。

宗在禅学方面的修为，有《佛光国师语录》中大休正念对他的赞词为证："法光寺殿（时宗）幼慕西来直指之宗，早悟即心即佛之旨"。[①]受北条父子招请来日的兀庵普宁、无学祖元后来分别各成大鉴派、佛光派，门下弟子、传人众多，各自发扬光大，成为日本禅宗史上显赫的人物。

镰仓幕府的北条氏家族好禅之风代代相传，后来受到其邀请来日的中国元朝著名禅僧还有清拙正澄（1326年渡日）、明极楚俊（1303年渡日）、竺仙梵仙（1330年渡日），均分别在日本开宗立派，弘传禅法，同时传播宋元文化，成为对日本文化的发展贡献良多之文化使者。

据日本史书《吾妻镜》记载，北条时赖后来成为禅法忠实信徒，竟把执政职位让给北条长时，潜心于最明寺打禅修行。[②]

另外，日本学者木宫泰彦根据有关禅僧的语录、法语、偈颂进行研究的结果表明，不光北条氏家族热心参禅，其他武士中好禅、学禅者也不在少数，甚至还有以后来随无学祖元出家的北条时宗夫人为首的妇女修禅者。

日本中世时期"五山十刹"制度的成功引入，标志着日本禅宗已成为当时日本佛教中最重要的一派，既得到上至朝廷、幕府的信赖和庇护，又在下层武士阶层中广受欢迎，得以广泛传播。到了后期的室町时代，"五山"高僧们更是受到幕府和地方大名领主的欣赏和重用，参与策划了不少重大的决策和活动。著名的"七朝帝师"梦窗疏石被足利尊氏尊为国师，获得足利政权强有力的庇护便是其中最好例证。

另外，根据有关资料记载，日本中世时代后期的足利幕府与中国明朝之间的正式来往、由日本派出的"勘合贸易"遣明使团加起来一共有18次。一般以自1404年（应永十一年）足利义满缔结日明贸易条约到1419年（应永二十六年）足利义持终止与明交往为止的15年为第一期，自足利义教于1432年（永亨四年）遣使赴明恢复通好至足利义晴于1547年（天文十六年）派遣最后一次遣明使为止的115年为第二期。[③]在第一期的8次当中，除第一次外，其余7次出使的正使、引使，都是由京都"五山"的僧侣中择优秀者以任。第

[①] 转引自［日］木宫泰彦：《日中文化交流史》，商务印书馆1980年4月第1版，第373页。

[②] 《吾妻镜》十四。

[③] 参见［日］木宫泰彦：《日中文化交流史·明清篇》，商务印书馆1980年版。

二期的 10 次出使更是全部由天龙、相园、建仁、东福等京都的"五山"僧侣中选任。① 足见京都"五山"与足利（室町）幕府关系之密切，同时也显示出幕府对"五山"禅僧的信任与重用。当然，这与"五山"禅僧们大多学识渊博，并通晓中国国情、擅长诗文并深谙中国文化不无关系。

日本中世时期上层武士阶层中的"好禅"、"尚禅"之风，一直沿袭至后期的室町幕府将军足利家族。历代足利将军都爱好临济禅，皈依禅宗者不乏其人。据传，足利尊氏就非常信赖著名禅僧梦窗疏石。足利尊氏于 1336 年（建武三年）6 月在京都建立幕府不久，即把梦窗疏石迎请为师，行弟子之礼，不仅在宗教、艺术方面虚心求教于他，甚至连政治方面的有关问题也每每征求他的意见。足利家族不仅"好禅"，还崇尚中国文化，并积极开展与中国的往来交流活动。对于历史上足利义满及其后继者，一反前一个时代的统治者不向中国示弱、不甘于称臣朝贡的立场，转而接受中国皇帝赐予的"日本国王"之待遇一事，长期以来，有许多日本史学家引以为耻。② 但可以说，日本发展至中世后期的室町（足利）时代，正是由于恢复了与中国的交流往来，不仅在文化上获益匪浅，在技术、经济方面，也因受到刺激而获得了极大的发展。

应该强调的是，"五山十刹"以及"五山"禅僧在日本中世时期所处的这种特殊地位，一方面使得僧侣们可以"挥洒自如"地出没于"五山"丛林之间，充分发挥自己的学问和才能；另一方面，吸引了更多的才子俊杰聚集。以"五山学僧"为主体的，被称为"五山文学"的"汉诗文"就是这样如日中天地兴盛起来，不仅诗文、四六骈文作品数量众多，且不乏质量水平高至令中国文人称奇之佳作。

日本到了中世时代后期，还形成了具有典型室町文化特色的所谓"北山文化"和"东山文化"，其名称就是分别以在建筑风格上充分体现了该时期文化特征的"金阁寺"（位于京都北山的足利义满将军隐居处）和"银阁寺"（位于京都东山的足利义政隐居处）所在地命名的，显示出该时期日本上层武士在文化构建方面的主导作用。由于上述那种武士与禅僧之间密切交往的关系，使得其在精神上受到禅文化潜移默化的影响很深。可以说，日本的中世文化之所以带有明显的受到禅文化、"禅思想"的影响和渗透的"痕迹"，其原因也就在于此。

---

① 参见［日］木宫泰彦：《日中文化交流史·明清篇》，商务印书馆 1980 年版。
② 参见莱肖瓦：《莱肖瓦的日本史》，载《文艺春秋》1986 年 10 月第 1 版，第 72 页。

三、著名禅僧与上流社会的"禅宗皈依者"

由于宋元时期中日两国存在着如前所述的"特殊的"文化关系，导致了中国禅东传日本时获得了当时日本朝廷和幕府的强有力庇护和大力扶持。禅宗在日本的这种"特殊待遇"，同时还反映在该时期著名禅僧周围均不乏来自上流社会的"皈依者"这一点上。

中日禅僧与日本中世时期上流社会的如此"特殊关系"，对中国宋元文化在日本的传播，以及日本中世文化的形成和发展无疑起着非常重大的推动作用。

在此将著名禅僧与当时日本上流社会的"特殊关系"稍作整理，为我们在认识和把握该时期中日两国之间的文化关系时尽可能提供一些"感性的、直观的"参照。

著名禅僧	皈依者（包括仰慕者）
兰溪道隆（1213—1278） （宋僧、1246年渡日）	北条时赖、北条时宗、后嵯峨上皇
兀庵普宁（？—1276） （宋僧、1260年渡日）	北条时赖
大休正念（1215—1259） （宋僧、1269年渡日）	北条时宗
无学祖元（1226—1286） （宋僧、1279年渡日）	北条时宗、北条贞时、北条时宗夫人 （觉山志道大师）、武藏守宗政
一山一宁（1247—1317） （元僧、1299年渡日）	北条贞时、龟山上皇 后宇多上皇
灵山道隐（1255—1325） （元僧、1319年渡日）	北条高时
清拙正澄（1274—1334） （元僧、1326年渡日）	北条时宗、北条高时、后醍醐天皇 小笠原贞宗、豪族土岐氏
明极楚俊（1274—1334） （元僧、1303年渡日）	公卿四条隆资、万里小路藤房、坊门清忠等 武将赤松园心、楠木正成等
东明慧日（1272—1340） （元僧、1309年渡日）	北条贞时、豪族斯波氏、朝仓氏 贵族二条氏、飞鸟井氏
竺仙梵仙（1292—1348） （元僧、1330年渡日）	足利尊氏、足利直义
圆尔辨圆（1202—1280） （入宋僧、1241年归国）	关白藤源道家、藤源兼经、北条时赖 后嵯峨上皇
无本觉心（1207—1298） （入宋僧、1254年归国）	龟山上皇 后宇多上皇
无象静照（1234—1306） （入宋僧、1265年归国）	北条贞时
古先印元（不详） （入元僧、1344年归国）	足利直义

以上主要是把活跃于宋元明时期日本禅宗史上较有代表性的中日禅僧们与处于当时日本上流社会的公卿贵族、幕府将军以及上层武士之间的"特殊关系"稍加整理。至于日本禅宗史上更显赫的人物，如荣西及其优秀弟子退耕行勇、释园荣朝等，还有道元及其优秀弟子们受幕府将军家族的敬慕和获朝廷皇族的欣赏和嘉奖等，则无须在此赘述。另外，日本中世后期以被誉为"七朝帝师"的梦窗疏石为首的一批博学多才、德高望重的"五山禅僧"们，以"师者"身份出入朝廷、幕府，参与当时的各种重大事宜的运筹、决策，更是成为人所共知的史话，且容在此略过。

中日禅僧们与当时日本上流社会的这种"特殊关系"，或者说宋元明时期禅宗在当时日本受到如此"特殊待遇"，对于禅宗在日本的发展、以"禅文化"为主的中国宋元文化在日本的传播来说，其"好处"是显而易见的。

且不说其在禅寺经营财政上的无忧、禅僧社会地位之特殊及其活动方面的自由无羁，仅就该时期"天龙寺船"的往来而言，就可知如此"特殊待遇"对于当时的文化交流、文化传播的"好处"之大。

所谓的"天龙寺船"，本来是指足利尊氏、足利直义兄弟因害怕被后醍醐天皇死后的冤魂纠缠[1]，听从了"国师"梦窗疏石的劝告，为在京都嵯峨创建天龙寺以慰其亡灵而派往中国元朝募缘的船。但根据《续本朝通鉴》里"此后每年为例，世称之曰天龙寺船"[2]的文字以及《荫凉轩日记》和《戊子入明记》称足利义政于1451年（宝德三年）派遣10艘遣明船的时代为"天龙寺船的时代"[3]来看，似乎可以把该时期获得幕府批准并由幕府派人负责保障海上安全而派往中国元朝、明朝的商船统称为"天龙寺船"。

根据日本学者三浦周行的研究[4]，该时代为筹集宗教事业方面的资金而获准派出的商船，在此之前还有为修建建长寺而派出的"建长寺船"，为筹资修

---

[1] 后醍醐天皇是日本史上有名的"建武中兴"的中心人物，在1333年（元弘三年）6月推翻镰仓幕府之后，欲推行新政，翌年改元称建武。但由于遭到足利尊氏兄弟的反叛（1335），其新政仅短短二年有余便遭夭折，后醍醐天皇因此抱恨而死（1339）。

[2] 转引自[日]木宫泰彦：《日中文化交流史》，商务印书馆1980年4月第1版，第399页。

[3] 参见[日]木宫泰彦：《日中文化交流史》，商务印书馆1980年4月第1版，第400页。

[4] 参见[日]三浦周行：《关于天龙寺船的新研究》，载《史学杂志》第25编第1号。

建摄津住吉神社而派出的"住吉神社船"等。显然，该时期既有此类获得幕府保证海上安全的商船往来，则搭乘其入元、入明的僧侣必然很多，携带经卷、典籍以及诸如当时禅寺中所用的什器、古玩、茶具、茗茶等其他物品也必然相对安全、便利，这于该时期中日两国的文化交流作用之大是不言而喻的。

我们在论及禅僧与上流社会"禅宗皈依者"之间的"特殊关系"时，还有一点值得注意，那就是禅僧们对上流社会中那些作为当时在政治、经济、文化上掌握了主导权的"禅宗皈依者"们在运筹、决策重大问题时具有很大的影响力。

关于这一点，有梦窗疏石的法嗣春屋妙葩（1311—1378）在其《天龙寺造营记录》中记载如下："宋船往来事，往时有例，然自元弘以后，已中断十年。今又举办，是否得时，屡经商议，群议不一，诸人倡说各异。且经文书往来，征询明经、明法两道诸人，犹多异议。唯有范朝臣以为无碍。上下所说俱不相同，无从判断。然而国师表示赞同，兹任智者之远虑，予与允许。决定了。"[①]由该段文字可知，在决定是否派遣"天龙寺船"这件事上，禅僧梦窗疏石对其决策问题时的影响力是相当大的。

另外，作为日本中世室町文化之一的"北山文化"时代的风云人物，室町幕府的第三代将军足利义满（1358—1408），其建造的北山"金阁"被视为融会了传统的公家（朝廷贵族）文化和被统称为"禅文化"（包括日本武家文化和中国文化）的所谓"北山文化"的象征。他于1378年（天授四年）把幕府移至京都室町的邸宅，对外自称日本国王，对内则采用高压、强硬的一系列专制措施强化、巩固自己的统治，但是，在对待春屋妙葩（1311—1378）、义堂周信（1324—1388）、绝海中津（1336—1405）等"五山"著名禅僧时却始终宽容、优厚而不失恭敬。据传，他在营造相国寺、设置鹿苑僧录、进一步完善"五山十刹"制度方面就是听取了义堂周信的建议后才决定的。

既然多数朝廷公卿、幕府将军和上层武士都热心参禅，以禅僧为师，则此等事例应该不在少数。这对于禅文化在当时日本的传播所起的作用之大可想而知。

---

① 转引自[日]木宫泰彦：《日中文化交流史》，商务印书馆1980年4月第1版，第395页。

四、中世武士阶层中的"中国文化情结"

在日本中世武家政权时期,传自中国的宋元文化之所以在日本"大行其道",得以广泛传播,其中最大的原因之一,还在于该时期的上流悠闲阶层及武士阶层当中,普遍存在着一种挥之不去的"中国文化情结"。他们对中国宋元文化都怀有不同程度的憧憬和好感。

如前所述,日本进入中世时期以后,新兴的武士阶层不仅掌握了经济、政治上的实权,还有意识地积极参与各类文化活动,主动承担起摄取来自中国宋元的"外来文化"并创造、构建新文化的责任来。当然,这既是历史发展到该时代的一个自然趋势,同时也是新兴的武士阶层自身的需要。

也就是说,该时期新兴的武士阶层之所以积极致力于摄取来自中国的宋元文化和以和歌为中心的王朝文化,其实最主要的目的是欲借此提高自身的"贵族气质"。

兼好法师在其随笔集《徒然草》中,就有一段专门讥讽该时期如此特殊风潮的文字。他以京都人的眼光来看待和嘲笑那些处处故作"通佛法、解风情"之状而其实根本不懂"风雅"的、从地方上京的"乡下武士"。另外,还对当时社会上一度盛行的、置有用无用于不顾而一味盲目地尊"唐物"为宝,舍近而求远的"愚蠢"之风表现出不以为然的看法。[①] 这些都从一个侧面,反映了在当时的武士阶层当中有一股附庸风雅之风。

当时的武士当中出现了不少喜好吟诗作"歌"者,还有不少擅作"和歌(诗)"并小有成就者,有的甚至还有自己的"歌集"(如《元可法师集》)。如美浓的土岐赖贞(存孝)、摄津的赤松则祐等,都是当时名噪一时的武士"歌人"。

另外,武士当中还出现了劝导年轻武士多读《源氏物语》、《枕草子》和《古今集》等古典名著,告诫其注重提高文学素养和"气质"的倾向。可见当时武士阶层当中附庸风雅之风是何等盛行。

由于在前一个时期从中国移植、引入而来的,包括政治制度在内的中国唐文化已经不合时宜,因此,该时期客观上平生出一种对更适合于新兴武士阶层趣味的"新文化"的渴求来。

14世纪(日本南北朝时期),足利家族掌握实权以后,不仅自己崇尚中国文化,还影响和带动了当时的武士们主动接近并积极汲取来自中国的以禅宗

---

① [日]吉田兼好:《徒然草》,第120段。

文化为代表的宋元文化，致使在当时的武士阶层当中流行起一股崇尚以禅文化为代表的宋元文化的风气来。显然，当时的武士们这种崇尚禅文化的风气，并不一定就意味着他们都热衷于佛教。他们所崇尚和追求的，不外乎来自中国的禅宗文化所包含的那种风雅悠闲的修养和情趣而已。

关于禅宗何以能在日本武士阶层当中广受欢迎、"大行其道"的问题，有日本学者认为：源氏历代将军之所以愿意支持和庇护荣西一派，其实并不是看重其禅法，而更多的是指望其作为天台祈祷僧能在祈祷平安、祈祷战胜等方面起作用。[①] 还有学者认为：室町末期以战国大名为首的战国武士们之所以庇护曹洞宗，乃是看中其在民众教化方面的积极态度和能力，能够满足下层广大武士和领民们宗教方面的需求，更利于收揽民心的缘故。[②]

但笔者认为，尽管不能排除存在上述"功利主义"因素的可能性，但其主要的原因，除了当时两国政治文化关系发生变化，正处于"大转变"时期这一特殊的历史背景因素外，还可归纳为以下两点。

（1）当时的日本武士阶层正好迫切需要一种新的宗教、新的文化，以抗衡迄今为止朝廷公卿的王朝贵族文化，因此，禅宗在该时期的流入可以说正合时宜。

当从宋朝归国的荣西被视为"异端"，遭朝廷迫害时，镰仓幕府及时地给予了支持和庇护。北条政子于1199年（正治元年）将其招请至镰仓，开创了福寿寺。后来将军源赖加又迎请其返回京都创见了建仁寺。荣西从此获得了弘传禅法的有力据点。

大凡谈及禅宗在日本得以顺利传入并获得发展，都知道这离不开幕府统治者的庇护和来自武士阶层的强有力支持。从中国大陆积极地引入"禅"，乃是当时幕府执权北条氏与宋朝开展交流的最重要的一环。在日本禅宗史上占据重要地位的几位优秀的中国禅僧，如镰仓创建建长寺的兰溪道隆（1213—1278）、开圆觉寺的无学祖元（1225—1268）以及在传禅的同时积极致力于弘传中国宋元文化的一山一宁（1247—1317），还有大休正念（1269年渡日）、镜堂觉圆（1279年渡日）、西涧子云（1271年渡日）等著名禅僧，实际上都是在幕府的极力招请之下东渡日本传禅的。

当中国处于宋亡、元兴的动荡时期，还有清拙正澄、明极楚俊、竺仙梵僊等著名元僧为避战乱而东渡日本。这些本来在中国就已经名高望重的高僧的到

---

① 参见［日］玉村竹二：《临济宗史》，春秋社1991年版。
② 参见［日］竹贯元胜：《日本禅宗史》，大藏出版1989年第1版。

来，使得日本禅林地位陡升至与中国禅林几乎不相上下的地步。

可以说，对该时期新兴的武士阶层而言，来自中国的集宋元文化教养于一身的高僧的到来，无异于"雪中送炭"。

（2）禅宗的观念、禅宗的精神和思想，较之于其他佛教宗派来说，更符合武士阶层的"口味"。

禅宗主张无须钻研难解深奥的经典，不必讲究耗时而复杂的修行方式，更无须布施、积德，只要主观上有觉悟，随时随地都可以"立地成佛"，正所谓："不立文字"、"教外别传"、"直指人心"、"见性成佛"。而禅林中那种悠闲、风雅的文化时尚，以及禅僧们身上普遍具有的那种"宋元士大夫"风格的文化修养和才华，更是迎合了武士们精神上的追求。

在中国，禅宗发展至宋代时，形成了禅僧与王室贵族、官僚士大夫结交甚密、来往频繁的局面。禅僧们为与官僚士大夫接近而嗜好诗文、书画，其中才华横溢、修养高深者不乏其人。中国禅林中的这一传统在中日禅僧弘传禅法的过程中，自然也在日本的禅林中得以继承了下来，使日本禅林成为中世时期的武士们追慕的地方。

正是由于上述原因，该时期的武士们普遍好禅，并积极汲取以禅文化为代表的宋元文化，最终形成了一种崇尚和追求禅文化和宋元文化的倾向。

日本学者玉村竹二就曾指出：当时的新兴武士已经掌握了政治上的权力，他们似乎是为了满足自己进一步获得与自己地位相符的"贵族气质"而积极引入中国禅的。其实他们看中的不单是"禅"，而追求的是禅林所具备的中国"宋元士大夫"风格的风雅悠闲的"贵族气质"。[①]

归纳起来看，日本中世武士阶层中的"中国文化情结"，具体表现在以下方面。

（一）结交禅僧，向禅问道

正如前面所述，在中世时期的日本禅林中，无论是来自中国的禅僧还是留学中国宋元明归来的日本禅僧，大都文才出众、诗文并举，而且举止风雅、气质不凡。于是，在中世时期新兴的武士阶层当中，有意通过结交禅僧，接触并学习中国宋元"士大夫文化"以增长见识和才艺，提高自身的"贵族气质"者大有人在。

---

① 参见［日］玉村竹二：《临济宗史》，春秋社1991年版。

例如喜好纯粹中国禅的著名武将足利直义（1306—1352）就与长期留学中国归来的雪村友梅等交往甚笃、往来频繁；著名的武将细川赖之（1329—1392）、斯波义将等人经常邀约禅僧把酒欢谈，倾听通晓中国国情的禅僧介绍留学中国的见闻趣事以及禅宗现状等。[1]一时间，武士与禅僧之间结交往来、交杯把盏竟成为一种时尚。

据传，室町幕府第四代将军足利义持（1356—1428）就非常向往禅僧生活。他经常参诣禅寺，还专门在相国寺、南禅寺等都设有自己的书斋，以便经常出入禅寺，与禅僧们交流。

另外，日本中世时期的室町幕府经常会主持一些为超度死者而设的佛事法会。

而每当此时，武士们必请文才出众的禅僧到场作"法语"。这也已经成为当时武士社会一种特有的习俗和风尚。

（二）仿建禅风别院，追求禅风情趣

日本中世时期的武士阶层当中，好禅之风盛行、追求"禅宗趣味"成风。这些还具体表现在，千方百计地在自己的住宅私邸里，开辟一处"禅宗情趣"盎然的别院或禅室，一解自己好禅之"渴"。

如足利直义很早就在京都三条坊门的私邸内，仿造禅院的风格和式样建造了一处"禅味"浓厚的别院，在室内的陈设摆饰方面也尽可能追求闲静、怡然、淡雅，到处充满了"禅"的情调。足利直义每每在此处邀请禅僧为客，请他们吟诗作偈，向他们参禅问道，这已经成为有名的史话。许多地方上的守护[2]、大名，也都纷纷在京都或乡下宅邸内仿建禅宗风格的别院或禅室，搜集中国传入的古玩文物、名家字画摆设其中，平时吟诗坐禅、把酒叙谈，过着闲雅而悠然的生活。尤其值得一提的是三代将军足利义满的金阁寺，其最显著的特点，就是在典型的朝廷宫殿式的"寝殿造样式"[3]建筑之外，加上禅宗风格浓厚的

---

[1] 参见［日］义堂周信：《空华日用工夫略集》。

[2] 日本镰仓、室町时期掌管兵马、刑罚的官职。

[3] 模仿中国官殿建筑建造的平安时代贵族住宅样式，以功能繁多而奢华为特点。在中央处朝南建寝殿，左右两侧靠后处设"对屋"，"对屋"与寝殿之间以"廊"相连，殿前有水池，池中有"中岛"，临池处设"钓殿"。作为当时"寝殿造"样式的建筑已无遗址留存至今，但可从一些"绘卷物"（画卷）上看出其大致光景。

佛堂建筑和庭院，充分体现了王朝文化与禅宗文化融合而成的所谓"北山文化"的特点，因而被视为日本中世时期室町文化之一的"北山文化"的代表性建筑。

（三）热衷于中国式的"茶寄合"

日本中世时期武士的"中国文化情结"，还反映在他们热衷于举办或参加中国式的"茶寄合"（又称唐式茶会）[①]上。

前文也曾经提及，由《吃茶往来》和《禅林小歌》中的记述可以看出，流行于日本中世南北朝时代的"茶寄合"，无论从茶亭、茶室的摆设和布置，还是从其茶会的内容、进行的程序和方式来看，都充满了中国情调和气氛，可以视其为流行于中国宋元的"斗茶"在日本的"翻版"，实际上已经成为了该时期武士社会中特有的"社交文化"之一。尽管我们从《太平记》等书的记载中知道，"茶寄合"流行至武士社会当中时，尤其是发展到了后期，演变成了竞相以骄奢之物相赌的聚会而遭到禁止[②]，但最初之所以热衷于参加如此"中国情调"浓厚的聚会，显然可以视为中世时期的武士们怀有的"中国文化情结"在作怪。

上述这种武士阶层当中盛行的"禅宗趣味"和中国文化情结，其结果客观上导致了日本中世武士阶层在住宅建筑的风格式样、生活起居的方式和习惯，乃至在思想、审美情趣、举止言行等各方面，形成了其独有的、带有浓厚的禅文化风格的"上流武士"文化。

---

① 参见［日］木宫泰彦：《日中文化交流史》，商务印书馆1980年4月第1版。
② 参见《建武式目》第二条。

第四章 日本中世文化与禅宗文化

一、中国禅与日本禅

正如前文所提及，宋元明时期中日两国之间的佛教文化关系，归根结底是在两国围绕着"中国禅的东传和日本禅的形成及发展"而展开的文化交流活动中形成的特殊文化关系。换句话来说，中国禅与日本禅之间的关系，乃是宋元明时期两国文化关系的最主要体现，首先应该成为本书关注的重点。

追溯禅宗的历史我们不难得知，中国禅在宋代约 300 年间迎来了发展的黄金期，不仅获得了极大的发展，还具备了在中国特有的精神风土培植下形成的典型的"中国宋代特色"，给当时的文化带来了莫大影响，同时还深深地影响了日本禅并渗透于日本文化当中，甚至还导致出现后来的日本禅优于中国禅并日益兴盛的景象。

下面就让我们从中国禅与日本禅的关系谈起。

（一）始于达摩的中国禅

说到禅，其源流实际上仍然应该追溯至印度的佛教始祖释迦牟尼（前 557—477 年前后）处。据传，释迦牟尼 29 岁出家后，最初也曾依传统苦苦修行了 6 年，后来才决意取"中道"修行于菩提树下，进入"禅定"而最终"悟道"。其佛法通过"以心传心"方式由其十大弟子之一的摩诃迦叶悟得，并师资相承至二十八祖菩提达摩。

据传，释迦牟尼悟道后，有一次在说法场上手拈金色莲花默然打坐，十大弟子当中唯有摩诃迦叶无言微笑，心领神会。禅宗讲究的"不立文字"、"以心传心"，即发祥于释迦传摩诃迦叶佛法时的这一有名的"拈花微笑"。

所谓的中国禅，乃是由立志向更多的人弘传禅法的二十八祖菩提达摩于 60 岁时传到六朝末期的中国的。他先是到梁国，应梁武帝之请宣传禅法，但

不为时人所理解，遂断念奔北魏而去，来到嵩山少林寺面壁坐禅，终得弟子慧可承其衣钵，中国禅由是得以萌芽。

初期中国禅的师承系谱如下。（见图4.1）

释迦牟尼──→摩诃迦叶──→阿难──→…（略）般若多罗──→菩提达摩（初祖）
　　　　　　　　　　　　　　　　　　　　　　　　　　　　　　↓
弘忍（五祖）←──道信（四祖）←──僧璨（三祖）←── 慧可（二祖）
↓
↓　　　　↓
慧能（六祖）　神秀

图 4.1

由于达摩倡导的不是禅的理论，而强调实践，故在当时只重经典研究而不尚实践的佛教界，可谓是开创了独特的"禅风"。

到了五祖弘忍，其门下出了神秀、慧能两位优秀人物，各自创立了独具个性的禅风。

神秀的北宗禅以北方的洛阳为主，得朝廷庇护进一步扩张了势力。而慧能的南宗禅则以南方的曹溪为据点，以广大民众为对象展开弘禅活动。

至唐代末期，神秀的北宗禅渐显颓势，而慧能的南宗禅却广得出色人才而日益隆盛。于是，主张"教外别传"、"不立文字"、"直指人心"、"见性成佛"，认为日常劳作皆为修行、平凡琐事均能悟道的独特的"中国禅"得以日益普及开来。

慧能的南宗禅主张"顿悟"，与主张"渐悟"的北宗禅相比，更易为一般民众所接受，不仅信奉者日增，且杰出人才辈出。后来的"禅宗五家"均出自慧能的法系，故慧能又被视为达摩禅的集大成者。

（二）临济宗和曹洞宗

由于后来传入日本并得以在日本发扬光大的，主要是明庵荣西带回的临济宗黄龙派禅和传自希玄道元的曹洞宗禅，以及圆尔辨圆的临济宗杨歧山派禅，故而有必要探探临济宗禅和曹洞宗禅的渊源及师承关系。

我们考察禅宗的历史可以得知，慧能的南宗禅法系里出了南岳怀让、青原行思两名优秀弟子，其二人门下又各自出了马祖道一、石头希迁这两位被敬称为禅宗"二甘露门"的人物。后来被称为"禅宗五家"的唐代禅"五宗"均出

自此二人的法系。

被视为临济宗之祖的临济义玄便出自马祖道一的法系，而曹洞宗之祖洞山良价则是出自石头希迁的法系。

临济宗初期主要是在河北活动，势力不及江南的法眼宗、云门宗，但后来其以独具宋代特色的公案为中心的看话禅（又称公案禅）日益发达，至宋代时势力已日渐扩大，当发展至石霸楚园时，其门下出了黄龙慧南、杨歧方会两位杰出弟子，各自创立黄龙派、杨歧派并成为禅宗两大势力。至宋代末期，中国禅宗除杨歧派外，其他宗派均先后衰亡。后来传入日本并在日本扎根的"二十四派"禅，除了道元和荣西外，其余均属杨歧派的法系。

为便于了解后来传入日本的临济宗与中国的渊源，特整理临济宗禅的系谱如下。（见图4.2）

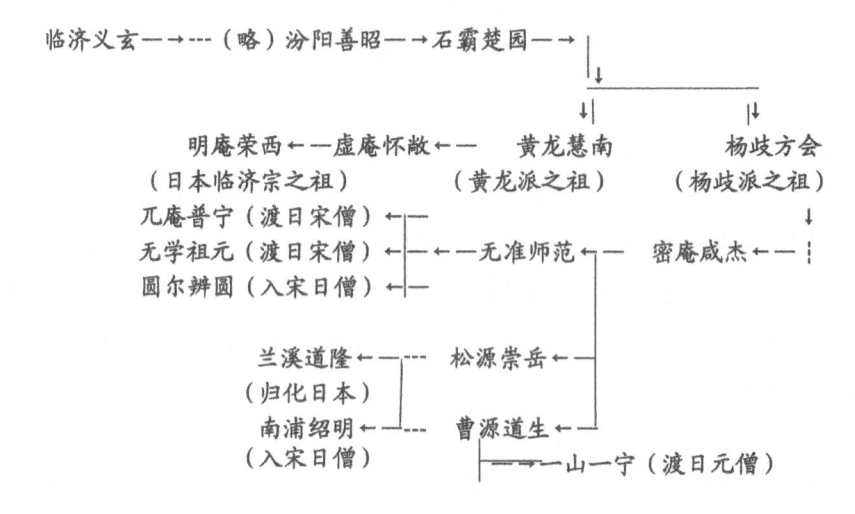

```
临济义玄 →…（略）汾阳善昭 → 石霸楚园 →
                                            ↓           ↓
明庵荣西 ← 虚庵怀敞 ←   黄龙慧南      杨歧方会
（日本临济宗之祖）      （黄龙派之祖）  （杨歧派之祖）
兀庵普宁（渡日宋僧）←                         ↓
无学祖元（渡日宋僧）← — 无准师范 — 密庵咸杰 ←
圆尔辨圆（入宋日僧）←
            兰溪道隆 ←…… 松源崇岳
            （归化日本）
            南浦绍明 ←   曹源道生
            （入宋日僧）
                        └── 山一宁（渡日元僧）
```

图 4.2

曹洞宗禅以洞山良价和曹山本寂为开宗之祖，又称为"默照禅"，强调"面壁坐禅"、"只管打坐"。在宋代初期因太阳警玄大力弘扬得以兴盛，后由宏智正觉（1091—1157）于宋代末期进一步以"默照禅"之名义加以弘传，与临济宗的主流"杨歧派"一同成为南宋时期禅宗的两大势力。

曹洞宗禅由师事天童如净的希玄道元传入日本，后由莹山绍瑾发扬光大。因此，现在的日本曹洞宗尊道元为高祖，而尊莹山为太祖。

曹洞宗禅由希玄道元传入日本之前的系谱如下图所示。（见图4.3）

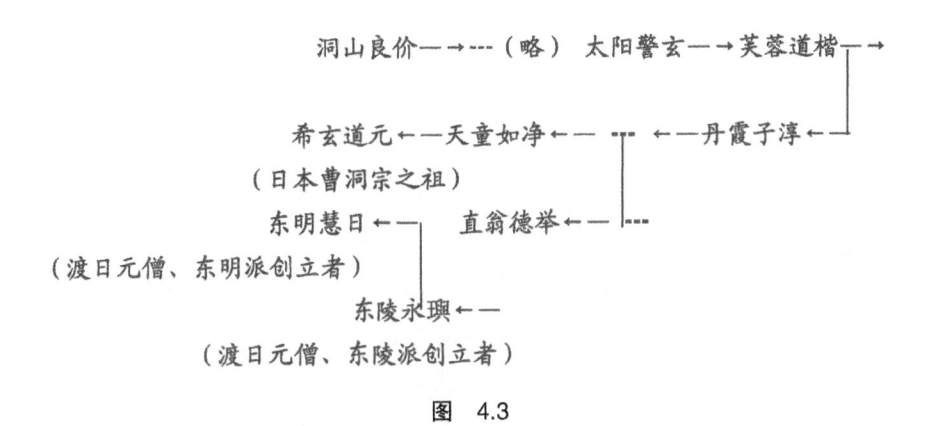

```
洞山良价──→⋯（略） 太阳警玄──→芙蓉道楷──┐
                                              │
希玄道元←──天童如净←── ⋯ ←──丹霞子淳←┘
（日本曹洞宗之祖）                    │
东明慧日←──  直翁德举←── ⋯
（渡日元僧、东明派创立者）
          东陵永璵←──
（渡日元僧、东陵派创立者）
```

图 4.3

（三）日本禅宗的形成及其与中国的渊源

正如前文曾提及，尽管从古代中日文化交流史上看，曾经有过日本文化高度发达至足以向中国夸耀，并反过来影响中国的年代[①]，但实际上，在日本佛教僧侣及信奉佛教的人们心目中，压在他们心头上的那座中国文化的"精神高峰"，始终巍然屹立不倒。也唯其如此，当日本进入所谓中世武家政权时期，新兴的武士阶级掌握了政权，意欲寻求在文化上、精神上、意识形态上，也能占据相应的主导地位时，首先想到的是要引入中国文化。

当时日本的一般民众，经历了平安后期长期的战乱和动荡，精神上疲惫不堪，也都处于一种渴求"心灵慰藉"的状态之中。

镰仓时代的北条政权，在掌握了政治上的实权之后，为进一步获得宗教方面的实权以提高和巩固自己的威信，非常积极地招请宋朝知名高僧渡日传教。

另外，在当时的日本佛教界，"末法（末世）意识"的影响日益增大，深深的绝望感甚至充斥于当时的整个日本社会，而恰在此前，有传说文殊菩萨在中国五台山降凡显灵，此说法一经传到日本，更是导致了日本佛教僧侣纷纷西渡，佛教界掀起了一股"入宋巡礼"的风潮。加之中国禅宗发展至宋代，正好达到最兴盛的时期，不仅形成了有别于传统佛教的典型的"中国禅"特色，还给当时的宋文化平添了许多耀眼的光彩。一句话，随着中国宋文化的兴盛，日本又正好进入一个武家兴起、"渴求"建立新文化的时代，在客观上就形成了

---

① 指"国风文化"渐盛，停派遣唐使的平安时代。

一个有助于宋文化流入日本的绝好机会。正如王辑五所指出："惟南宋时宋禅学之新文化，颇能应日本武家之好尚，故日人又极力吸收宋人文化，日僧入宋求法者络绎不绝。"[①] 基于如此背景之下，中国禅顺利传入日本，并得以扎下根来并进而发扬光大也就不足为奇。

谈及日本禅宗的历史，一般都以镰仓时期即明庵荣西（1141—1215）从中国带回临济宗黄龙派的"禅"为起点。但实际上，在此之前已有所谓的"七传"（第一传道昭、第二传道璿、第三传最澄、第四传义空、第五传圆仁、第六传觉阿、第七传大日房能忍）以及瓦屋能光、奝然等中日僧侣直接或间接地在日本弘传禅法，只不过受当时历史条件和时代背景的制约而未能形成气候、开宗立派而已。关于这一点，有学者认为，主要是受两大文化背景的影响和制约：①中国禅宗的发展在当时仍未达到成熟期；②当时的日本佛教由南都"六宗"和平安"二宗"占据了主要的地位，因此，仅由少数僧侣兼传的"禅"最终难以成势。[②] 应该说，除了上述两大文化背景的影响和制约以外，当时那种大的历史背景，也决定了日本禅宗要等到镰仓时代以后才得以在日本形成并获得发展。

我们在前面第二章"宋代前后的历史背景"部分里提到过，中日两国的文化关系在南宋前后到了一个大的"转折期"：自894年（宽平六年）日本废止派出遣唐使以来，两国之间断绝了正式的交往，而且从佛教方面看，还一度出现了中国僧侣到日本寻访散佚的佛典，日本僧侣反过来向中国寄送自己的佛学著述等"文化反流"现象，充分显示出当时的日本佛教已经达到了一种不仅丝毫不逊色于中国佛教，甚至还优于中国佛教的辉煌地步。

根据学界关于日本禅的形成方面的定论，可以概而言之如下。

日本禅始于明庵荣西带回临济宗黄龙派禅，继而是希玄道元传入"只管打坐"的曹洞宗禅和圆尔辨圆弘传临济宗杨岐派禅。可以说，日本禅宗的基础是由这三位入宋求法归国的高僧奠定的。

日本禅在镰仓时代的初期至中期，主要是中国禅移植日本，并在两国禅僧的努力下逐渐在日本扎下根来。这一时期的临济禅主要形成了两大法系：①南浦绍明——宗峰妙超——关山慧玄的大德寺、妙心寺法系（又称大应派、应灯

---

① 参见王辑五：《中国日本交通史》，上海书店1984年版。

② 参见梁晓虹：《日本禅》，浙江人民出版社1997年12月第1版。

关派）；②无学祖元——高峰显日——梦窗疏石的天龙寺、京都"五山"法系。

这两大法系的创立者均与中国有不解之缘。大德寺、妙心寺法系的南浦绍明，15岁起就进入建长寺师事来自中国的兰溪道隆，后来渡宋继承虚堂智愚的法统归国。而天龙寺法系的无学祖元，乃是于1279年渡日的宋朝高僧。实际上，后来的日本临济宗各派，其源流均可归为此法系。

关于日本禅宗与中国禅宗之间的渊源，我们可以依其形成和发展的历史为线索，通过考察对日本禅宗的形成和发展有过贡献的、在日本禅宗史上较有代表性的禅僧的师承关系及其有关的活动事迹来窥见一斑。

在日本佛教各宗派的师承关系方面，有不少日本佛教史学家根据自己的研究所得整理出详细的师承关系图（或称法系图）[1]，但由于研究者的角度、视点都各有所异，对佛教史上有关的僧侣及其活动所给予的定位和评价会有所不同，而根据其所占的地位、所作的贡献之不同必将有所取舍，反映在师承关系（法系）图上自然也就会有或多或少的差异。关于日本禅宗的师承关系，除了较详细的法系图外，还有竹贯元胜整理的从中国传入的禅宗各派的简明图表[2]，笔者经过细考有关资料，发现其有所遗漏[3]，为更清晰、更准确地了解日本禅宗与中国禅宗之间的渊源，经参考有关资料，略作增删，整理成图。（参见图4.4）

另外，由于佛教史学家的研究视角和看法见仁见智，对日本佛教史上有关的僧侣及其活动的定位和评价各有不同，故在其整理出来的法脉相承关系图上均有所反映。鉴于笔者所见的传承关系图要么过于简略，要么过于细微而面面俱到[4]，尤其是从研究中日佛教关系史的角度看，不利于清楚明白地了解和把握中日禅宗之间的渊源。因此，根据相关的文献资料，以在日本禅宗史上贡献较大的知名禅僧的师承关系为主，以能更好地反映宋元明时期中日佛教文化之间的关系为目的，特整理成图。（参见图4.5）

---

[1] 如[日]村上专精：《日本佛教史纲》，商务印书馆1981年11月第1版；竹贯元胜：《日本禅宗史》，大藏出版1989年9月第1版；等等。
[2] [日]竹贯元胜：《日本禅宗史》，大藏出版1989年9月第1版，第57页。
[3] 一般常说的日本禅宗"二十四派"中的愚中派（愚中周及）原图表上没有反映。
[4] 如[日]村上专精：《日本佛教史纲》，商务印书馆1981年11月第1版；竹贯元胜：《日本禅宗史》，大藏出版1989年9月第1版。

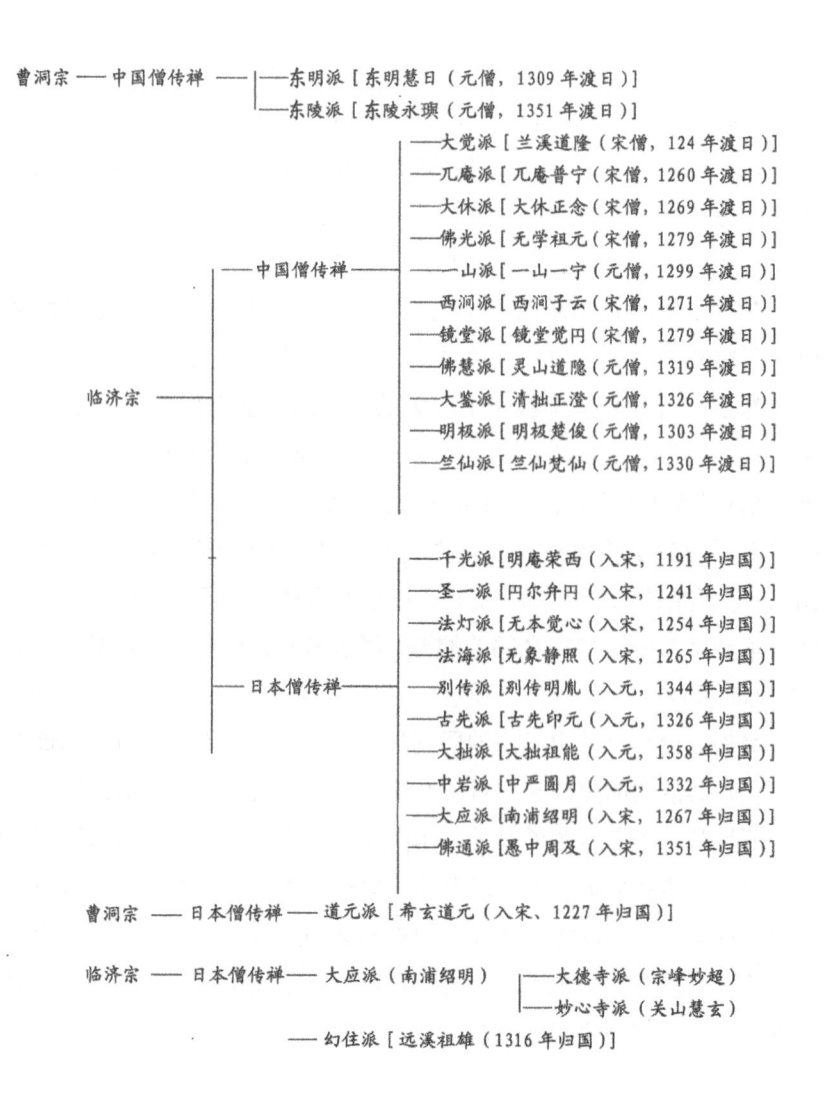

```
曹洞宗 ── 中国僧传禅 ──┬── 东明派 [东明慧日（元僧，1309 年渡日）]
                       └── 东陵派 [东陵永璵（元僧，1351 年渡日）]

              ┌── 中国僧传禅 ──┬── 大觉派 [兰溪道隆（宋僧，124 年渡日）]
              │                ├── 兀庵派 [兀庵普宁（宋僧，1260 年渡日）]
              │                ├── 大休派 [大休正念（宋僧，1269 年渡日）]
              │                ├── 佛光派 [无学祖元（宋僧，1279 年渡日）]
              │                ├── 一山派 [一山一宁（元僧，1299 年渡日）]
              │                ├── 西涧派 [西涧子云（宋僧，1271 年渡日）]
              │                ├── 镜堂派 [镜堂觉圆（宋僧，1279 年渡日）]
              │                ├── 佛慧派 [灵山道隐（元僧，1319 年渡日）]
              │                ├── 大鉴派 [清拙正澄（元僧，1326 年渡日）]
              │                ├── 明极派 [明极楚俊（元僧，1303 年渡日）]
              │                └── 竺仙派 [竺仙梵仙（元僧，1330 年渡日）]
临济宗 ────┤
              │                ┌── 千光派 [明庵荣西（入宋，1191 年归国）]
              │                ├── 圣一派 [圆尔弁圆（入宋，1241 年归国）]
              │                ├── 法灯派 [无本觉心（入宋，1254 年归国）]
              │                ├── 法海派 [无象静照（入宋，1265 年归国）]
              └── 日本僧传禅 ──┤── 别传派 [别传明胤（入元，1344 年归国）]
                               ├── 古先派 [古先印元（入元，1326 年归国）]
                               ├── 大拙派 [大拙祖能（入元，1358 年归国）]
                               ├── 中岩派 [中严圆月（入元，1332 年归国）]
                               ├── 大应派 [南浦绍明（入宋，1267 年归国）]
                               └── 佛通派 [愚中周及（入宋，1351 年归国）]

曹洞宗 ── 日本僧传禅 ── 道元派 [希玄道元（入宋、1227 年归国）]

临济宗 ── 日本僧传禅 ── 大应派（南浦绍明）──┬── 大德寺派（宗峰妙超）
                                              └── 妙心寺派（关山慧玄）
                       └── 幻住派 [远溪祖雄（1316 年归国）]
```

图　4.4

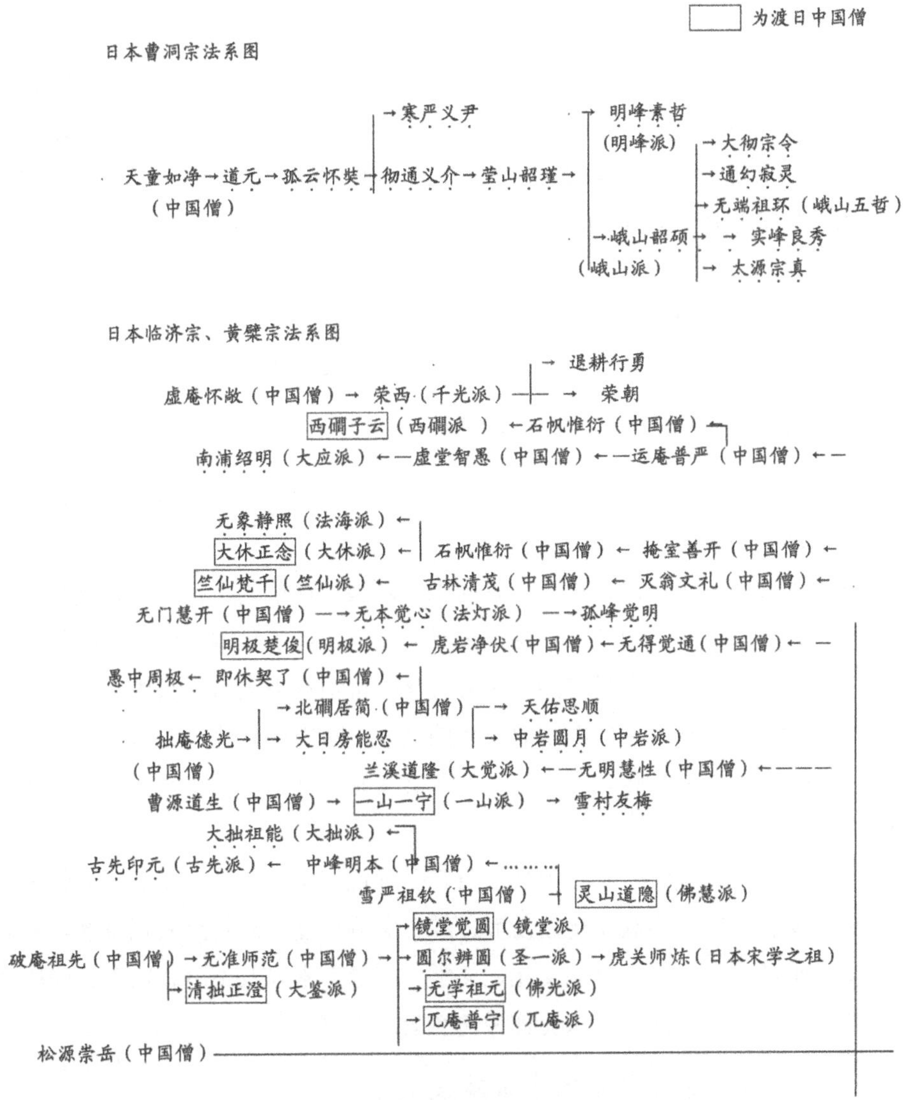

☐ 为渡日中国僧

日本曹洞宗法系图

天童如净→道元→孤云怀奘→彻通义介→莹山韶瑾
（中国僧）
　　　　　　　　　↳寒严义尹
　　　　　　　　　　　　　　　　明峰素哲（明峰派）→大彻宗令
　　　　　　　　　　　　　　　　　　　　　　　　　→通幻寂灵
　　　　　　　　　　　　　　　　　　　　　　　　　→无端祖环（峨山五哲）
　　　　　　　　　　　　　　　　→峨山韶硕（峨山派）→实峰良秀
　　　　　　　　　　　　　　　　　　　　　　　　　→太源宗真

日本临济宗、黄檗宗法系图

　　　　　　　　　　　　　　　→退耕行勇
虚庵怀敞（中国僧）→荣西（千光派）┤→荣朝
　　　　　　　　西礀子云（西礀派）←石帆惟衍（中国僧）←┐
南浦绍明（大应派）←虚堂智愚（中国僧）←运庵普严（中国僧）←┘
无象静照（法海派）←┐
大休正念（大休派）←石帆惟衍（中国僧）←掩室善开（中国僧）←
竺仙梵仙（竺仙派）　古林清茂（中国僧）　灭翁文礼（中国僧）
无门慧开（中国僧）→无本觉心（法灯派）→孤峰觉明
明极楚俊（明极派）←虎岩净伏（中国僧）←无得觉通（中国僧）←
愚中周极←即休契了（中国僧）
　　　　　　→北礀居简（中国僧）→天佑思顺
拙庵德光→大日房能忍　　　→中岩圆月（中岩派）
（中国僧）　　兰溪道隆（大觉派）←无明慧性（中国僧）←
　　　曹源道生（中国僧）→一山一宁（一山派）→雪村友梅
　　　大拙祖能（大拙派）
古先印元（古先派）←中峰明本（中国僧）……
　　　　　　雪严祖钦（中国僧）　灵山道隐（佛慧派）
　　　　　　　　　　　　　镜堂觉圆（镜堂派）
破庵祖先（中国僧）→无准师范（中国僧）→圆尔辨圆（圣一派）→虎关师炼（日本宋学之祖）
　　　→清拙正澄（大鉴派）　→无学祖元（佛光派）
　　　　　　　　　　　　　→兀庵普宁（兀庵派）
松源崇岳（中国僧）─────────────────

图 4.5

从上述反映师承关系的图表中，我们可以看出：日本禅宗无论从其三大宗（曹洞宗、临济、黄檗宗）的创立，还是从其后来在日本得以弘扬成为"二十四派"（也有"四十六派"之说）的发展轨迹来看，各门宗派或由入宋、入元僧继承了中国高僧的衣钵、法统回国后创立，或由来自中国的宋僧、元僧渡日后，在日本开山建寺（开宗立派）而成。由于中国禅的东传和日本禅宗的形成是在中国的南宋末期（日本镰仓时代），因此可以说，这一时期的中日佛教文化之间渊源之紧密非其他时代、其他文化层面和领域可比。著名的中日交通史研究者王辑五就曾经指出："宋禅宗之东渡，影响于日本佛教文化者，实属至钜。至若律宗之复兴，净土教之盛行，亦莫不受宋代之影响。"[1]

这也正是本研究将关注的重点锁定在这一时段的主要原因所在。

二、禅的传入对日本文化的影响

考察"禅"与日本中世文化的关系时，有必要探讨一下禅自中国的传入对日本文化产生的影响，这是毋庸置疑的。

在日本禅宗史上做出过重要贡献的中日两国的禅僧们，在传入、接受禅宗的过程中，自觉或不自觉地把中国的宋元文化也传到了日本。对于当时的日本整个社会来说，这些来自异国的"新鲜文化"可谓魅力无穷。另外，正如前面所述，当时的日本社会正值继隋唐之后的又一个对中国文化"如饥似渴"的特殊时代，故尔，禅宗的传入在文化上的意义和影响远比其在宗教上的意义和影响大得多。

可以说，主要围绕着中日禅僧在日本弘禅过程中的各种活动而发展起来的日本中世文化，其受中国文化波及面之广、影响程度之深是令人瞩目的。我们从日本中世的建筑文化、庭园文化、文学、书画艺术以及茶道、饮食、印刷文化等许多方面都不难找到其深受禅文化影响的"痕迹"。

（一）禅的理念与日本中世建筑文化

日本到了中世武家政权时期（镰仓、南北朝、室町时期），在建筑风格和建筑样式上发生了明显的变化。这种在建筑方面的所谓"中世文化"的形成，实际上与伴随着禅文化的传入汹涌而至的中国宋元文化有着千丝万缕的联系。

---

[1] 参见王辑五：《中国日本交通史》，上海书店1984年1月第1版，第132页。

在建筑文化方面，日本受到来自中国大陆的影响和渗透实际上并非只限于中世时代。除了平安时代后期的建筑因与中国大陆的交往减少而一度出现更适合于日本风土的建筑样式和构造特征外，在中世时代以前（即镰仓时代以前）的建筑文化，无论是佛教建筑，还是官邸建筑、都城建筑，或模仿中国各相应时代的建筑式样，或受其影响，在建筑式样、风格、构造乃至使用功能上都参考和借鉴中国各相应时代的建筑，引入其思维和理念。如神社建筑方面，在奈良时代至平安时代初期，出现了柱子上有支撑房檐的斗拱，屋檐上翘，轴部涂红的神社正殿建筑。这种所谓的"流造样式"和"春日造样式"建筑，显然深受中国大陆建筑风格的影响。在都城建筑方面，也出现了如藤原京（奈良）、平城京（奈良）、平安京（京都）等仿中国唐都长安而建的中国式都城和宫殿。另外，在寺院建筑方面，模仿中国唐代建筑风格而形成的所谓"天平样式"建筑，以及参照中国宫殿建筑风格而形成的平安时代"寝殿造样式"贵族官邸建筑等，无不带有浓郁的中国唐文化色彩。

日本进入镰仓时代以后，出现了引入中国宋代建筑风格而有别于奈良时代以来"和样"风格的"天竺样式"（又称"大佛样式"）和"唐样式"寺院建筑。

"天竺样式"寺院建筑的典型代表，有位于奈良的东大寺南大门和位于兵库县小野市的净土寺，其大气而粗犷的风格明显不同于以优美典雅为特征的藤原时代（平安时代中期、后期）寺院建筑。

作为南都七大寺之一的东大寺，于8世纪创建于战乱中，于1180年被平重衡的军队烧毁，后由曾经三次入宋[1]并在宋朝习得建筑手艺归国的重源负责修复。据传，重源特意从宋朝请来著名工匠陈和卿等人，并引入当时宋朝先进的建筑技法和工艺，仿中国建筑风格修复而成。重源也因此被视为从中国导入"天竺样式"建筑文化之第一人。

这种"天竺样式"建筑后来虽然很快呈衰退之势，但其在构造法以及一些局部的装饰法方面的特色，一直影响着后代的寺院建筑。

值得注意的是，日本在进入13世纪后，相继出现了一批由一些曾经到过中国宋朝留学的著名僧人归国后创建的新寺院。如镰仓时代较早时期由分别于1168年（仁安三年）和1187年（文治三年）两度入宋的荣西（1141—1215）创

---

[1] 据《玉叶》和《东大寺建立记》记载，他曾三度入宋。参见木宫泰彦：《日中文化交流史》，商务印书馆1980年4月第1版，第306页。

建的建仁寺（临济宗）、由1223年（贞应二年）入宋的道元（1200—1253）创建的兴圣禅寺（曹洞宗），以及由1199年入宋、12年后携典籍2 000余卷归国的俊芿（1166—1227）再建于1218年的泉涌寺（律宗）等。由于这些较早时期的寺院建造者均受中国宋文化的影响较深，故在创建寺院时均参考并采用了宋朝寺院的风格。

到了13世纪中期以后，日本各地更是纷纷兴建起以建长寺[①]为代表的、模仿中国宋元禅宗寺院风格的伽蓝来。如位于京都的南禅寺（1291）、东福寺（1236）、天龙寺（1339），位于镰仓的建长寺（1253）、圆觉禅寺（1282）等。皆因该时期不仅从日本渡宋学禅者众多，来自宋朝的著名禅僧也不少，而且"禅风"大兴，好禅者众，于是，创建禅寺，或将原来的寺院改建为禅寺之风日渐兴盛。

这种在建筑风格和式样上有别于过去传统的旧佛教寺院的禅宗伽蓝，又被称为"唐样式"禅院，具有典型的中国宋代建筑风格，其体现出来的"简朴、闲静"的"禅"精神，正好与当时人们在精神上的追求相吻合，深深地打动了人心。

这些禅宗寺院或请来自宋元的禅僧和渡宋元归国的高僧为开山祖师，或由深谙禅之真谛的高僧提议并主持创建，其建筑样式和风格无不与中国宋元禅院风格相仿，充分印证了宋元文化对日本中世佛教建筑文化的形成带来的影响之巨大。如"京都五山"之一的慧日山东福禅寺，当时藤原道家在创建时，专门迎请入宋继承了径山无准师范禅师的法统归国的圆尔辨圆（1208—1280）为开山祖师。据传圆尔辨圆入宋求法时，历访天童、净慈、灵隐等著名寺院，并带回经论章疏典籍数千卷[②]，其中有《大宋诸山伽蓝及器具等之图》，对宋朝禅寺建筑风格及寺内配置、摆设等可谓颇有心得，这对东福寺的营建带来的影响是不言而喻的。自那以后的日本，出现了如著名的金阁寺、银阁寺那样的楼阁建筑、廊桥、亭桥，以及起源于禅宗寺院中书院的"书院样式"建筑，这些被称为"天竺样式"、"唐样式"、"书院样式"的建筑式样和风格，不仅仅局限于跟禅宗有关的寺院、庭园，其影响还波及当时官僚、武士的私邸建筑和一般民众的住宅建筑，给日本中世时期以后的建筑文化带来了极其深远的影响。

---

① 由北条时赖创建于1253年（建长五年）、以中国宋僧兰溪道隆为开山祖师的关东禅宗寺院。

② 参见［日］木宫泰彦：《日中文化交流史·明清篇》，商务印书馆1980年4月第1版，第312页。

尤其值得一提的是日本中世后期"书院样式"建筑的兴起，这可以视为"禅"对日本中世建筑文化影响的典型。

在日本，中世以前的平安时代是以藤原氏为中心的贵族政治时代，这一时代有个突出的特点，那就是贵族们不仅习惯于起居生活在私邸，就连许多政务一般也在私邸中操持。因此，自平安时代以来，一直流行着一种在使用功能以及气派、风格上迎合这种贵族政治需要，在建筑物内的配置、功能设置以及结构上都繁杂而讲究的所谓"寝殿造样式"建筑。而这种建筑样式和风格实际上很大程度也是受中国的宫殿式建筑文化的影响，并结合当时日本贵族们生活起居、操持政务的实际需要而形成的。可以说，这种建筑既不适合后来的武士阶层的生活方式，也不对崇尚简洁实用的武士阶层的"口味"。于是，在进入15世纪以后，开始出现脱胎于书斋的、更能迎合当时的生活起居方式和审美情趣的"书院样式"建筑。而这种建筑首先在当时的禅宗寺院里出现，继而在将军及朝廷贵族、地方上层武士们的私邸、官邸中日渐流行，发展至后来的安土桃山时代（1568—1600），逐渐普及至一般武士将领们的住宅，成为中世以后建筑的主要形式。由室町幕府八代将军足利义政（1436—1490）建于京都东山的银阁寺东求堂，就堪称日本初期"书院样式"建筑的典范。

那么，日本中世时期"书院样式"建筑的流行与中国宋元文化有何关系呢？

首先应当指出的是：随着禅文化的流入和传播，尽管其程度和内涵各有不同，但好禅、趋禅之风实际上波及了当时的整个日本社会。于是，起源于禅宗的寺院而又带有浓厚禅文化色彩的建筑样式，自然也就成为了人们追逐的一种"流行"和"时尚"。

所谓"书院样式"建筑，简洁而实用，于平奇之处独具匠心和品味，在设计上一般配有用以悬挂中国名家字画及摆设饰物的"床间"（壁龛）、用以摆放古玩珍品的交错搁板橱架，还有书架、书桌等。显然，这种建筑是专为摆设和装饰中国宋元"风雅之物"，追求室内陈设、装饰上的所谓"唐样式"效果而设的。

当时的日本，随着"禅"的传入、禅文化的日渐流行，在中国宋朝流行的那种追求风雅、舞墨弄诗、玩赏古董书画等的所谓"士大夫"文化，自然也成为了当时人们羡慕的一种时尚，加之进入室町时期以后，随着日本对明贸易的日益兴盛，中国的书画作品、陶器、文具、古董等大量输入，既满足了当时贵

族、上层武士们的崇尚"中国风雅"之需,同时在客观上也为此种时尚和文化的形成提供了物质上的可能和保证。

可见,当时的日本,无论是在精神上,还是在物质上,均具备了促使"书院样式"建筑流行的条件,由此而附带产生的一系列与"书院样式"建筑所追求的"趣味"相协调、相一致的文化自当不足为奇。

（二）禅的理念与日本中世庭园文化

禅的理念不仅影响了包括建筑式样、建筑风格等在内的日本中世建筑文化,还深深地影响了日本中世以后的庭园文化。这一点,我们可以从日本中世时期在禅寺建造的选址、布局、造景等方面体现出来的"禅"的理念和思维上得以窥出。

大凡禅寺,一般多以地处山麓倾斜地而背倚高山为理想之地,重视导入自然风物和景观,并强调一切搭配组合都要和谐自然,使人置身于斯能心定神静、怡然自得,能感受到幽玄、恬静的"禅之境界"。因此,著名的禅宗寺院都非常讲究"十境"。如当年从中国元朝避战乱而来的著名禅僧清拙正澄（1274—1339）在1333年（正庆二年）任建仁寺住持时,就依中国禅寺讲究"十境"的规矩,选定了"东山十境",开日本禅寺"十境"之先。大约在10年之后,又有深谙禅之"真谛"的日本著名禅师梦窗疏石（1275—1351）的"天龙寺十境"之选,这些都是日本禅宗史上值得大书特书的一笔。

这种讲究高山、岩石、小溪和深谷的组合,加上楼阁、亭桥等建筑物,以及庭园的协调而自然的搭配,恰到好处地营造出一种难以言传的玄妙的"禅之境界"。如此所谓禅寺"十境",对日本中世文化的"审美情趣"带来的影响是不容忽视的。

另外,在日本中世的室町时代兴起的"枯山水"禅式庭园,也是在"禅"的自然观、禅的理念影响下的产物。

所谓"枯山水"禅式庭园,讲究的是将广袤的大自然压缩到一个相对狭小的空间里,以象征性的手法来加以表现。例如在白砂之上配置大小不一的15块石头以表现大海之趣的临济宗妙心寺派的龙安寺（建于1450年）庭园,以及仅用砂、石、树的巧妙组合来表现深山幽谷的大德寺派本山大德寺（建于1324年）大仙院方丈庭园等。

该时期建造的有名禅寺的庭园设计和建筑理念，无不体现出以简朴的形式、象征性的表现以达到"韵外之致"的最佳效果，于平淡无奇中去"参悟真谛"的禅的思想和禅的追求。在这些禅式庭园里，仅用砂、石、树木等来象征性地表现巨瀑大海、深山幽谷，意蕴深厚而令人回味无穷。禅僧们以及好禅之人置身于此境，于枯淡寂静、简素雅拙之中去追求"禅"的境界、参悟"禅"的真谛。

可以说，"枯山水"禅式庭园的造园理念，乃是禅的理念影响日本中世庭园文化的典型。

在论及日本中世的庭园文化时，有一位人物是必须提起的，那就是被称为"七朝帝师"的梦窗疏石。

临济宗的著名禅僧梦窗疏石，是使京都的禅宗发展至全盛的传奇人物。他不仅受后醍醐天皇的皈依，其后的七代天皇也赐其"国师"号，尊其为师。足利尊氏开幕府时曾迎请他为国师，因此有了"七朝帝师"的称号。据传他于1351年（观应二年）9月29日圆寂时，"天皇为之震悼，为之停止朝政"[①]，足见其道誉之高。另外，其门下英才辈出，大多活跃于"五山十刹"，弟子过万，宗风风靡一世，加之其在朝廷幕府中威信极高，累累被迎请为各名寺大刹的开山始祖，更有力劝幕府兴建天龙寺，力促往中国派遣募捐资财的贸易船舶"天龙寺船"等佳话，使之在日本禅宗史、日本庭园史、日本文化史上均占据了显赫的地位。

值得一提的是，梦窗疏石对日本中世文化的贡献，还在于他支持了日本中世时期不少著名的禅宗庭园的兴建。如京都的天龙寺、西芳寺、临川寺、等持寺等著名禅寺的庭园以及足利义满的金阁寺、足利义政的银阁寺等庭园均是被视为梦窗疏石的禅思想、禅理念得以淋漓发挥之杰作。

其中的西芳寺，是他在1339年63岁时得中原亲秀的捐赠，由原属净土宗的西芳寺改建而成的临济禅寺。因庭园内长满葱绿怡人的青苔，故俗称苔寺。据传，因其庭园幽深恬静，"禅味"浓厚，令人易入忘我之禅境，足利义满年轻时常在庭园内彻夜坐禅，当时慕名而来观赏该寺庭园者更是络绎不绝。该禅寺庭园被视为日本室町时期的名园、室町文化的代表，梦窗疏石也因此被尊为日本中世禅寺庭园术之祖。

---

① 参见［日］村上专精：《日本佛教史纲》，商务印书馆1981年11月第1版，第194页。

那么,这位未曾到过中国的"七朝帝师",与中国宋元文化有何渊源呢?

据传,梦窗疏石自幼丧母,9岁出家,先学显密二教,后深感旧佛教之局限,转而学禅,依次侍奉东渡弘禅的中国宋代禅僧兰溪道隆的门徒无及、苇航、桃溪等著名禅师,学习正宗禅宗,后来为了进一步学到正宗的中国禅,投入以博学多才著称的渡日元僧一山一宁禅师的门下,最后在镰仓万寿寺师从中国著名宋朝禅僧无学祖元的第一高足高峰显日(1241—1316),终于得悟,并获高峰显日授法衣以为印证。

另外,关于梦窗为何号称"疏石"之由来,还有一段离奇的传说。据传他有一次在甲斐山中坐禅修行时,梦见自己亲游中国的疏山、石头二寺,并得遇禅僧,获赠达摩祖师半身像,故取梦中二寺名"疏石"二字以为号。

从其师承、经历以及有关的传说当中不难推测出:梦窗疏石之所以如此深谙"禅"之真谛,并擅长汉诗文,实际上与他的中国文化情结有很大的关系。

(三)禅与日本的饮食文化

禅的传入对日本文化带来的影响,还反映在日本的"和食"文化上。

我们知道,禅宗主张把"搬柴运水"、"日常茶饭"都当做"修禅",只要"一心不乱"、"用心"地去做,一言一行都是"禅",每一件日常生活中的平凡小事都有可能得"悟",自然而然地,"打斋"也就成为了禅僧们修禅的重要一环。

禅寺里有一套对日常饮食从内容、时间到形式都相当讲究的"粥饭法"。如饮食的内容以"粥斋"(精进料理)为主;在"粥座"(早餐)、"斋座"(昼餐)、"药石"(晚餐)三顿"正餐"之间,吃少量"点心"配茶。如此饮食上的讲究对日本的饮食文化影响很大,后来日本的所谓"和食"文化,基本上承袭了"粥斋法"的主要精神。

为了使修行的禅僧们能够保持身心健康地投入修禅,禅寺里对饮食方面有许多的讲究。

首先在饮食的材料方面,为利于净身慎心,避免杀生,严禁鱼、肉、蛋,而以植物性材料为主。在日本禅寺里,这种被称为"精进料理"的素食始于日本曹洞宗开祖道元(1200—1253)从中国传入禅宗之时,由到过中国的留学僧和从中国来日的禅僧们所传播。

关于禅寺里饮食方面的讲究，道元著有《典座教训》，对烹调方法、程序、使用材料等做了明确的要求和规定。如要求以"喜心"（为能烹调出成为修行僧们生命之源的食品而喜）、"老心"（似父母疼爱亲子般充满爱情之心）、"大心"（不偏不倚、一心一意、聚精会神地烹制食物）的所谓"三心"，来为修行僧们烹制成为他们"生命之源"的食品，并要求"五味、五法、五色"，以保证利用有限的材料做出既营养身体又可口美味的食品来。

对后世的饮食文化影响很大的"普茶料理"，则是一种由日本禅黄檗宗的始祖、中国明朝僧人隐元（1592—1673）由中国传来的中国式素菜，所用的材料全是"斋食"材料，却模拟做出鱼、肉的形状和味道来。可以说，这也是一种最能体现"禅的精神"的禅寺里特有的饭食。

另外，已有日本学者指出，由日本入元禅僧传入并流行于日本中世的南北朝时代的"茶寄合"，其点心中所用的各种羹类、饼类、面类等中国风味的食品，以及当时流行的其他如馒头、豆腐一类的中国式食品和烹饪法都是当时的中日禅僧们传入日本的。凡此种种，包括贯穿着"禅的精神"的禅寺里的饮食"讲究"，无一不对日本的"和食"文化产生了重要而深远的影响，其与中国文化之间难以割断的渊源自是不言而喻。

（四）日本茶道与禅的渊源

那么，兴起于日本中世室町时期，以追求简朴、淡泊、静寂为美的最高境界的日本独有的"茶道"文化，其与"禅"又有何渊源呢？

日本的茶道，作为典型的日本文化的代表之一而闻名于世，其反映在茶室的布置和摆设方面的"简朴、闲雅"的"禅趣味"，以及反映在主人（亭主）"一心不乱"地"用心点茶"，宾客也"一心不乱"地"用心品味"这样一种"修禅"色彩十分浓厚的茶道规矩上的"禅精神"，显然是受到了传自中国的"禅文化"的影响，承袭自流行于南北朝时代并最初盛行于禅林之中的"茶寄合"，可以视为"茶寄合"经过"日本化"（简单化、朴素化）了的一种日本独有的"茶文化"。"茶寄合"也因此被认为是日本茶道文化的前身。而根据《吃茶往来》[①]、《禅林小歌》等书对"茶寄合"的描述来看，这种以饮茶为名的聚会完全是中国式的，而且充满了"禅"的趣味，加之最

---

① 据传为禅僧玄慧法师所撰，收于《群书类丛》里。

初盛行于禅林之中，后来才逐步普及、流行至武士乃至一般民众当中。由此可以推断：这种"禅宗趣味"浓厚的茶会想必是由中国禅僧或自中国宋元归来的日本留学僧传入的。

据考察，茶道正式兴起于日本中世后期室町时代，其最初起源于禅宗寺院里的"茶礼"仪式，后来，逐渐普及至一般民众的日常生活当中，成为日本独有的"社交文化"的一种。有日本学者认为：日本的室町时代是一个崇尚"唐物趣味"的时代，同时又是一个消化、吸收"唐物趣味"，使其"和样化"（日本化）的时代。而日本茶道，便是在与"唐物趣味"的对决过程中，克服了其竞相以豪华精美的茶具、茶室摆设来体现"华美"之弊，转而追求精神上的某种朴素而高雅的境界所形成的文化，因此，称日本茶道为"求道的享乐"。[①] 关于日本茶文化与"禅"的关系，如果从其受禅的传入以及禅文化的影响方面来考虑的话，笔者认为应该强调两点：

（1）荣西在弘禅的同时传入并在禅寺里提倡的"吃茶"习俗，客观上促成了在日本中世时期"好禅"的武士社会当中"吃茶"之风的兴起，并逐步普及至普通民众中间。后来到了中世后期的南北朝时期，还导致了"茶寄合"、"斗茶"的流行。

（2）禅寺里的"吃茶"习俗发展到后来，在审美意识、精神内涵方面有了"质"的变化，并获得精神上的升华，使"吃茶"达至所谓"茶禅一味"的境界，最后至千利休（1522—1591）时，形成了以追求"闲寂、恬静"为理想境界的"草庵之茶"（茶道）。

我们知道，茶早在奈良时期已由留唐的日本僧侣作为药用而传入日本。根据日本有关的文献资料记载[②]，嵯峨天皇于815年（弘仁六年）行幸近江滋贺经过梵释寺时，曾经留唐归国而好茶的该寺大僧都永忠亲自煮茶进献与天皇；嵯峨天皇还于同年6月命畿内、近江、丹波、播磨等地种植茶叶以作为贡品缴纳。由此可知当时的日本已有喝茶之风习不假。另据日本的一些书籍[③] 所述，最先将茶种带入日本并栽培于江州（滋贺）坂本的是于平安时期传入天台宗的

[①] 参见［日］山崎正和：《求道的享乐——茶与花》，转引自［日］山崎正和：《室町记》，朝日新闻社1976年5月第1版。

[②] 如《后记》弘仁六年四月癸亥条、《后记》弘仁六年六月壬寅条等。

[③] 如《日吉社神道秘密记》等。

传教大师最澄（767—822），据说当地至今仍留有据传为最澄大师亲手所栽的老茶树。也就是说，在镰仓时期中国禅传入日本、荣西从中国带回茶种之前，日本已有饮茶之风。尽管如此，在论及日本的茶文化时，仍然难以割断其与"禅"的关系，这是何缘故呢？

实际上，在日本还有这样的看法：日本的很多地方都有野生的茶树在山里生长，从中国传入茶之前，日本难道就没有人利用过"茶"吗？

的确，在荣西带回茶种开始栽培、制茶，并在弘禅的同时推广"吃茶"风习之前，日本理应有其山上的野生茶树，也的确曾有过喝茶的风习，但喝茶的好处既没有被大多数人所真正认识，更谈不上形成具有广泛基础的"文化"。而我们从日本入宋僧成寻的日记《参天台五台山记》中可以看出，在中国的宋朝，饮茶之风已相当流行。荣西在宋朝不仅继承了正宗禅的法统，同时还深受各种"宋文化"的熏陶而归，对茶的效用及其"文化"自然是"颇有心得"。可以说，日本是在自荣西带回茶种，著《吃茶养生记》，并在禅僧中间大力提倡"吃茶"风习以后，饮茶之风才真正兴起并逐渐普及开来的。荣西之所以被称为日本"茶祖"，其原因就在于此。

而所谓的"茶道"，如前文所提及，实际上应指"吃茶"风习普及流行至下层社会之后，由竞相夸耀茶具、茶亭摆设以及茶会规模之"高贵、华美"转而变成以追求朴素娴雅的"雅趣"为目的的民间茶会，又称"茶之汤"、"草庵之茶"。如果仅从其聚会的规模、茶亭茶室的摆设及装饰的"趣味"来看，与在南北朝时期一度流行于禅僧及上层武士阶层当中的"茶寄合"的确已有所不同，但从其点茶技术、程序以及所讲究的礼法上看，两者之间仍然有"一脉相通之处"[①]，故完全可以视其为"茶寄合"经过"日本化"了的一种日本独有的茶文化。而所谓的"茶寄合"，已有研究表明，乃是日本入元禅僧自中国元朝传入的一种"中国趣味和禅宗风趣"[②]非常浓厚的宋元文化在日本的延伸。其最初只流行于禅林之中，随后不久便普及流行至好禅之武士社会当中。

---

① 参见［日］木宫泰彦：《日中文化交流史》，商务印书馆1980年4月第1版，第510页。

② 参见［日］木宫泰彦：《日中文化交流史》，商务印书馆1980年4月第1版，第504页，第506页。

被称为日本"茶祖"的日本禅宗创始人荣西，是将中国寺庙里僧侣们的吃茶风习和饮茶方法以及中国宋代禅林中业已形成的"禅与茶相互交融"的思想首先传入日本的人，而真正将禅的精神引入"吃茶"，并赋予其精神，从而使"吃茶"的内涵变得丰富起来，并将其提升至"茶道"文化者，当推日本中世时期的禅僧村田珠光（1422—1505）。

　　村田珠光乃大德寺著名禅师一休宗纯（1394—1481）的弟子，因仰慕一休禅师的名声和道行，曾一度还俗的他又重返禅界修禅。据传，他打坐修禅时经常打瞌睡，并为此而烦恼不已，后听闻喝茶不仅可以养心静气，还可以醒神而有助修禅，于是，从此以后常喝茶不懈，并由"吃茶"而悟出"禅趣"来，后得其师父一休禅师以宋代临济宗著名禅僧圆悟克勤的手迹"茶禅一味"相赠。日本茶道文化于是由此而生，茶道与禅之渊源亦由此可见一斑。

（五）禅与日本的中世书画艺术

　　在日本的镰仓时代末期至南北朝时期这个时段里，随着中日禅僧交流往来的增多，由中国的渡日僧侣和日本的入宋、入元僧携带进入日本的、以宋元书画作品为主的中国名家书画不在少数。前面也曾提及，以足利义满为首的室町幕府历代将军均嗜好又被称为"唐物"的中国书画、文物等，家中曾有专事"唐物"鉴定和管理的三代"同朋众"——能阿弥、艺阿弥、相阿弥，世代相袭。其中，能阿弥曾就室町幕府历代将军继承、收藏而来的所谓"东山御物"，编撰有著名的《君台观左右帐记》和《御物御画目录》，据此可知，仅室町幕府收藏的书画作品，就有包括牧谿的 103 幅、梁楷的 27 幅在内的、宋徽宗、马远、李迪等宋代名家书画达 280 幅之多。因此，日本中世时期的书画艺术领域，其所受到来自中国宋元书画的冲击和影响是可想而知的。

　　在此，拟仅就禅文化给日本中世时期的书画艺术带来的影响进行探讨。

1. 强调"禅趣"的"墨迹"

　　众所周知，日本的"书道"艺术本来就与中国文化有很深的渊源。中国的书法，讲究如何将本来只是一种文字符号的东西更美地表现出来，原属于"汉字文化圈"中特有的一种艺术，故最早的素材是汉字。应该说，日本的"书道"起源于其借用中国传来的汉字以表现本国语言的时代，其后，随着本国独有的

"假名"①文字的发明，逐步发展成为以汉字和"假名"为素材的书法艺术。因此，书法之"美"体现出来的中国文化的"精神"，对日本"书道"的影响是不言而喻的。实际上，日本人尊崇中国古代的名家笔迹，并以为至宝的事例的确不少。据传，现今保存于正仓院的王羲之的笔迹，即是当年圣武天皇与光明子订立婚约时作为"结纳品"（订婚礼）相赠之宝物。

日本的"书道"艺术，发展至中世时期的镰仓时代末期至室町时期，也开始出现了许多不同的流派和风格。但是，凡是其中出自禅僧手笔的"墨迹"，其内容大多与禅有关，而且充分体现了禅的境界和悟禅之心境。

"墨迹"本来是泛指笔迹，但在日本，却被用以专称禅僧手笔书写的偈颂、法语、印可状等与禅有关的笔迹。"墨迹"在日本的"书道史"上尽管只属旁流，但其表现出来的"禅境"、"禅趣"，以及书者"悟禅之心境"和气魄等精神方面的"神韵"，却能深深地打动人心。这种为表心境和思想而不囿陈规、自由不羁的书法风格，以及其所表现出来"禅的精神"和书法之外的"神韵"，自然形成了一种特有的、令人注目的"日本禅文化"。

应当指出的是，日本的"墨迹"文化，其与中国宋元文化中的禅林文化实际上是"一脉相承"的。

（1）通过中日禅僧从中国带入了大量的宋、元名僧的"墨迹"作品，并得以完好地收藏于"五山"丛林之中。如书法造诣名高于世的圆悟克勤、虚堂智愚、了庵清欲等著名禅僧，均有"真迹"留传于日本的禅林之中。

由于书法之道讲究的是用心揣摩前辈名家之真迹，得解其神韵之后，再图自我风格的创新，因此，日本"五山"禅僧们得以耳濡目染宋、元名僧书法家的大量真迹，使他们在形成自己的书法风格方面受到了潜移默化的影响。

（2）日本禅林中早期的弘禅大师们，几乎无一不得中国宋书之"真传"。如"荣西书派"的荣西，在入宋求法时就曾学习宋人书法，另外两位在日本丛林书法上与荣西齐名的，是来自中国的渡日僧侣兰溪道隆和无学祖元，他们均为在宋时追慕书法名家，并得宋书之真传的高僧，来日传禅后潜移默化之中影响于其后世弟子自然不在话下。

---

① 在汉字的基础上，通过将汉字省略笔画或改变形状发明的日本独有的表音文字。

059

2. 禅与中世兴起的水墨画

关于禅文化对日本中世绘画艺术的影响，笔者认为可以归纳为以下几点：

（1）中国禅林中流传的水墨画技法，随着禅宗的传入和中日两国僧侣的频繁往来，于镰仓时代末期得以传入日本，首先兴起于"五山"僧侣中间，其后影响逐渐波及丛林之外。

（2）中国禅林中弄诗舞墨乃僧侣们必备之"余技"和"雅兴"。禅林中的这一传统，在中日禅僧的弘禅过程中通过师徒传承亦得以很好地承袭下来。

（3）禅宗内部师传弟子法统时以授"顶相"为印证，如此传统，客观上造就了禅林中禅僧"余技"盛行的环境和氛围，而如此环境和氛围，同样在日本禅林中得以承袭下来。

（4）禅崇尚自然，追求简朴的审美情趣，追求"韵外之致"的最高境界。如此"禅"的理念和精神，促成了轻色彩和形式而重意境和"神韵"的水墨画、山水画的形成和发展，并同样得以在日本"五山"禅林中发扬光大。

可以说，禅文化对日本中世绘画艺术的影响，主要反映在该时期勃兴起来的具中国宋元风格的水墨画上。

在中国，宋元时代可以说是水墨画的黄金时代。由于具宋元风格的水墨画是伴随着禅宗的传入，主要由镰仓时代的禅僧们积极输入、介绍至日本，同时又主要在禅僧社会里备受推崇并得以传播开来的，而且在题材方面多以花鸟山水、布袋、寒山拾得等"禅色彩"浓厚者居多，技巧上不重色彩，形式上追求神似、含蓄、象征、写意等，所强调的审美情趣与禅宗所强调的别具会心的所谓"禅悟"是相吻合的，因此，在当时的日本，宋元风格的水墨画一般都被理解为"禅艺术"、"禅文化"的典型。

在中国的宋元时期，对应日本的镰仓至南北朝时期，随着两国文化交流活动的展开，以宋元绘画为中心的中国绘画作品也大量流入日本，同时具有典型宋元风格的水墨画技法也由当时以入元禅为主的禅僧传入了日本。

据《本朝高僧传》记载，1320年（元应二年）和寂室元光同时入元、继

承了天目山高僧中峰明本的法统回国的禅僧可翁宗然（？—1345），乃是最先将牧溪派清雅枯淡的画风传入日本者。另外，考察日本水墨画发展的历史不难得知，不仅活跃于14世纪中叶水墨画初期的画家默庵、可翁是入元禅僧，进入室町时代以后在日本水墨画发展史上占有重要地位的如拙、周文、雪舟等著名画僧，也均为禅林出身，不用说，这与日本禅林中流传有入元僧带回的大量宋元名画有着密切的关系。

可以说，日本中世时期兴起的水墨画，无论是从其技法上，还是从其主题、构图上看，大多数都只是停留于对中国宋元绘画的模仿，直到发展至雪舟等扬时，才出现了堪称"日本水墨画"的作品。

日本水墨画的集大成者雪舟等扬（1420—1506），自幼出家，先入宝福寺修禅，后入京都相国寺鹿苑院，得遇水墨画巨匠如拙、周文，并从其学习宋元风格的山水、花鸟画，后于1467年（应仁元年）48岁时搭乘第12次日明贸易船入中国明朝，在明朝居留3年时间，师从张有声、李在两大画家学习水墨画，后来学成破墨等水墨画技法归国。从雪舟晚年给其弟子宗渊的《破墨山水》自赞中可知[①]，尽管当时中国明朝已鲜有能指导雪舟的画家，但其在明期间能亲近作为水墨画发祥地的中国的自然风物以及水墨画的古今名作，如此经历无疑对其有着重大而深远的影响。

实际上，发展到了中世的后期，这种具有宋元风格的水墨画影响已远远不只局限于禅僧社会，而大有取以往的佛画、"大和绘"而代之，成为当时画坛主流的倾向。这是由于当时的"禅趣味"、禅的世界观几乎风靡整个日本社会所致。因此，类似风格的水墨画作品并不仅限于出自禅僧画家之手。当时画坛上整个水墨画世界里，即便不是以达摩、布袋等为题材，而以描绘自然山水、风物为主的作品，其在技巧、风格、意境上，带给人们的仍然是一种"玄妙、恬静、淡雅"的、极富"禅趣味"的意境和情趣。由此可以看出，在当时的绘画艺术领域，所谓"禅趣味"和"禅的世界观"，业已深深地渗透于画家们的灵魂深处。

三、禅林清规与"小笠原流"礼法的形成

作为日本中世文化的一部分，同样形成于日本中世武家政权时期，并对后

[①] 参见［日］佐佐木银弥：《日本历史》第13卷"室町幕府"，小学馆1975年版。

世产生了深远影响的，还有被称为"小笠原流"的礼法。

在日本，由中世南北朝时期的著名武将信浓的守护小笠原贞宗制定了一套严格的武家礼法[①]，作为武家礼法的大宗，在武士阶层当中备受重视，当时的幕府以及地方大名均以此为准。该礼法一开始只是用以严格规范武士的举止行为，后来逐渐普及到民间，成为一般家庭利用来教育和训练、规范孩子或女子言行的"教养"，其影响波及至整个日本社会，成为日本中世文化的一个重要组成部分。到了后世，日本将严格的礼仪都俗称为"小笠原流"礼法。

那么，这套被称为"小笠原流"的礼法与禅文化有何关系呢？

原来，禅宗自有一套规范禅僧在禅宗寺院里生活起居的规矩，通常称为禅林"清规"。而最初将中国禅寺里实行的禅林清规移植至日本的，乃是来自中国的宋僧兰溪道隆（1213—1278），后来再由深谙《百丈清规》的清拙正澄（1274—1339），依照正规的《百丈清规》对日本禅林规矩加以肃正，使日本丛林从此得以走上正轨。这位于1326年（奇历元年）应邀从中国元朝来日的清拙正澄，亲自撰著《大鉴清规》，并致力于肃正日本丛林规矩，为日本禅宗的发展做出了极大的贡献。据认为，其所著《大鉴广清规》和《大鉴略清规》，给"小笠原流"礼法带来了极大的影响。[②]

关于清拙正澄，正如师蛮在其所著《本朝高僧传》中对他的评价："大凡东渡宗师十有余人，皆是法中狮也，至大鉴师可谓狮中主矣。"[③]一般都认为他是来自中国的入籍元僧中最为杰出者。另外，还有一段关于他的颇富传奇的传说。据传，他生前曾对无隐元晦说："我死当在百丈忌辰，小师等应一同设斋。"[④]后来他果然圆寂于百丈怀海的忌辰那天（正月十七日）。世人皆称奇，

[①] 关于该武家礼法，也有认为应是小笠原贞宗的玄孙小笠原长秀所制定之说，目前学界尚缺乏确凿史料佐证的定论。

[②] ［日］竹贯元胜：《日本禅宗史》，大藏出版1989年9月第1版。

[③] 《本朝高僧传》二十五"正澄传"。转引自［日］木宫泰彦：《日中文化交流史》，商务印书馆1980年4月第1版，第415页。

[④] 《清拙大鉴师塔铭》、《禅居集·建长新起众寮贺轴序》。转引自［日］木宫泰彦：《日中文化交流史》，商务印书馆1980年4月第1版，第416页。

视其为百丈怀海再世。①因在禅林规矩方面一般以百丈怀海制定的《百丈清规》为至尊，故日本禅林对这位精通《百丈清规》，并被称为"百丈再世"的清拙正澄也敬仰得五体投地。

正如前述，对日本后世影响极大的"小笠原流"礼法的创始人，乃是信浓的守护小笠原贞宗。这位热心的禅宗皈依者，曾经邀请清拙正澄为开山祖师创建了开善寺。据传，他不仅笃信禅法，对禅林中各种严格的规矩和讲究也极为赞赏，在制定规范武士行为的武家礼法时经常商讨于清拙正澄，并且参照和借鉴了不少禅林中的规矩。从记录该礼法的《三议一统》中可以看出，自第二"法量门"起，"到处都有参照禅家礼法的地方"。②由此我们不难窥出禅林清规对"小笠原流"礼法的影响。

四、禅与日本宋学的关系

讨论禅文化给日本中世文化带来的影响，还有一点值得注意的，那就是，作为日本中世文化的一部分，日本宋学的兴起和发展与禅究竟有何种联系？

关于这一点，已有学者指出："禅宗的流行也带来了副产物，即镰仓时代中期以后中国新儒学——宋学在日本的传播。"③另外，就连对被视为日本中世禅宗文化一部分的"五山文学"很不以为然的日本著名学者家永三郎也认为：作为在"五山"禅僧中兴起的对中国经典和学问、艺术"热衷"的副产品，客观上导致兴起了对朱子学的关注和研究，而且还出了不少令人注目的著作。因此，"五山"禅僧们对中国典籍的研究大兴，作为其后时代出现的儒学隆盛的"历史性前提"应该受到关注。④

我们通过考察宋学的发展、中国宋代佛教与儒学的关系，以及日本宋学的形成和发展，则不难究明禅与日本宋学之间的联系。

在考察中国思想史、中国宗教史时可以得知，中国佛教发展至隋唐之后，与传统的儒教文化进一步融为一体，潜移默化，在宗教史、思想史上形成了一

---

① 参见［日］木宫泰彦：《日中文化交流史》，商务印书馆1980年4月第1版，第416页。
② 参见［日］木宫泰彦：《日中文化交流史》，商务印书馆1980年4月第1版，第417页。
③ 参见王家骅：《儒家思想与日本文化》，浙江人民出版社1990年版，第55页。
④ 参见［日］家永三朗：《日本文化史》，岩波新书1959年12月第1版，第149页。

个"佛教得儒教而广,儒教得佛教而深"①的局面。从儒学发展的角度来看亦是如此。宋代理学家朱熹就曾经说过:"今之不为禅学者,只是未到那深处;才到那深处,定走入禅去也。"②从当时中国思想界的情形和发展趋势来看,如果离开了佛教,儒学的发展将受到极大的制约,宋明理学则更是如此。有关的学术界在考察了相关的师承渊源后得出结论:宋明理学的思想多有袭自佛教者,就连以"反佛"自命的张载和二程其实也都是佛教的衣钵传人。③可以说,佛儒交融已经成为中国思想史发展的必然趋势和归宿。

关于导致南宋前后禅宗和儒学融为一体,南宋以后的禅僧大多"禅儒兼修"的原因,有学者指出是由于"面对新崛起的宋学,大势渐去的禅宗不得不以禅儒一致为标榜,力图调和儒佛以挽回颓势"④的缘故。应该说,这种说法不无一定道理。但笔者认为,从隋唐以后中国宗教史、思想史方面发生了重大变化这样一种"大环境"来考虑似乎更合理一些。也就是说,造成如此局面的出现,应该视其为当时整个大的历史环境所使然。

可以想见,来自日本的佛教僧侣们慕名入宋、入元求法问禅时,中国禅宗实际上已经过了最辉煌的时期,而到了不得不假借"调和儒佛以挽回颓势"之地步。我们由此可以推测出,处于如此"大环境"之下的禅文化,其中掺杂、糅合着"儒学思想"也是势在必然。而在如此历史背景下来到中国的日本僧侣们,在中国禅林中耳濡目染,或多或少地受到宋代新兴"新儒学"的影响和熏陶,自然也就不足为奇。

关于禅与日本宋学的关系,似乎可以归纳为如下几点:

(1)在中国,佛教发展至宋元时代,已有了明显的儒、禅、道三教融合的倾向。当时的中国,不仅宋明理学家皆"出入于佛老",宋朝的著名禅僧大多也都"儒禅兼通"。他们在传授禅法的过程中,其在儒学方面的修养自然会潜移默化地影响到来自日本的佛门弟子。

(2)将宋学介绍到日本的主要是镰仓时期的入宋僧。他们在中国求法学禅期间,不仅禅儒兼学,归国时还携回大量儒学经史、理论著作,为宋学在日

---

① 参见任继愈:《汉唐佛教思想论集》,人民出版社1994年版,第6页。
② 转引自梁晓虹:《日本禅》,浙江人民出版社1997年版,第100页。
③ 任继愈:《汉唐佛教思想论集》,人民出版社1994年版,第6页。
④ 王家骅:《儒家思想与日本文化》,浙江人民出版社1990年版,第57页。

本的研究和传播提供了可能和有力的保证。

（3）日本宋学的形成和发展主要有赖于"五山"禅僧们对儒学的批判和研究。

（4）日本宋学在朝廷贵族、幕府将军及武士当中的普及和传播，主要得助于禅僧们在宫中、幕府的传禅活动。

（一）禅僧与宋学的传入

关于宋学传入日本的具体时间，目前尚未发现有可以作为佐证的史料。迄今为止，学界一般根据保存于日本东洋文库的、卷末署有"正治二年三月四日，大江宗光"识语的朱熹《中庸章句》来推测，认为至少在1200年（正治二年）已有宋学著作传入日本。①

也就是说，在著名的入宋僧俊芿于1211年（建历一年）携带儒籍256卷②归国之前，日本已有宋学著作流入。

在入宋僧带回的大量典籍当中，有据可查的儒书数量，就有俊芿带回的儒道书籍256卷。另据圆尔辨圆的法孙东福寺第二十八世祖大道一，以根据调查普门院藏书后写下的《普门院经论章疏、语录、儒书等目录》可知，在普门院藏书当中，僧传、禅籍、儒书、诗文集等共960余卷册，而当时宋朝的宋学已由朱熹集大成，故大多数学者都据此推测，在这些由入宋僧携回的儒书当中，新兴的宋学著作应不在少数。

这些由日本入宋禅僧携带归国的儒学经书，在禅林中广为流传，并在后来促进了"五山"禅僧们对宋学的进一步研究。

一般谈及日本宋学的形成，都首先提到自宋朝携回大量典籍的日本入宋僧俊芿和圆尔辨圆。其中尤其是1241年（任治二年）自宋归国的圆尔辨圆，已有研究结果表明他携带回来的典籍当中有朱熹的《大学或问》、《论语精义》等书。当然，他们于日本宋学之贡献，并非仅限于携回大量的儒学经书，而更在于他们积极介绍中国宋代学界的动态，积极在本门弟子甚至在朝廷公卿、幕府将军及上层武士当中弘传宋学。如俊芿为左大臣德大寺公继讲解经书、圆尔辨圆为执权北条时赖讲解《大明录》等。

---

① 参见王家骅：《儒家思想与日本文化》，浙江人民出版社1990年版，第57页。
② 有日本学者和岛芳男作"携儒书三百余卷自宋而归"之说，但据《不可弃法师传》记载为"二百五十六卷"。

圆尔辨圆为执权北条时赖讲解的《大明录》，其最大的特点是主张儒、佛、道三教一致论，乃是南宋居士奎唐所撰。作者在书中举出儒、佛、道三教的相似之处，并引用程明道、程伊川的学说来阐明佛教的要义。可以说，那是一部反映了当时宋代学术界主要思想倾向的代表性著作。而圆尔辨圆之所以对宋代这种学术新动向能够理解并颇有心得，据说与他在宋朝参禅时师从径山无准师范禅师有密切关系。因为无准师范就是一位主张儒、佛、道三教一致的著名禅僧。

（二）"五山"禅僧对宋学的批判和研究

正如前文所提及，宋学在日本的形成和发展，实际上有赖于"五山"禅僧们对宋学的批判和研究。被视为"日本朱子学之祖"的虎关师炼，就是一位以批朱子而确立自己学说的著名禅僧。

虎关师炼（1276—1346）是圆尔辨圆的法孙，也是元僧一山一宁的弟子。他早年出家修禅，曾住在京都的三圣寺和东福寺。他在《元亨释书》第七"圆尔传"中提到："盖尔师归时，将来经籍数千卷，见今普门院书库，内外之书充栋焉。"可知他有机会接触并饱读圆尔辨圆等前代入宋僧们自宋朝携回并藏于普门院的包括儒学经书在内的典籍，在参究禅学的同时，于儒学及其他诸子百家学问方面亦有相当深厚的功底，以至在师事以饱学著称的元僧一山一宁禅师时，他能提出许多经过深思熟虑之后的疑问和见解来，并在后来于东福寺开了注重研究儒典以助弘禅的学风。他批判儒教只适于教化中国而难以成为世界共通之教，认为朱子只是借禅宗助立说，而最终仍是倾向于排佛。可以看出，他的思想倾向是强调"禅优于儒"，而其最终目的实际上仍然在于弘扬禅宗。

另有一位在普及宋学方面做出过莫大贡献的入元禅僧中岩圆月（1300—1375），于1325年（正中二年）入元，师从大慧派的东阳得辉学禅，归国后也曾针对宋代大儒朱熹关于《周易》和《中庸》的一些学说进行了批判，充分显示出他在儒学方面具有惊人的高深造诣。

关于日本"五山"禅僧们兼习并传布宋学，乃是出于明显的功利主义目的这一点，已有中外学者指出[1]，在此无须再赘述。

---

[1] 参见王家骅：《儒家思想与日本文化》第三章"儒学成为禅宗附庸"，浙江人民出版社1990年版；［日］和岛芳男《宋学之发达》，载学习研究社：《日本与世界之历史》第十一卷"十四世纪"。

总而言之，或为了便于引经据典以传授、交流参禅心得，或为了比较禅、儒之优劣和异同，以更好地弘扬禅宗，有必要在参禅的同时，深入研究并熟记包括儒学经书在内的各种典籍。因此，在日本的中世时期，无论是前期的镰仓"五山"，还是后期的京都"五山"，都有以专攻儒典见长的禅僧和重视经典研究的风气。如东福寺有在日本第一个公开设堂讲解朱熹《四书集注》的歧阳方秀（1363—1346），建长寺有精通儒典并在后来将宋学进一步普及开来的入元僧中岩圆月（1300—1375）等。

此外，还有以通《周易》和《大学》见长的歧阳方秀门下的云章一庆（1386—1463）、以专攻《孟子》知名的季弘大叔（1421—1487），还有擅长《孝经》的希颛周顼等。

（三）禅僧与宋学的发展

关于日本宋学的形成和发展，大致可以简单概述为：在日本中世前期的镰仓时代中期，宋学开始被入宋禅僧传入日本，并主要在"五山"禅林中为禅僧们所关注和研究。到了镰仓时代末期，随着禅僧们弘禅活动范围的扩大，以及宣扬"禅儒一致"或"禅优于儒"，以借儒学助弘禅活动的不断展开，使宋学的影响波及皇室、公卿乃至以儒学为业的博士家。而发展至中世后期的室町时代末期，由于战乱频仍、时局动荡，禅僧们纷纷逃离"五山"以避战乱，投奔政治地位日益上升的地方大名、武将，并应其需要在远离中央的地方上兴建禅寺，讲解宋学，其结果自然导致了宋学逐渐普及至地方，并最终形成所谓的"萨南学派"和"海南学派"，成为了最后脱离禅宗而独立的近世儒学的"母胎"。

论及日本宋学向地方的普及和发展，有必要提到"萨南学派"、"海南学派"以及被称为"坂东（关东）的大学"的足利学校。

所谓"萨南学派"，是指以室町时代后期的入明禅僧桂庵玄树（1427—1508）为首的"五山"禅僧，在日本九州的萨摩和肥后一带宣讲宋学，因势力和影响日渐扩大而逐步形成的一大学派。其开创者桂庵玄树自幼入南禅寺，在潜心参禅的同时，师从禅僧惟正、景召学习朱熹的《诗集传》和《四书集注》，于1467年（应仁元年）入明，在明朝游学7年期间，与明朝儒者交往甚密，深受宋学熏陶而归。归国后活动于西部各地，先是受到肥后（今熊本县）的守护大名菊池氏的欢迎，后来又应萨摩（今鹿儿岛县）守护大名岛津氏之请赴该

地授徒讲学。身为禅僧的他，居萨摩一带长达31年，致力于宋学新注的宣传，并在萨摩促成了朱熹的《大学章句》的刊印，对宋学的发展和普及做出了极大的贡献。

另外一个兴起于四国岛上土佐（今高知县）一带的、以忠实于朱子学而不妥协于世俗为特征的"海南学派"，其开创者南村梅轩据传本来也是禅僧，于天文年间来到土佐，被土佐的守护大名吉良宣京敬为宾客，宣讲朱子学。他非常推崇并大力弘扬儒学，但却未能摆脱禅宗的影响，认为"禅"才是根本之道。其学说后来由禅僧继承下来，至天室的弟子、后来还俗的谷时中（1598—1649）时，终于脱离禅宗而独立出来，成为江户时代儒学的一大学派。

在日本宋学向地方上的普及方面，曾经发挥了积极而特殊作用的，还有被称为"坂东的大学"的足利学校。

足利学校作为日本中世室町时代唯一的教学机构，据认为创建于镰仓时代的初期[①]，受到幕府权力掌握者北条氏、上杉氏的庇护和扶持，并于1432年（永亨四年）[②]由室町时代的武将上杉宪实（1411—1466）扩充并进一步完备，请来镰仓园觉寺僧侣快元为第一任校长，并捐赠藏书，制定阅览规则，广集各地学徒，主要以教授儒学为主，兼以兵法及各类汉籍的讲授，后来发展成为日本汉学教育的中心。值得注意的是，这样一所在日本宋学的普及方面发挥了特殊作用的"足利学校"，其主持者与学徒大多为禅僧。学徒们在足利学校学成之后，大多数都回到各个地方，专为当地的守护、大名们讲授儒学，对儒学的进一步普及贡献良多。

由上述可知，作为日本中世文化一个重要组成部分的宋学，纵观其在日本的形成和发展，实际上与中国禅的东传、日本禅的形成和发展密切相关，乃是日本中世文化的形成和发展有赖于该时期两国在佛教文化方面交流的又一例证。

五、中日禅僧对日本中世文化的贡献

由于宋元时期中日两国的佛教文化关系，实际上主要是两国佛教僧侣们围

[①] 关于足利学校的创立时间问题，目前学界尚无定论，既有认为创立于平安时代之说，也有认为建于镰仓初期之论，但"镰仓初期论"略占上风。

[②] 也有认为是在1439年（永亨十一年）的说法。参见[日]佐佐木银弥:《日本历史》第13卷"室町幕府"，小学馆1975年版，第326页。

绕着中国禅的东传和日本禅的形成及发展而展开的各种活动，以及在这一过程中所涉及、所发生的各种关系，因此，作为该时期两国文化交流舞台上的活跃分子——中日两国的禅僧们，他们在文化交流中所起的作用、对两国文化（实际上主要是日本的中世文化）的构建和形成乃至发展所做出的贡献，理所当然地应该成为我们考察和关注的重要部分。

我们在论述禅与日本中世文化的渊源时，虽然已部分涉及中日禅僧在日本中世文化的各个领域的活动，以及其在该文化构建过程中所占据的位置、所发挥的作用等，但为了更全面地把握和认识其在文化构建，以及文化发展的推动方面所起的作用，有必要做个归纳性的分析和评价。

我们知道，活跃于该时期的佛教僧侣，主要包括东渡日本弘扬禅法的中国宋元时期的禅僧，以及来自日本的入宋僧、入元僧和入明僧（主要是禅僧）。他们是该时期两国文化交流舞台上的主角，实际上也是日本中世文化形成和发展的促成者和推动者。他们在日本中世文化的构建、形成和发展方面所做的贡献，可以归纳为如下几点。

（一）传入中国式的"禅宗趣味"浓厚的茶会，催生了以"简朴而闲雅"为美的茶道文化

关于茶道与禅的渊源，我们在前面第四章第二节里已有论及，在此不再赘述。但值得一提的是，茶道文化的形成，其影响还远不只局限于"茶文化"上，随着这种茶文化的流行和普及，其所体现出来的"禅精神"还影响、渗透到了所有与茶有关的文化上来。如茶室、茶亭的建筑、茶室内的摆设和装饰、茶室外或茶亭周围的庭园建筑等等。另外，"茶寄合"上用以配茶的点心，其在用料、烹制等方面的思维方式和讲究，一直影响到后世的日本人的饮食文化，由此可见中日禅僧对日本文化贡献之大。

（二）引入中国式的建筑，并"催生"了日本中世时期特有的建筑文化和与禅寺相配的庭园文化

在前面的章节里也曾提及，在建筑方面，该时期自宋输入了所谓的"天竺样式"和"唐样式"建筑。

"天竺样式"由曾经三度入宋的重源输入，而基本上照搬宋朝禅刹式样的"唐样式"建筑，则是由留宋归国的日本禅宗传入者荣西输入的。据传他们在

留宋期间均参与过一些较大的建筑工程[①]，在建筑方面有一定的实际经验。尤其是荣西，意欲在日本弘扬承袭自中国的正宗禅，归国后主持或参与了圣福寺、寿福寺、建仁寺等多处寺院的修建，在建筑式样、风格上模仿中国宋朝的禅寺自是不足为奇。

据木宫泰彦的研究[②]，该时期兴建或重建的如建长寺、禅兴寺、园觉寺、净智寺等多处禅寺，都有来自中国宋朝的高僧或入宋归来的禅僧参与，由此可知中日禅僧们在输入中国式的建筑文化方面功不可没。

另外，宋元明时期来自日本的禅僧，尤其是入元僧，大多数都在中国长年居住，其日常起居生活也几乎完全融入到中国人当中。他们身处中国之地，赏心悦目于中国的自然山水风光，沐浴着中国的风风雨雨，不仅汉语运用自如，而且深谙中国的生活习俗，深受中国传统文化的熏陶，深得中国宋元文化之"真传"，归国后又都大多数受到朝廷公卿及以幕府将军为首的上层武士的拥戴，有条件在悠闲、怡然中度日。对于他们来说，把在中国禅林中所耳闻目睹的著名亭阁移植到日本禅林中来，或在禅寺周围建造庭园，模拟在中国时曾经游历过的山川风物，借此追忆在中国的往事记忆，既可以找到一种精神上的慰藉，另一方面也能投那些仰慕中国宋元文化的新兴武家之所好。于是，日本中世时期就出现了许多中国风格浓厚且颇具"禅宗趣味"的亭阁建筑和禅宗庭园，给日本中世文化平添了不少光彩。此乃禅僧对日本中世文化贡献之二。

（三）携入大量的中国典籍和文物，使日本有了足以培植起中世文化来的"肥沃土壤"

中日两国禅僧在这方面的贡献，主要体现在以下几个方面。

1. 从中国携入的佛教经典及其他各类典籍，客观上刺激并促进了当时日本出版事业的发展和出版文化的兴盛

在《上醍醐类集》建保六年三月的文书中，有这样一段文字："爰造东大

[①] 如重源据传参与过明州育王山的舍利塔的建造，荣西据传参与过天台山万年寺三门的两廊、天童山千佛阁的建造等。参见［日］木宫泰彦：《日中文化交流史》，商务印书馆1980年4月第1版，第383页。

[②] 参见［日］木宫泰彦：《日中文化交流史》，商务印书馆1980年4月第1版，第385—386页。

寺上人大和尚重源聊依宿愿，从大唐凌苍海万里之波浪，渡七千余轴之经论。"①

另外，据说在东寺的金刚藏中还有墨笔写着"奉渡日本国重源"字样的宋版《般若心经》和《诏谋抄》。②由此可知，曾经三度入宋的重源从中国宋朝带回的宋版典籍应不在少数。根据日本学者木宫泰彦的研究，由入宋僧带回的不仅有宋版《大藏经》、《大般若经》、《一切经》等经书，还有相当数量的禅籍、儒书、诗文集和医书等。此外，仅已知是由入元僧从中国携回的目前藏在京都、奈良等地大寺院里的宋版、元版的《大藏经》就有10部以上，由其带回的师僧的语录、禅籍、诗文集、传记等，更是数量可观得惊人。③

由于当时中国宋朝已经进入印本时代，刻印的书籍比较普遍，雕刻及印刷的技术和工艺均达到了相当高的水平，因此，这些由入宋僧、入元僧携回日本的宋版、元版典籍，均得以作为底本或版样在日本加以重刻、刊印。

2.携入的中国著名高僧的语录和诗文集，培养和熏陶了"五山文学僧"，客观上促进了"五山汉文学"的兴盛

日本中世时期的"五山文学僧"，以擅作具有纯粹宋元风格的诗文而引人注目，其中有不少作品，已经达到足以和中国宋元诗人作品媲美的程度。如被称为"五山文学"创始人的雪村友梅，其有名的诗集《岷峨集》中的许多优秀诗篇，就并不逊色于宋元大家。再如《南游东归集》的作者别源圆旨、《东海一沤集》的作者中岩圆月、《草余集》的作者愚中周及等，其诗文作品造诣之高，就曾经令当时的中国文人们也为之瞩目。

另据木宫泰彦的研究发现，流传于"五山"禅林中的该时代的很多序跋、行状、塔铭等，其中出自中国元朝高僧之手笔者就为数不少。④

不用说，由于汉学修养和诗文造诣高超的"五山文学僧"们，大多数都是入元僧、入明僧，而且其中大部分人都曾经长期居留于中国，深受中国宋元文化潜移默化的熏陶而归，这自然是日本"五山文学"成就之高的主要原因所在。

但是，以"五山文学僧"驰名于世的，竟然也有如义堂周信（1324—

---

① 转引自［日］木宫泰彦：《日中文化交流史》，商务印书馆1980年4月第1版，第346页。
② ［日］木宫泰彦：《日中文化交流史》，商务印书馆1980年4月第1版，第347页。
③ ［日］木宫泰彦：《日中文化交流史》，商务印书馆1980年4月第1版，第352页，第474页。
④ ［日］木宫泰彦：《日中文化交流史》，商务印书馆1980年4月第1版，第493页。

1388）这样未曾到过中国，却能充分理解宋元风尚，并有惊人之作问世者。据传，曾经有人把义堂周信的诗稿带到中国，嘉兴天宁寺的楚石梵琦吟读之下感叹不已道："不意日本有此郎耶？明人皆云，疑是中华人，寓其人者之作也。"[①] 类似如此例证，难道不应看做是那些由入元僧携带回国并流传于日本中世禅林中的大量"精神食粮"之功吗？可以说，正是这些"精神食粮"，使得日本"五山"禅林最终得以成为培育出汉学和诗文才艺俱佳的"五山文学僧"之"温床"。

3. 从中国携入的大量宋元名家的书画真迹，刺激并影响了日本中世以后的书法、绘画艺术

中世时期自日本入宋、入元、入明的僧侣们，归国时大多数都携带回大量的师僧赠物以及中国文物珍品，这似乎已成为当时的一种风尚。而其中自然不乏中国名家的书画作品。

据《泉涌寺不可弃法师传》记载，泉涌寺的开山祖师俊芿携带回国的物品当中，有据说为禅月大师描绘的水墨罗汉18幅。另外，入宋归国的禅僧们还带回许多宋朝师僧赠授的法语、偈颂和定相赞等，回国后作成书轴张挂于禅室壁上，以为修禅、悟禅之机缘。而由后期的入元禅僧们携带回国的宋元名家书画作品，更是不胜枚举。据木宫泰彦的研究可知，仅以至今仍然遗存的名家绘画作品而言，其数量就多达100幅以上。[②] 众所周知，书画方面的素养和才能，需经过一定的"书画熏陶"方能养成，而所谓的书画风格，则有必要通过对名家杰作多加鉴赏，用心揣摩，在此基础上方有可能自成一家、独树一帜。显然，流传于禅林当中的中国名家书画真迹，对日本中世书画风格的形成起到了不容忽视的作用。

关于在日本中世时期兴起的、以追求"清雅枯淡"为美的最高境界，并颇具中国宋元风格的水墨画，我们已在前面的章节里作过简述，在此且容略过。

4. 从中国携入的大量古董、文物及书画作品，成为当时盛行于禅寺以及上流社会的茶会的茶亭、茶室以及禅寺等的室内摆设、装饰的"珍品"，并影响了日本中世时期人们的文化"品味"和审美情趣的形成

前文曾经提及，由于中国文化在日本人心目中的地位始终"屹立不倒"，使得在当时的日本，伴随着禅的东传而流入日本的中国宋元文化的影响和魅力，

---

① 参见《空华日工集》应安八年三月十八日条。

② ［日］木宫泰彦：《日中文化交流史》，商务印书馆1980年4月第1版，第500页。

事实上已经不仅仅局限于禅林之中。随着禅僧们弘禅活动的展开和延伸，其影响从中央地带波及地方，从上流社会波及一般武士阶层乃至普通民众。一时间，从日常起居到社交聚会，尤其是在上流有闲阶层当中，追捧中国宋元文化、崇尚"禅趣味"、嗜好"唐物"等，大有"蔚然成风"之势。我们从据传为能阿弥撰述的《室町殿行幸御饰记》、《小河御所并东山殿御装图》中的记录和描述可知，当时上流层会所里的摆设和装饰，以及盛行一时的"茶寄合"（茶会）在茶亭、茶室内的摆设，大部分都是来自中国的古董、文物，壁上张挂的也多为中国宋元的名家书画，作为当时的时尚和规矩，强调以营造出正统的"中国趣味"和"禅"的氛围为至上。应该说，这对当时人们的文化"品味"和审美情趣的养成，无疑具有潜移默化的深远影响。

5. 从中国携入的儒学经书和典籍，刺激了日本对宋学的研究，促成了日本宋学的形成和发展

我们在"禅与日本宋学的关系"一节里曾经提及，将宋学介绍到日本的主要是镰仓时期的入宋僧。他们不仅在入宋问禅求法期间禅儒兼学，归国时还自宋朝带回了大量的儒学经书和各类典籍。宋学在日本的形成有赖于"五山"禅僧们对宋学的研究和批判，而如果没有这些由入宋僧自中国携入的儒学经书和典籍，则对宋学的研究将是"无米之炊"，无从谈起。

综上所述，在日本中世(相当于中国宋元明)时期，主要由禅僧们携入日本的大量中国文物和典籍，客观上使得日本有了足以培植中世文化的"肥沃土壤"，为日本中世文化的形成和发展，提供了精神上和物质上的可能和保证。

（四）将宋元文化广泛传播至禅林以外

正如前面所述，作为中国宋元文化的"负载者"，中日两国禅僧随着其弘禅活动的不断展开和延伸，其活动范围已远远超出了禅林之外。他们不仅出入幕府、朝廷，还走向社会，到了中世室町时代的后期，还纷纷离开"五山"而流向地方，其最终结果之一，就是导致了中国宋元文化在日本的影响范围不断扩大。在当时的日本，依附着禅文化流入日本的中国宋元文化，其影响已远不只局限于上流社会，还波及下层武士乃至普通民众。

概括起来看，在日本中世时期里，中日禅僧在禅林以外所从事和参与的其他活动，主要有以下方面。

1. 出入朝廷、幕府，参与社会活动

由于该时期幕府统治阶层对禅宗采取特殊的庇护政策，使得各地方上新兴的以大名、守护为首的豪族也纷纷效仿幕府，各自在自己的地头、领地内或指定，或设立"十刹"、"诸山"，并以此作为宗教、文化的中心，且大凡有关宗教及文化方面的各种活动，都基本上将禅僧们推向"前台"，由他们来唱主角，客观上使得当时禅僧的活动范围远远超出于禅林之外，从而导致宋元文化的影响范围不断延伸和扩大。

2. 专心于文笔活动

中世时期的禅僧们除了弘禅活动之外，最热衷的活动之一，就是专心钻研书画、诗文，这一点在"五山文学僧"身上表现得尤为突出。

日本中世时期的"五山"丛林，由于得到幕府的有力庇护和扶持，经济上不断得到来自庄园领主、地方豪族们的捐助，无须为日常生计犯愁，如此优厚的待遇和条件，使得禅僧们可以专心致志于自己喜欢的文笔活动。日本的"五山"禅林，后来甚至发展到出现了本末倒置的现象，即禅僧们一味专攻文笔，精于书画和诗文，而懈怠于修禅、弘禅，这在日本禅宗史上成为了一件有违常理而令人嗟叹不已的事。

以《空华集》而闻名于世的"五山文学僧"义堂周信，就曾经感慨于当时日本禅林的这种反常现象说："惟人才之难兼也，尚矣！有德行者未必有文艺，有文艺者又未必有德行。然古之选士举贤也，先德性而后文艺，故负文而发乎不遇之叹者有之矣。今则反是，故抱德之士，往往佚老乎草莱者亦有之矣。"[①]另外，当时来自日本的入元僧当中，有不少人其实并不以修禅求道为目的，而入元只为体验中国禅林生活，领略中国的山川风物，并借此润色自己的诗文。[②]因此可以说，当时的日本禅僧，在诗文方面所下的工夫的确要比在修禅方面大得多。

正如有日本学者所指出[③]，从中国传入日本的禅，实际上已经与由印度僧

---

① 转引自［日］木宫泰彦：《日中文化交流史》，商务印书馆1980年4月第1版，第492页。

② 参见［日］木宫泰彦：《日中文化交流史》，商务印书馆1980年4月第1版，第492页。

③ 参见［日］木宫泰彦：《日中文化交流史》，商务印书馆1980年4月第1版，第491页。

菩提达摩传入中国时的禅有所不同，已经发展成为典型的中国式佛教，融入了太多的中国思想和文化，故在对禅学思想和见解的表达和理解以及交流、传授方面，往往要通过汉诗文才能得以实现，这自然就导致了禅僧们必须狠下大工夫于汉诗文方面的学习和钻研。当时日本禅林中，禅僧们的这种不务正业、本末倒置的现象，以至有竺仙梵仙的弟子因"多见日本僧以文为本，学道次之"而感到困惑，问他"何者应为僧家本宗之事？"①

由此不难得知，当时的日本禅僧对修禅以外的文笔活动热衷的程度。

3. 大力宣扬儒学

如前所述，日本中世时期的禅僧们，大多数都作为公卿贵族、幕府将军之师，经常在朝廷、幕府为其讲解包括当时新兴的程朱理学在内的各种儒学理论，同时还经常应请为各地方上的上层武士们讲经释注。

另外，由于当时的朝廷贵族当中，有不少受到在此之前传入的中国儒教思想的影响颇深，使得禅僧们在向他们宣传禅学的过程中，有时必须借助对禅、儒的比较，或倡"儒佛一致"，或对儒学进行批判，进而强调"禅优于儒"，以达到传禅的最终目的，其结果，显然亦在客观上宣扬了儒学的理论。

4. 活跃于佛事法会

日本中世室町时期的武士们之所以喜欢结交禅僧，其中一个最大的原因，就是相中他们在汉诗文方面的修养和才能。

在当时，由室町幕府主持的佛事法会相当频繁，而在举行为祖先追善供养、为死者送葬祈福的佛事法会上，需要有博学而才思敏捷、能临机应变地为祖先、为死者写出词藻美丽而意思贴切的法语、赞词的人。于是，长于四六骈骊文并擅作法语的禅僧们，自然也就成为了在各种佛事法会上扮演重要角色的首选。

据传，南禅寺禅僧景南英文（1365—1434），当时就以擅作法语而深得室町幕府第六代将军足利义教的赏识，经常活跃于其主持的佛事法会并获厚遇，几乎成为了类似场合不可或缺的重要人物。

5. 参与寺院建造、出版等活动

积极参与当时的寺院建造和出版事业，乃是日本中世时期僧禅们在修禅、弘禅以外所从事的又一项重要活动。

---

① 参见［日］木宫泰彦：《日中文化交流史》，商务印书馆1980年4月第1版，第491页。

在参与寺院建造方面，可以说该时期兴建、重建的禅宗寺院，几乎都有中日禅僧的主持和参与，这一点在前面已经有所提及。而在参与出版事业方面，最引人注目的，当推该时期禅籍的刊印以及所谓"唐式版"出版物的大量刊行。

我们在考察当时禅籍刊印的状况时发现，镰仓时期的禅籍刊印主要都是在大休正念、无学祖元等来自中国的入籍宋僧主持或指导下进行的。

此外，在日本中世时期出版事业方面贡献良多的还有众多的入元僧。由于他们在留元期间亲眼目睹当地丛林出版事业的兴盛景象，而且有不少人还曾经亲身参与当地的出版事业，故在回国之后，大部分人都有心要促进本国的丛林出版事业。[①]其中尤以春屋妙葩（1311—1378）贡献最大。据日本学者研究发现，经春屋妙葩之手出版的典籍，除了古林清茂的语录以外，确凿可考的就有12种。另外，当时出版的《景德传灯录》（天润庵出版）、《五灯会元》（灵洞庵出版）、《元亨释书》（东福寺海藏院刊印）、《佛祖统记》（南禅寺刊印）等，无不得助于入元僧。

除此之外，正如前文所述，由于在当时的武士阶层当中尚禅、好禅成风，纷纷以结交著名禅僧为时尚和荣耀，自然会在其主持或参与的诸如茶会、连歌会等各类活动中，有意让交往甚密的禅僧们一同前往以壮声威，此类事例在当时亦比比皆是。

可见，日本中世时期禅僧们这种禅林以外的活动，在传播中国宋元文化方面所起的作用的确不容小觑。

---

① 参见［日］木宫泰彦：《日中文化交流史》，商务印书馆1980年4月第1版，第475页。

第五章　日本中世文化的形成

在包括镰仓时期至室町时期在内的整个中世武家政权时期，中日两国在佛教文化方面的交流，其结果客观上导致了中国宋元文化伴随着中国禅的东传而流入日本，并影响、渗透于日本文化的方方面面，这一点已如前述。因此，我们在讨论日本的中世文化，在论及该时期两国的佛教文化关系时，宋元文化对日本中世文化的构建和发展所产生的影响，以及其在此过程中所起到的促进作用，自然应该成为值得关注的重要部分，这一点似乎已无再强调的必要。

由于我们在前面的第四章里，已经就禅与日本中世文化的关系做了相应的探讨，故在本章拟就伴随着禅的东传而流入日本的宋元文化，针对其在日本中世文化的构建和发展方面所产生的影响、所发挥的作用做进一步的考察。

论及日本中世文化的形成和发展与宋元文化的关系，有必要先从宋文化的特色谈起。可以说，与气象恢宏、气势雄壮的唐文化相比来看，宋文化具有典型的、不同于唐文化的几个特征。

（1）追求简朴、淡雅、精微细腻、温柔恬静的情趣，强调诗、书、画融为一体。这主要反映在宋词、宋画、品茶、玩赏等方面的所谓"士大夫文化"上。

（2）建构起综合了儒、佛、道的理学。这种儒道互补的倾向，不仅影响了当时的思想、文学艺术，还促进了科学技术的发展。

（3）随着工商业的繁荣、市民阶层的壮大而勃兴的市民文化，使宋文化当中同时还别有一种迎合市民大众的"平民化、通俗化"倾向。

（4）教育和科技高度发展，除了四大发明中有三大发明创于宋代之外，在各个领域都有令人刮目的成果出现。

而就佛教而言，正如梁晓虹所指出[①]，佛教在中国发展至宋代，已形成了如下三个明显的特点。

---

① 参见梁晓虹：《日本禅》，浙江人民出版社1997年12月第1版。

（1）佛教与中国传统的儒道之学的融合更加紧密；

（2）佛教内部的各宗也互相融合、渗透；

（3）佛教逐步趋向"世俗化"。

这三个特点在禅宗的发展演变过程当中体现得尤为突出。

佛教发展至宋朝时代，实际上是禅宗占据了主导地位。因此，禅宗几乎就等于是宋代佛教的代名词。不用说，宋代佛教呈现的上述三个特点在宋文化的方方面面，必然也会或多或少地有所体现。

一句话，宋文化的上述特征必然反映在处于如此大环境、大气候影响之下的禅文化当中，而同样地，宋代佛教的上述特点也必然糅合于当时的宋文化之中。因此，该时期流入日本的禅文化，其中实际上带有浓厚的宋文化色彩是不难想见的。

日本中世文化的形成，实际上可以说是整个地受到了以禅宗的传入为媒介而流入日本的宋元文化的影响和渗透。我们在日本中世文化的许多方面，其实都不难找到宋元文化打下的"烙印"。

一、宋元文化的冲击与镰仓时期佛教的通俗化倾向

镰仓时期日本佛教的平民化、通俗化倾向，可以说是日本佛教发展至中世时期，呈现出来的一个共同的新动向。不论是传自中国大陆的禅宗，还是该时期新兴于日本本土的其他镰仓新佛教、南都传统旧佛教，实际上都程度不同地呈现出趋向"平民化、通俗化"的倾向。

当然，该时期日本佛教的这种平民化、通俗化倾向，显然与当时的社会历史背景有很大的关系。

在所谓的中世时期，日本正值进入封建社会的时代。随着中央集权统治的瓦解，地方守护、大名等豪族在政治、经济和文化上的势力不断加强，武士阶层乃至一般民众的地位逐步上升，其在宗教、文化上所产生的不同于以往贵族社会的需求，自然会成为当时社会发展的一种趋势和导向。实际上，这与中国宋朝时期随着生产力的发展、商业经济的发达、市民阶层的不断壮大，最终导致有别于士大夫文化的"市井文化"的兴盛的情形极为相似。为迎合包括下层武士在内的一般民众的需要，以便更好地将自己的教义加以普及、传播，处于如此历史背景下的中世时期的佛教，通过相应的调整和改革而逐步趋向"平民

化、通俗化"，这势必成为一种必然的趋势。

归纳起来看，日本中世镰仓时期的佛教，普遍具有明显有别于过去传统旧佛教的几点特征。

（1）强调信佛不分男女老少、平等贵贱，使佛教趋于平民化、大众化；

（2）强调"正法为本"（意即"佛法为本"），主张不应屈服或依附于世俗的权贵，提倡凡事应尊佛法为至上；

（3）追求简朴的宗教生活，耻于过去的"王朝佛教"那种夸耀豪壮华丽的殿堂伽蓝的"殿堂生活"；

（4）把深奥难解的教义、教理"通俗化"，追求理论与实践的结合。

而在此之前的"南都六岭"传统旧佛教，实际上是拒庶民百姓于千里之外的"贵族佛教"、"王朝佛教"，其深奥难解的教理和教义，在积德、结缘方面对金钱财力的过多强调，以及其修行方式上的繁琐和复杂，往往令普通民众闻之却步。因此，在进入到下层武士和普通民众势力不断壮大起来的日本中世时期后，如此"贵族佛教"显然已经不合时宜，必然难逃衰亡之厄运。

（一）新兴佛教的庶民化倾向

日本中世时期新兴的"镰仓新佛教"，包括法然（源空）的净土宗、亲鸾的真宗、传自中国的禅宗以及日莲上人的日莲宗（法华宗）和一遍上人的时宗。

依笔者之见，这些新兴的佛教宗派，除了由法然上人首倡于1175年（安元元年）的净土宗，以及与净土宗有关、同属一个系列的真宗、时宗以外，其他宗派的"平民化、通俗化"倾向，除了不排除在当时的社会历史背景下应运而生这一因素外，都可以视为直接或间接地与宋元文化有关。或受其影响所致，或受其冲击、刺激和启发所使然。

由法然上人从中国唐代高僧善导的观经疏中"悟出"的净土宗念佛法门，强调的本来就是"不分男女老少、高低贵贱，只要一心念佛皆能往生净土"，故一开始就决定了该宗的"平民佛教"性质。在继承了其主要思想的基础上创立起来的真宗、时宗，自然也不例外。

而传自中国的禅宗，其本身就渗透着中国宋文化的影响自是不言而喻。

如日本临济宗的创立者荣西、曹洞宗的创立者道元，其实一开始也并非有意识地要将其创立的宗派"庶民化"。荣西追求的是国家封敕的"僧正"职位，

有意接近的是赖家、实朝等掌握实权者，著《兴禅护国论》，借此接近统治阶级，以求获得强有力的庇护和帮助。而道元禅师，则是个清高的禅僧，既不近权贵，亦无意亲"庶民"，只接近少数真正的"求道者"。但是，日本的临济宗和曹洞宗禅，之所以发展到后来都不约而同地趋向"庶民化"，除却上述历史背景因素以外，实际上与来自宋元文化的影响难脱干系。

如前所述，正当荣西和道元入宋求法的时期，宋文化实际上已然呈现出明显的"三教融会"、"佛教各派兼融一体"以及"士大夫文化与市井文化并存共荣"[1]等典型特征，显而易见，他们在宋朝耳濡目染的见闻及其所学，以及由其传入的中国文化，必将或多或少地糅合上述宋文化的色彩。因此，尽管他们主观上也许并无如此意愿，但客观上仍然导致了禅宗的"庶民化、通俗化"。

荣西既从中国继承了临济禅的正统衣钵，同时又是天台、台密的传灯者，其弟子退耕行勇（1163—1241）也是禅、密兼通，再往下的门徒法灯国师无本觉心（1207—1298），其禅、密、念佛三宗合一的禅风更是赢得了广泛民众的皈依。荣西的另一位弟子释园荣朝（生卒年不详），于1222年（贞应元年）在上野世良田开长乐寺，也大力宣扬融合了天台、密教的禅法，使得临济禅宗得以在民间广泛传播。

曹洞宗禅自然也不例外。我们考察日本禅宗史可以得知，就在道元禅师入灭后不久，其弟子彻通义介（1219—1309）开始致力于在民间弘传曹洞禅法，至其弟子莹山绍瑾（1268—1325）时，曹洞禅的"庶民化"倾向愈发明显，在地方上的下层武士及普通民众当中广受欢迎，结果导致曹洞宗势力的不断扩大，最终成为"林下"兴盛的一大势力。

禅宗以外的其他镰仓新佛教，如净土念佛宗（包括亲鸾的真宗、一遍的时宗）和日莲的日莲宗，也都不同程度地呈现出明显的"平民化、通俗化"倾向。

当然，从其思想根源上看，还不能排除重要的一点，即镰仓新佛教的创立者们，均不同程度地受到早期传教大师最澄的"王子既出家亦以庶人同类"（《显戒论》）的思想影响，因此，他们在该时期所创立的新宗派，无论是法然倡导的"专修念佛"（主张拯救无知者、罪孽深重者乃弥陀的本愿所在，不应强调学问、修行、道德等），还是亲鸾所开创以拯救庶民为主要目的的净土真宗，

---

[1] 任继愈：《汉唐佛教思想论集》，人民出版社1994年版。

以及在中下层武士当中大力倡导"专持法华"的日莲所创立的日莲宗,可以说都是专为庶民百姓敞开大门的"平民化"佛教,其思想和行动均带有显著的平民色彩。

如前所述,包括真宗、时宗在内的净土念佛宗系列的"新佛教"的"平民佛教"性质,实际上可以视其为"与生俱来"者。而其他的各个新兴宗派,则在当时的历史大环境下,直接或间接地、不同程度地受到伴随着禅的传入而流入日本的宋元文化的"冲击"和影响,这应该是不足为奇的。

实际上,由于禅宗的传入带给当时日本整个社会的冲击实在太大,因此不断遭到来自旧佛教和新兴佛教的其他宗派的批判、攻击和排斥。如日莲宗创立者日莲上人(1222—1282),在宣扬《法华经》的功德,致力于创立日莲宗的过程中,就曾经竭力排斥、攻击净土宗各派和禅宗。据传,他曾在清澄山寺举办法席,宣讲"四条格言",大骂净土、禅、密、律等宗。①

另外,禅宗在弘禅的初期,三番五次地遭到来自其他宗派的各种谩骂和攻击,这在日本佛教史、日本禅宗史上已是人所共知。

应当指出的是,尽管各派在互相攻击、互相对决中固守己见、各不相让,但是,禅宗的"平民化、简易化、通俗化"特色,更能顺应当时的社会发展,更符合当时日益壮大起来的下层武士和普通民众阶层的需要,更有利于佛法、教义的弘扬和传播,这一点,给当时的各派以很大的刺激和启发是极有可能的。

(二)旧佛教的"自身改造"和复兴

进入中世的镰仓时期以后,不仅新兴的佛教各派"平民化、通俗化"倾向明显,就连曾经一度走向衰退的南都旧佛教,受到净土宗、禅宗等的兴隆景象的刺激和启发,也一改以往以"贵族佛教"自居而拒庶民于门外的"传统",通过致力于佛法在民间的普及和传播,从而获得了相当程度的复兴。

例如,兴起于奈良朝时代的鉴真和尚的四分律宗,曾经一度委靡不振,但在进入镰仓时期以后,无论是南京(奈良)律还是北京律,都相应重新获得了极大的振兴。

南京律在大悲菩萨觉盛(1194—1249)和兴正菩萨睿尊(1201—1190)的

---

① [日]村上专精:《日本佛教史纲》,商务印书馆1981年11月第1版,第202页。

努力下，通过采取对贵族授梵网戒的通受戒，而对普罗大众则授之予"别受戒"的方式，努力致力于更广泛地弘扬佛法，利济众生。据传兴正菩萨睿尊授戒上至上皇、将军，下至百姓、女人、非人，总数达 97 600 余人。

北京律分别由泉涌寺的不可弃法师俊芿和戒光寺昙照在入宋学律回国之后，致大力于律宗的"易行化"、"庶民化"而最终得以振兴。其中，俊芿于 1211 年（建历元年）回国后，先后得高仓天皇、后鸟羽天皇、顺德天皇的皈依，重修了仙游寺，并改名为泉涌寺，极大地振兴了律宗，在佛教史被称为"天台律宗的中兴"。

由于俊芿（留宋 12 年）和昙照（第一次居宋 14 年、第二次居宋 8 年）都是入宋僧，而且滞留宋朝的时间都比较长，其在留宋期间深受宋文化的熏陶而归自是不用多言。

另外，在此前后，天台宗出现了"净土教化"倾向；华严宗出了致力于将高深的华严哲学加以"实践性"改造的明惠上人高辨（1173—1232）；法相宗则出了致力于"易行化、庶民化"的解脱上人贞庆（1155—1213）等。

于是，这些曾经一度濒临衰亡的传统旧佛教，都不约而同地通过相应的"自身改造"而重新获得了复兴。

（三）"尚禅"成风的大环境

我们在前面曾经提及，在日本的中世时期里，特别是到了中国的南宋时期，中日两国实际上是处于一种相当特殊的时期，即进入到了曾经一度疏远复又恢复密切往来的特殊的"转折期"。在这样一个特殊的时期里，在幕府统治阶级热情接纳并庇护来自中国的禅宗，并积极汲取中国文化的姿态影响下，不仅禅宗文化大有风靡日本中世时期所有文化领域之势，以禅文化为代表的宋元文化，还影响到了包括政治、经济、思想在内的整个日本文化的方方面面。当其时，上至天皇、公卿贵族，下至地方武士和普通民众，很大一部分人要么皈依禅宗参禅求道，要么嗜好和追捧"禅文化"，实际上形成了一个"尚禅"成风的大环境。

曾经有日本学者认为，镰仓新佛教中的大部分宗派，不同于传统旧佛教，其主要创始人既没有到过中国的经历，也完全不受中国文化的影响，是真正的

日本"民族佛教"。①

　　我们试想一下，在当时那种整个社会都受到来自中国宋元文化的强烈冲击的时代里，怎么可能有隔绝于当时社会之外的"世外桃源"？何以可能存在完全不受来自宋元文化丝毫影响和冲击的所谓"民族佛教"？关于这一点，其实已有学者指出：镰仓时代新兴佛教的兴盛，从内因方面看与信教阶层从少数贵族转向普通庶民（中下层武士、农民等）有关；而从外部因素来看，则与当时的镰仓幕府重视对宋贸易、积极汲取宋文化有关。②

　　基于上述理由，窃以为：仅以镰仓新佛教中的所谓"民族佛教"创始人未曾到过中国，就否定其受中国文化的影响和渗透，这种看法是极不足取的。

　　一句话，日本中世镰仓时期的新兴佛教，之所以普遍趋向平民化、大众化、通俗化，除了顺应当时历史条件下的社会发展，迎合日益壮大起来的下层阶级的需要这一因素外，实际上，还与直接或间接地受到包括禅文化在内的宋元文化的冲击和影响，并受到不同程度的刺激或启发有密切的关系。

　　应该看到的是，在宋文化的刺激和启发下，禅宗以外的几个新兴宗派，其理论和实践均有了相当大的突破。如不再过分强调固守佛教的清规戒律，甚至允许僧侣食肉娶妻；不再强调以广积德、多布施、有学问、有道德为前提，而提出"恶人正机"论这种新思想；不再强调烦琐而耗时、令疲于奔命于生计的普通庶民难以做到的修行方式，而纷纷做出不同程度的"易行化"改革等。正是由于其在理论和实践方面的这种平民化、世俗化倾向，大大地迎合了镰仓时代日益扩大的武士阶层，以及长期苦于战乱、动荡，迫于生计而归佛无门的普通民众的需要，从而在当时日本社会的中下层民众当中得以广泛传播，获得了极大的发展。

二、宋元文化与"五山文化"

　　考察日本文化史我们不难得知，在日本中世武家政权时期的后期（南北朝、室町时代），以京都、镰仓的"五山十刹"为主要据点，以"五山禅僧"为创造主体，实际上形成了在文学理念、审美情趣、思想文化等方面都具有明显特色的"五山文化"。

---

① ［日］家永三朗：《日本文化史》，岩波新书1959年12月第1版。
② 王勇：《日本文化》，高等教育出版社2001年3月第1版。

尽管在迄今为止的学界里，一般多数只提"五山文学"而较少有"五山文化"的提法，但笔者认为，该时期在中国宋元文化的影响和渗透之下，在一群有"中国文化背景"的"五山禅僧"们的努力下，实际上确确实实地形成了一种内涵包括文风和文学理念、审美情趣和价值观、学风和治学态度、思想和世界观等在内的、别具特色的"禅林文化"。它既带有中国宋代士大夫文化的风格，又贯穿着明显的"禅"理念和"禅"精神，同时又糅合着日本中世时期典型的"庶民文化"色彩。这种具有典型宋元文化风格的特色，体现在该时期的"五山十刹"制度、"五山文学"、"墨迹"、水墨画、宋学以及"五山版"等诸多方面。也就是说，其内涵已经远远不只停留于文学这个层面上。

可以说，作为日本中世文化的重要组成部分，"五山文化"是在消化和吸收了来自中国的宋元文化的基础上，再与日本文化充分融合之后形成和发展起来的。

（一）"五山十刹"的引入与中国文化

论及日本中世时期的"五山文化"，首先应该从"五山十刹"制度谈起。

在中国的宋朝时代，自从移都至扬子江以南的临安（杭州）以后，江南地区的佛教就形成了以禅宗为中心的势态。当时的禅宗，由于与宫廷、士大夫等官僚阶层关系密切，很自然地引入了不少"官制"。确定"五山"、"十刹"、"诸山"，将禅宗寺院加以划分布制，规定不同的等级以加强管理就是其中的典型。在这种官寺制度的管理下，禅僧经过长年的修行，可根据其道行的深浅、声望的高低，由低级的"诸山"主持，逐步经"十刹"主持一直往上升至"五山"主持首座之高位。

由于南宋的"五山十刹"是当时禅宗弘禅的主要基地，而当时东渡日本的传禅者，在渡日之前也大多数都是在"五山十刹"中名望较高的大德高僧，因此，随着禅宗的传入，这种官寺制度也于镰仓时代后期很自然地被引入到了日本。

实际上，在此之前，镰仓幕府已经通过招请著名的禅僧任指定的禅寺住持，以主持或参与寺院经济的维持以及伽蓝的修建等措施，直接或间接地参与并加强了对当时禅寺运作的管理和对禅僧的庇护（同时也是控制）。[①]1308年（延

[①] 在史料方面有永仁二年（1294）由北条贞时颁发的"禁止条条事"（《禅院制符条书》）。参见竹贯元胜：《日本禅宗史》，大藏出版1989年9月第1版。

庆元年），执权北条贞时特向当时的伏见上皇奏请准赐将建长寺、圆觉寺作为"定额寺"①，从此禅寺开始得到朝廷的认可。日本禅宗同时得到幕府和朝廷的"双重"庇护，为其在日本得以迅猛发展提供了有力的保障，这件事也因此被视为日本禅宗史上意义深远的大事。

日本禅宗积极向当时的幕府、朝廷靠拢、接近，而这在当时不仅佛教界没有太大的抵触，就连一般人也大多"见怪不怪"，这是缘于何故呢？笔者认为，主要有以下两个原因：

1. 与佛教在中国发展过程中曾有过的历史有关

中国佛教越是发展到后来，所谓的"协调性"就越是明显。如宋明以后的"三教融合"、为达"传教"目的而在传教方式上"不拘形式"等。尤其值得一提的是，起源于印度的佛教，在"中国化"过程中已经有了很大的变化。发展至隋唐时期的时候，获得了统治阶级的大力支持和庇护，使得所谓的"寺院经济"有了很大的发展，并促使佛教有了宗派的形成，在后来的发展方面更是如虎添翼。多数日本人之所以对禅宗向幕府和朝廷的接近"见怪不怪"，笔者认为这与佛教在中国发展过程中曾经有过类似的历史传统有密切关系。

2. 与佛教后来在思想上逐渐倾向泛神、唯美主义、直觉主义、宗教神秘主义有关

禅宗发展到后期，"发展为宗教神秘主义、直觉主义，完全走向反科学、反常识的道路，这是禅宗的思想发展的主流"②。也就是说，禅宗在把佛性从彼岸世界拉回到每个信禅、修禅的个人内心，把通过研习佛教经典来理解"佛性"而转向引导人们相信自己的"顿悟"，相信"佛"在自己心中，抹杀了物质世界的客观存在，与过去的佛教或其他的宗教相比较，必然会显得较少"拘泥"于某种"规矩方圆"，而更多的是自由和洒脱。既然"心"可以代"物"，"觉悟"取决于主观，而并不依赖于"外在"，那还有何必要去"拘泥"于外在的现实世界呢？正所谓"菩提只向心觅，何劳向外求充？听说依此修行，西方就在眼前"，"佛向心中作，莫向身外求"。③

一句话，"禅"思想虽然不会必然地导致禅的世俗化、佛学的世俗化，但

---

① 指获得官方认可，并由官方出资维持、管理的佛寺。
② 任继愈：《汉唐佛教思想论集》，人民出版社1994年版，第254页。
③ 参见《大正藏》卷48"坛经"。

会导致其淡化对佛教、对禅的所谓"纯洁性"的过分强调，会导致对佛教（禅）趋向"世俗化"的"麻木"。关于这一点，较少有学者提到。但窃以为这两者之间是有关系的。

基于上述两点原因，再加上将禅从中国传入日本的"功臣"们，无论是来自中国宋、元的禅僧，还是日本入宋、入元归国的僧侣，对中国宋朝的"五山十刹"制度都早已习以为常。因此可以说，将"五山十刹"制度引入日本，实际上可以说是一件顺理成章、水到渠成的事。更重要的是，这反映了日本中世时期从上流社会到下级阶层对中国宋元文化的一种崇尚和憧憬，可以视其为当时历史背景下的必然产物。

（二）作为宋元文化"集散地"的"五山"禅林

我们在考察日本文化史时还不难得知：日本中世时期的"五山"禅林，其实就等于是中国宋元文化的"集散地"，同时又是培育日本"五山文化"的温床。

关于这一点，我们可以从两个方面来加以理解：①"五山"禅林聚集了集中国宋元文化"教养"于一身的著名高僧；②"五山"禅林中汇集并流传有代表和反映了中国宋元文化风格和成就的大量"文化产品"。这在客观上就决定了"五山"禅林作为中国宋元文化向整个日本扩散和传播的中心据点地位。

前文曾经提及，日本的中世武家政权时期，在当时幕府统治阶级的积极主导和推动下，从中国招请聚集了大批博学多才的硕学高僧于"五山"禅林，通过此举控制日本当时的禅界（实际上等于整个宗教界），以便牢牢掌握宗教乃至文化上的主导权。可以说，这既是出于当时幕府统治者本身在政治、文化上的需要，同时也是当时历史背景下的必然产物。

在中国，禅宗发展至宋代时，禅文化的特有魅力及其所追求的那种"怡然自得"的境界，深深吸引了当时的官僚和文人士大夫们。他们中间热衷于参禅向佛者众多，大有蔚然成风之势，客观上造成了禅僧与文人士大夫之间交往甚密、"惺惺相惜"的局面。禅僧与文人士大夫们在日常的交往过程中，或舞墨弄诗、诗文相酬，或切磋才艺、印证学问，形成了宋朝时代特有的一种文化现象和文化风尚。如此文化风尚或由当时中国的宋僧、元僧在东渡日本弘扬禅法时顺带传入，或由日本的入宋僧、入元僧在长期居留中国"耳濡目染"之后带

回日本。

当时的"五山"禅林，主持者几乎都是禅儒兼通、博学多才的著名高僧。其中特别值得一提的，是1299年（正安元年）作为元朝的外交使节东渡日本的一山一宁（1247—1317）。他是一位擅长书画、诗文俱佳，以饱学多才、才思敏捷著称的有名高僧，在中国时就享有盛誉、名高一时，来到日本之后，更是受北条贞时、龟山上皇、后宇多上皇等上流阶层人物的虔诚皈依，并让众多佛教僧侣为之倾倒。他在禅林中以考"文才"择入门弟子，培养了大批活跃于中世室町时期的才学双全、造诣高深的优秀弟子，奠定了"五山文学"、日本宋学的基础，这成为了日本禅宗史上有名的佳话。

中国的宋元文化，尤其是以诗文、书画为代表的"文人士大夫文化"，就是这样得以在日本中世时期的"五山"禅僧们中间一脉相承地继承下来的。以"五山文学"、日本宋学为代表的"五山文化"，就是如此得以在"五山""温床"中培育起来的。

（三）"五山文学"与中国文化之渊源

"五山文学"作为日本中世后期兴起的禅林文化，同时作为宋元明时期中国宋元文化传入日本禅林之后的必然产物，以具备典型的中国宋元文化风格、带有明显的"士大夫文化"色彩而在日本文化上占有一席之地。尽管有学者因其有极力模仿中国宋元文化，过分强调追求所谓正统的宋元风格的倾向而不以为然[①]，但其作为日本中世文化中独具特色的重要组成部分，尤其是从中日文化关系、中日文化交流史的角度来看，如此禅林文化无疑值得给予高度关注。

应该说，"五山文学"源于来自中国元朝的高僧一山一宁，后由其门下弟子雪村友梅、虎关师炼加以发扬光大，发展至义堂周信、海绝中津时达到了高峰、隆盛期。也正是因为如此，一山一宁与其门人雪村友梅一起，同被后人称为"五山文学之祖"。

而日本中世（南北朝）时期的临济宗禅僧义堂周信和绝海中津，则同为"五山文学"及其文艺思潮的集大成者，被视为"五山文学"双璧。

以诗、文著称，尤其擅长作偈颂的义堂周信（1325—1388），虽然出自梦窗疏石的门下，但其诗文方面却是就教于曾经入元嗣参中国多名高僧归国的、

---

① ［日］家永三郎：《日本文化史》，岩波新书1959年12月第1版。

被称为鬼才的中岩圆月（1300—1375）。而另一位名载"五山文学"史册的绝海中津（1336—1405），则曾师事入元参禅归国的龙山德见。

中岩圆月也好，龙山德见也好，都是中国元代高僧古林清茂的弟子，继承了所谓"金刚幢下"重偈颂、轻俗诗的传统。

众所周知，中国元代的禅林文学主要以诗文偈颂为主，其成就最高者当数元代临济宗高僧古林清茂。他不仅道行高深，深得弟子敬仰，还有极高的文学修养，尤其擅长诗文，20岁就著有《拟寒山诗》300首，所作诗文偈颂佳作颇多，且广为流传。慕名而来参拜其门下的日本僧侣多不胜举。他的诗文偈颂由其弟子竺仙梵仙、龙山得见等人传入日本。

1325年（正中二年）入元，师从古林清茂参禅学艺归国的中岩圆月，文学修养高深，诗文才华出众。义堂周信后来诗文俱佳，著有著名的诗文集《空华集》，成为在"五山文学"史上占有重要地位的高僧，显然与他曾经受到中岩圆月的影响和熏陶有关。

绝海中津和义堂周信一样同为土佐人。他18岁起入京都建仁寺，师事曾入元受学于元代高僧古林清茂归国的龙山德见。后于应安元年（1368）入明，皈依擅长诗文、深受朝廷器重的宗泐全室禅师，深得其词章诗文之法。后来还历参多位活跃于"五山"丛林并擅长诗文的禅僧，将当时一度流行的禅林文学的四六骈文作法传入日本。据传，绝海中津由于才华横溢，诗作绝佳，在明朝时曾与竹庵怀渭、明太祖以诗相见。如此经历和渊源，最终使得他成为了"五山文学"史、日本文化史上举足轻重的人物。

三、室町文化与"禅"精神

作为日本中世文化的重要部分之一，形成于中世后期室町时代的所谓室町文化，其与当时传入的以禅文化为代表的宋元文化之间，又有何种内在联系呢？

实际上，足以证明"禅"的精神影响并渗透于日本文化当中的事例有很多。

我们知道，在中国，有宋代诗人苏东坡所吟"溪声便是广长舌，山色岂非清静身"和"青青翠竹尽是真如，郁郁黄花无非般若"等著名诗句，经常被引以作为表现了禅的世界观、禅的自然观的著名诗句。作为受到这种"禅"的世界观、自然观影响的有力例证，有道元将其所著《正法眼藏》第九卷题卷名曰

"溪声山色"一事，还有室町时代中期的禅僧天隐龙泽将其语录称为《翠竹真如集》一事常被引以为据。

有日本学者认为，室町文化乃是一种多元的复合型文化，而并不是单纯的禅宗文化。在室町文化的形成和发展过程中，发挥作用的也不仅仅只是禅僧，还有公卿贵族、武士，以及随着都市里商业经济的繁盛而日益活跃起来的新兴商贩（町民）。[①] 的确，在日本中世文化（不仅仅局限于后期的室町文化）的形成和发展过程中，扮演主要角色的并不仅限于禅僧，还有包括公卿贵族、武士乃至一般"町民"在内的各个阶层的人士。同样，在精神上影响并培植了他们的思想和价值观、人生观以及世界观等的"精神食粮"，也并非只有传自中国的以"禅的精神"、"禅的理念"为主的佛教思想，而实际上是一种多元的、融合了儒、佛、道三教以及在中国当时的宋朝思想界出现的其他各种思潮的"复合型精神文化"。

马克思主义哲学的认识论认为：任何事物都不会是孤立的、静止的，事物的形成和发展必然有一定的"前因后果"。人类社会发展的历史，以及社会史、文化史上的各种历史事实和经验也告诉了我们这一点。

通过在前面章节里对当时历史背景的概观可以得知：由中日两国禅僧通过传禅、弘禅活动"自觉不自觉"地传入日本的所谓"中国宋元文化"，实际上已经不是仅仅局限于"禅"或局限于"佛"的思想文化，而是一种融会了当时中国思想和文化领域的各种因素、各种成分的多元的、复合的"精神文化"。

因此，说室町文化并非禅宗文化，担当室町文化创造者角色的也并非只有禅僧，这一点的确不假。但如果我们追根溯源地来看，在这一个时期形成和发展起来的日本整个中世（包括室町时代在内的）文化，其形成和发展难道不应看做是以中国禅的传入和日本禅的形成和发展以及中日禅僧们的活动为契机的吗？

一句话，论及日本中世文化的形成和发展，尽管不能以禅宗文化的形成和发展来"以偏概全"，但我们通过对其形成和发展的前因后果和来龙去脉进行考察则不难得知：或以"禅"为契机，或在禅的思想、禅的精神影响和渗透下形成并发展起来，这一点，应该说是日本整个中世文化的一个主要共通点。

---

① ［日］石田一良编：《日本思想史概论》，吉川弘文馆1963年版，第133页。

室町文化作为日本中世文化的一部分，是我们在考察日本文化史、中日文化关系史时不应忽视的。因其形成和发展正好在本研究所关注的时段内，故探讨其与中国宋元文化之间的关系，既是本书的"分内之事"，同时也是"中国宋元文化影响并促成了日本中世文化的形成和发展"这一立论的最好例证。

室町文化的形成，主要依靠的仍然是以禅僧为主，包括当时深受"禅文化"以及禅的思想影响的、上至将军下至下层武士的各阶层人士。而其中，中日禅僧在室町文化的形成和发展过程中所起的作用是很大的。

关于中日禅僧在室町文化的形成和发展过程中所起的作用方面的研究，在日本很早就有辻善之助、玉村竹二等知名学者涉猎且业绩斐然，但值得注意的是，对于"禅文化"与室町文化之间客观存在的内在、精神方面联系的研究，则尚不多见。而我们如果从其内在的、精神上的联系来加以考察的话，则不难窥出：日本中世时期的室町文化，与来自中国以禅文化为代表的宋元文化之间，其实有着千丝万缕的联系。

（一）追求内敛含蓄、淡雅简朴的审美情趣

如前所述，讲究简朴淡雅，追求精微细腻，此乃中国宋文化的显著特色之一。当然，也可以说是中国宋元文化讲究"意境"，不求形式而追求"韵外之致"的审美情趣的典型表现。中国文化中的这种审美情趣，自然也渗透到了禅文化之中，并在宋元（即日本的中世）时期伴随着禅宗的传入，直接或间接地影响于日本的中世文化。

可以说，禅文化在精神方面、审美情趣方面对日本中世文化的影响，其最突出的体现，莫过于在中世时期兴起的水墨画和"枯山水"庭园的审美和创作理念上。

首先，让我们来看看追求"神韵"的日本中世水墨画。

我们在前面第四章第二节的"禅与日本的中世书画艺术"部分，从水墨画在日本的兴起和发展、演变的历程这一角度，探讨了其与禅文化之间的关系。实际上，除此之外，两者之间客观存在的内在的、精神方面的联系更饶有趣味。

勃兴于日本中世时期（于镰仓时代传入，盛行于室町时代）的日本水墨画，具有典型的中国宋元风格。其在题材方面多以花鸟山水、布袋、寒山拾得等禅色彩浓厚者居多，而在表现技巧方面，与过去重色彩的"大和绘"有所不同，

追求的是神似、含蓄、象征、写意等，更多强调舍弃多余的、非本质的东西，而重在以象征性强而简洁朴素的表现形式，把本质的、内在的"神韵"和精神表现出来，正所谓"以小见大、以简盖繁"。因此，清一色的"墨"、高度抽象化的线条和构图，就成为了其欲从"精神的角度"来表现"神韵"的最理想形式。其所强调的韵味涵泳、通幽默会，所追求的"韵外之致"的审美情趣，与禅宗所强调的"别具会心"的所谓"禅悟"是互相吻合的。也唯其如此，日本中世时期的水墨画，被视为禅宗文化的一个重要部分。

而在当时的那个时代，"禅趣味"大有风靡整个社会之势，因此，"禅味"浓厚的水墨画作品，已远不限于出自禅僧画家之手，当时画坛上整个水墨画世界里，实际上都是以追求"玄妙、恬静、淡雅"为最高境界的。这充分反映出，"禅趣味"和"禅的世界观"，已在当时画家的灵魂深处打上了深深的"烙印"。

同样，在该时期兴起的充满"象征性理念"的"枯山水"庭园，也应视为宋元文化在精神方面影响日本文化的典型反映。

关于禅与"枯山水"庭园之间存在的内在的、精神上的联系，在第四章第二节的"禅的理念与日本中世庭园文化"部分已有论及，在此不作赘述。由于"枯山水"庭园在选址、造景的理念上，集中体现了室町文化的典型特色，故被视为中世（室町）文化的典型代表之一。

我们知道，中世时期室町文化最显著的特点之一，就是以玄妙恬静、简朴枯淡为美的最高境界，追求简洁而象征性强的表现形式。这一特色，不仅体现在该时期取"大和绘"而代之成为画坛主流的水墨画上，还体现在该时期建造的有名禅寺的庭园设计和建筑理念上。如著名的临济宗妙心寺派的龙安寺（建于1450年）庭园、大德寺派本山大德寺（建于1324年）大仙院方丈庭园等。在这些又被称为"枯山水"的禅式庭园里，仅用砂、石、树木等来象征性地表现巨瀑大海、深山幽谷，意蕴深厚而令人回味无穷。禅僧们以及好禅之人往往置身于此境，于枯淡寂静、简素雅拙之中去追求"禅"的境界，参悟"禅"的真谛。

这种以简朴的形式、象征性的表现以达到"韵外之致"的效果，于平淡无奇中参悟真谛的理念，充分体现了"禅"的思想，同时也可以说是中国宋元文化精神的一种体现。

中国并不一定有"枯山水","枯山水"庭园可以是日本特有的,但从其文化意蕴的深处看,两种文化间实际上涌动着相通的底流,这也正是文化间相互影响、相互渗透的奥妙所在。

(二)追求"意蕴幽深"之美的"庶民文化"

日本中世后期的室町时代,在武士及一般民众当中兴起了不少强调简朴、清寂,追求"意蕴幽深、韵外有致"之美的"庶民文化"。应该说,室町文化的这种在审美意识、审美情趣上的特色,也是受到禅的思想、禅的理念和精神的影响和渗透所导致。

1. 中世的"能乐理论"与禅

在各种各样的室町"庶民文化"当中,"能乐"被视为最具备室町时代特色的文化领域。[①]应该说,作为一种朴素的民间曲艺,无论从表演的题材、内容,还是从其表演的形式上看,本来都与禅文化无关。但是发展到了中世时期后期的室町时代,能乐也不可避免地受到了禅文化的影响和渗透。其最明显的反映,就体现在日本著名的中世能乐剧作家和表演艺术家世阿弥的"能乐理论"上。

世阿弥(1363—1443)是日本"大和猿乐座"[②]的第二代太夫,日本"能乐"的集大成者。他自幼受教于其父观阿弥,学习"能乐",表演"能乐",于1374年(应安七年)在京都得将军足利义满赏识其"能乐"才能,并对其加以庇护和支持,最后将"能乐"发展成为最具室町文化特色的日本艺能文化之一。

正如前述,日本中世后期的室町文化最大的特色,就是以"韵外有致、情趣幽邃"并富于"禅趣"为美的最高境界。被视为室町时期文化的典型代表的禅式庭园、水墨画、茶道、连歌、俳句,无一不强调此种与"禅趣"有关的美的境界。

在这一点上,日本"能乐"发展到中世时期以后也不例外。

"能乐"由其前身那种讲求写实性并以娱乐大众为主要目的的朴素的庶民舞台曲艺,发展至后来成为最具上述室町文化特色的武家曲艺文化,我们不难

---

① [日]石田一良编:《日本思想史概论》,吉川弘文馆1963年版,第134页。
② 日本镰仓时代盛行的一种带歌舞、乐曲的滑稽戏,是"能乐"、"狂言"的前身。"大和猿乐"是其中的著名流派。

从中窥见其受"禅文化"影响的痕迹。

首先应该提到的是世阿弥所著关于能乐理论的《风姿花传》、《花镜》、《九位次第》等书。已有日本学者指出，从其在有关能乐的论著中常借用禅家的"常套话"来解释和强调"能乐修行"的要领和要求，或借用禅的用语来暗示和强调所要追求的美的意境，可以断定这些有关"能乐"艺术的理念是他自身参禅"悟得"的。[①]

其次，从其强调演技的修行、追求美的意境方面来看，能乐强调演技之美在于"心"，强调"用心"而不是用动作、表情来表演。追求的效果不是以故事情节，或人物的喜怒哀乐的感情变化来感动观众，而强调即使不用模仿表演人们常见的感情表露方式，也能"用心"去打动观众。故在舞台上只用一些简单的、经过高度抽象化的姿态和动作，而且脸戴面具，意在用最简单的动作和姿态，但却是最大限度地用"心"去表现一种"凄美"的意境。这种意境并不局限于舞台空间内，而是一种靠观众用"心"去感受的"韵外之致"。表演的舞台也尽可能俭朴，尽可能少用道具，以免妨碍观众高度集中精神去体会和感受表演者用"心"去表演的演技之美和舞台空间之美。由此我们不难感觉到，这简直就是禅的精神在舞台艺术上的体现。

另外，已有日本学者注意到并指出：最能反映禅的思想对日本中世"能乐理论"的影响和渗透的，当推金春禅竹的能乐秘传书《六轮一露之记》。[②]

金春禅竹乃世阿弥的女婿，是继承了能乐并进一步使其发扬光大的人物。据认为，其所撰的《六轮一露之记》，是在师从临济宗禅师一休宗纯（1394—1481）参禅所悟的基础上，结合自己平时在艺道修行方面的体会，形成了自己对"能乐"的独到理解和体会，并在理论构建方面分别吸收、借鉴了从当时被尊为佛教教学最高权威的普一国师志玉，和当代第一硕学一条兼良处习得的佛教及宋学方面的理论充实而成。[③] 仅从其宣称"能乐"的表现乃是"本来无主无物"之物的"妙用"这一点来看，我们就足以看出，禅的思想已整个地贯穿于其"能乐理论"的主要精神当中。

---

① [日]石田一良编《日本思想史概论》，吉川弘文馆1963年版，第135页。
② [日]石田一良编《日本思想史概论》，吉川弘文馆1963年版，第135页。
③ [日]石田一良编《日本思想史概论》，吉川弘文馆1963年版，第135页。

2. 日本中世的和歌理论和茶道

正如前文所提及，对于进入中世时期的日本来说，中国宋元文化的威信和影响力是巨大的。其对当时日本人在精神上的潜移默化的影响，甚至到了难以估量的地步。

在日本室町时期的文人当中，普遍存在着一个明显的倾向：万事以追随正统的中国文化为荣。汉诗文方面的修养越高，则在当时文坛上的名声越大，威信越高。如此倾向愈发刺激和促进了当时的知识界对中国各种学问的钻研，客观上也就导致了许多受影响于中国宋元文化的主要精神的各种学问、文艺思潮、文学理念、审美意识的出现。也就是说，室町文化当中有不少是中国不曾存在的文化（如能乐、连歌、俳句等），但在艺术理念、审美意识的形成上，却明显与中国宋元文化有着精神上的"一脉相承"的关系。这方面的典型事例，除了世阿弥的"能乐论"之外，还有日本中世时期的"歌论"、茶道等。

众所周知，在进入中世时期以后，日本出现了一系列强调"含蓄而内敛"、强调"余韵"、"余情"，主张以"诗外有境，韵外有致"为"和歌"的最高境界的"和歌"艺术论。

如著名的藤原公任的《和歌九品》、藤原俊成的《古来风体抄》等，但由于这些"和歌"理论都是刚刚进入中世的镰仓初期成书的，加之并无证明其与中国宋元文化所强调的文艺理念或与"禅"的精神有直接联系的史料，故学界一般不认为两者之间有任何关联。

笔者之所以再次提出如此看法，是基于以下的观点：在当时那种历史条件和时代背景之下，这些"和歌"艺术理念的提倡者既然不是与世隔绝之人，则自觉不自觉地接触过源源流入的中国宋元文化，并或多或少地受其影响是完全可能的。

至于后来在连歌、俳句等方面形成的，以追求"简朴含蓄、枯淡恬静"为美、以"韵外有致、情趣幽深"为最高境界的文学理念和审美意识，以及由村田珠光（1422—1502）开创的以"闲寂恬静"为理想境界的"茶道"理念，乃是以"禅思想"、"禅精神"为代表的中国宋元文化影响之下的产物，这一点已为日本学者所指出[①]，在此不作详论。

---

① ［日］石田一良：《中世的思想》，载石田一良编：《日本思想史概论》，吉川弘文馆1963年版。

四、宋学对日本博士家学的影响

在讨论宋元文化与日本中世文化的关系时，还有一点是不应忽视的：宋学对日本博士家学的影响。

日本在中世时期以前，有以注释、讲解经义为主，固守汉唐旧注的旧儒学，有专门以讲注旧儒学经典为家业的博士家。[①] 这些博士家一开始对宋学是持抵触和反对态度的，但眼看着宋学新风日渐盛行，而汉唐古注的旧儒学却日渐衰微，他们不得不吸收宋学新注以补自家学问之不足，从而更好地维护博士家传统的权威性。当时的明经博士清原、中原两家，曾经竞相吸收宋学新注以图自家学问的改革和创新，就是最明显的例证。据传，清原家的清原良贤，就专以新注为将军足利义满讲解《孟子》。其曾孙清原业忠，也曾为将军家讲解"四书"；到了业忠之孙宣贤时，更是在继承自家学问的基础上，参考新注以修正旧误，使清原家学得以充实、发展。[②]

尽管有学者认为，宫廷里的儒学最终只是作为朝廷贵族、公卿和博士们的学问修养而存在，对日本文化的影响其实不是很大。博士家当中开始形成"新旧注折衷"并加入新的解释之风气，其结果只是给朝廷儒学带来一股"新风"，促使其发生了较大的变化而已。但笔者认为，从客观上看，日本宋学的发展及其影响，既然已不仅仅局限于禅林之中，而被吸收进了自古以来以注释、讲解经典为家业的博士家的家学中去，使其"生命"得以在博士家的家学中"延续"下来，则完全应该被视为"融入"了日本文化当中并获得了发展。另外，正如有日本学者所指出的那样，中世时期的禅僧们，其实只是为达到弘布禅宗之目的而兼习宋学而已，从一开始就注定了其有一定的局限性，因此难有真正钻研至"宋学本义"者。[③] 而只有拥有数百年"儒学传统"的博士家，才能够真正理解儒学之"真髓"，取宋学新注以补旧注之不足，最终将自己的家学加以充实和发展。似如此现象，难道不应视为宋学对日本文化的影响、宋元文化对日

---

① 如明经博士清原、中原两家和文章博士家菅原家、日野家等。

② ［日］和岛芳男：《宋学的发展》，载《日本和世界之历史十一·十四世纪》，学习研究社1970年版。

③ ［日］和岛芳男：《宋学的发展》，载《日本和世界之历史十一·十四世纪》，学习研究社1970年版。

本文化的影响和渗透的最好例证吗？

我们在考察和讨论中国宋学的传入，以及日本宋学的形成和发展时，既然都绕不开活跃于日本中世时期的中日禅僧,则认为中国禅的传入、中日佛教（禅）文化的交流促成了日本宋学的形成和发展这样的看法，应当不属牵强附会吧？

五、结　　语

以上通过对日本中世武家政权时期（相当于中国宋元明时期）里的中日佛教文化关系进行考察，着重探讨了在"中国禅的东传和日本禅的形成及发展"这一过程中，中国宋元文化对日本中世文化的形成和发展所产生的影响及其所起的作用。同时，通过考察在如此特殊的文化关系当中构建并发展起来的所谓日本中世文化的各个方面，着重从其内在的、精神上的关联这一角度去思考和分析有关现象，以谋求更客观、更准确地去理解和把握日本中世文化的主要实质和特征。

本书紧紧抓住"中国禅的东传和日本禅的形成和发展"这条主线，并以此为主要线索，从几个侧面来展开对伴随着这一过程中所形成的各种文化关系进行考察研究。

（1）从中国宋元文化对日本佛教文化的影响这一角度，对该时期两国间的佛教文化关系进行了考察和分析，揭示出该时期的两国间文化关系呈"一边倒"的态势。我们由此可以窥出，在这个颇为特殊的时段里，两国间佛教文化的交流，客观上导致了宋元文化大量流入日本，其结果自然是中国宋元文化影响并促进了该时期包括（镰仓）新佛教的兴起、（南都）传统旧佛教的复兴等在内的日本佛教文化的兴旺和发达。

（2）从传自中国的宋元文化给日本中世文化带来的影响，以及"禅宗文化"与日本中世文化之间的渊源这一角度来进行考察和分析，得出如下结论：日本中世时期形成和发展起来的各种具有典型"中世风格"的文化，无论其外在表现、外在形式如何，其在文化的内涵、核心上，都不同程度地贯穿着"禅的精神"，体现出"禅的理念"。可以说，中国禅宗文化对日本中世文化，尤其在精神方面的影响和渗透，几乎是随处可见，而且细考起来，无一不与中国宋元文化有着千丝万缕的联系。

（3）通过从宋元文化与日本中世文化之间的关系这一角度进行考察分析，

还揭示了日本中世时期形成和发展起来的、"禅宗文化"以外的其他文化,它们与中国宋元文化之间的渊源。由此我们可知,该时期两国间之所以在"禅宗文化"以外的其他文化方面也存在着密不可分的联系,乃是由于其大多数都是以"中国禅的东传"为契机,直接或间接地受到中国的宋元文化的刺激和影响所使然。随着中日两国佛教僧侣的交流往来,伴随着"禅"的传入而流入日本的宋元文化,在当时那种特殊的大环境的推波助澜之下,实际上又很自然地随着中日两国禅僧们弘禅活动的向外延伸和展开,其影响自然波及"禅林"以外的社会各个阶层当中,最终影响并"催生"了日本中世时期"禅宗文化"以外的其他文化。

综上所述,我们可以做如下归纳。

相当于中国宋元明时期的所谓"日本中世武家政权时期",从文化史上看亦是个非常特殊的时代。之所以说它特殊,是因为它造就了促使"中国禅的东传和日本禅的兴旺"的"天时、地利、人和"之历史态势,从而在客观上导致了中国宋元文化得以顺风顺水地传入日本,并在日本得以广泛传播,其结果不仅给该时期的日本建筑文化、庭园文化、印刷文化、饮食文化、茶文化以及文学、书画艺术等,都不同程度地打上了深深的"禅文化"烙印,"催生"了许多具有典型中世风格的中世文化,还促进了整个日本中世文化的发展。而这些贯穿着禅的精神和理念,带有"禅味"风格的中世文化,在中世时期形成并发展起来之后,大多数都成为日本文化的典型代表而一直延续至今,对整个日本文化产生了极其深远的影响,在日本文化史上占有举足轻重的地位。

因此,从某种意义上来说,只要把握住了日本中世时期的佛教文化关系,基本上就可以探明日本中世文化与中国宋元文化之间的关系,而把握住两者之间尤其是内在方面的、精神方面的联系,基本上就等于是把握住了日本中世文化的实质和特征。而正如我们在前面所提及,我们通常所谈论的、至今依然对日本人的精神世界产生着深远影响的"日本文化",其主流恰恰正是该时期形成的、包含有许多宋元文化和"禅"文化要素的中世文化。

日本中世时期中日两国之间的佛教文化关系,从其客观上导致了中国宋元文化影响并促进日本中世文化的形成和发展这个意义上来看,其在中日文化关系、中日文化交流史上的意义之重大而深远是不言而喻的,值得我们给予更多的关注。

参考文献

中文书目

［明］陈邦瞻撰：《宋史纪事本末》、《元史纪事本末》，上海古籍出版社1994年版。

赵铁寒主编：《宋史资料萃编第2辑·宋史全文·续资治通鉴》，台北文海出版社1980年版。

《二十四史全本·卷五·新五代史、宋史、金史》，延边人民出版社1997年版。

《二十四史全本·卷六·辽史、元史、明史》，延边人民出版社1997年版。

［宋］薛居正等撰：《旧五代史》（2册），中华书局2000年版。

［清］张廷玉等撰：《明史》，中华书局2000年版。

［明］宋濂等撰：《元史》（3册），中华书局2000年版。

［清］龙文彬撰：《明会要》，中华书局1956年版。

顾吉辰：《宋代佛教史稿》，中州古籍出版社1993年版。

叶绍翁撰，沈锡麟、冯惠民点校：《四朝闻见录》，中华书局1989年版。

魏泰撰，李裕民点校：《东轩笔录》，中华书局1983年版。

李心传撰：《建炎以来朝野杂记》，台北文海出版社1980年版。

［日］木宫泰彦：《日中文化交流史》，商务印书馆1980年版。

王辑五：《中国日本交通史》，上海书店1984年版。

周一良、中西进主编：《中日文化交流大系》，浙江人民出版社1996年版。

［日］村上专精：《日本佛教书纲》，商务印书馆1999年版。

杨曾文主编：《日本近现代佛教史》，浙江人民出版社1996年版。

杨曾文：《日本佛教史》，浙江人民出版社1995年9月版。

周一良：《中日文化关系史论》，江西人民出版社1990年版。

梁晓虹：《日本禅》，浙江人民出版社1997年版。

陆坚、王勇主编：《中国典籍在日本的流传与影响》，杭州大学出版社1990年版。

黄有福、陈景富：《中朝佛教文化交流史》，中国社会科学出版社1991年版。

王晓秋等主编：《中日文化交流史大系Ⅰ·历史卷》，浙江人民出版社1996年12月版。

梁荣若：《中日文化交流史论》，商务印书馆1985年7月版。

王勇等主编：《日本文化的历史踪迹》，杭州大学出版社1991年2月版。

王勇：《日本文化——模仿与创新的轨迹》，高等教育出版社2001年3月版。

汤重南等：《日本文化与现代文化》，辽海出版社1999年12月版。

王家骅：《儒家思想与日本文化》，浙江人民出版社1996年1月版。

任继愈：《汉唐佛教思想论集》，人民出版社1994年3月版。

赖永海：《中国佛教文化论》，中国青年出版社1999年4月版。

[日]藤家礼之助：《日中交流二千年》，东海大学出版社1995年版。

朱谦之：《日本的朱子学》，生活·读书·新知三联书店1958年版。

[日]铃木大拙：《禅与日本文化》，陶刚译，生活·读书·新知三联书店1989年版。

日文书目

仏書刊行会編纂《本朝高僧伝》（大日本仏教全書第102-103冊）、東京名著普及会、1979。

仏書刊行会編纂《延宝伝灯録第二·扶桑禅林僧宝伝本》（大日本仏教全書）、東京仏書刊行会、1917。

林屋辰三郎·横井清·楢林忠男編注《日本の茶書》、平凡社、1971。

吉田兼好《徒然草》、岩波書店、1985年1月。

近藤瓶城編《史籍集覧続·15冊》、近藤活版、明治二十七年。

塙保己一編《群書類従・第 18-20 輯》、続群書類従完成会、1959。

《吾妻鏡》（吉川本上、中、下）、国書刊行会、1923 年 5 月。

出雲隆編《鎌倉武家事典》、青蛙房、1972。

家永三郎《日本文化史》、岩波新書、1959 年 12 月。

蔭木英雄《訓注空華日用工夫略集：中世禅僧の生活と文学》、思文閣出版、1982。

森大狂編《近古禅林叢談》、蔵経書院、1919。

玉村竹二《五山禅林宗派図》、思文閣出版、1985 年 12 月。

中島皓象《書道史より見る禅林の墨蹟》、思文閣出版、1990 年 11 月。

毎日新聞社出版局重要文化財委員会事務局編《禅林画賛：中世水墨画を読む》、毎日新聞社、1987 年 10 月。

葉貫磨哉《中世禅林成立史の研究》、吉川弘文館、1993 年 2 月。

朝倉尚《禅林の文学：中国文学受容の様相》、清文堂出版、1985 年 5 月。

久須本文雄《日本中世禅林の儒学文学》、山喜房仏書林、1992 年 6 月。

芳賀幸四郎《中世禅林の学問および文学に関する研究》、思文閣出版、1981 年 10 月。

上垣外憲一《日本文化交流史》、中公新書、2000 年 4 月。

津田左右吉《支那思想と日本》、岩波新書、1938 年 11 月。

王麗萍《宋代の中日交流研究》、勉誠出版、2002。

玉村竹二《五山文学》、至文堂、1955。

道謙・法宏編《大慧普覚禅大師語録》、蔵経書院、1912。

禅研究所編集《夢窓国師語録》、大本山天竜寺僧堂、1989 年 10 月。

有馬頼底《禅と茶の湯》、春秋社、1999。

熊倉功夫編集・解説《禅と能楽・茶》、ぺりかん社、1997。

戸頃重基《鎌倉仏教》、中央公論社、1967 年 4 月。

多賀宗隼《栄西》、吉川弘文館、1965。

尾藤正英《日本文化の歴史》、岩波新書、2000 年 5 月。

久須本文雄《宋代儒学の禅思想研究》、日進堂書店、1980。

井上秀天《禅の文化的価値》、宝文館出版、1923。

宇井伯寿《仏教思想研究》、岩波新書、1940。

参考文献

小笠原秀《禅文化の体系》、昭森社、1944。

辻善之助《日本佛教史・上史篇》、岩波新書、1960。

千葉乗隆・北西弘・高木豊《佛教史概説・日本篇》、平楽寺書店、1969年4月。

河合正治《国民の歴史9・南朝と北朝》、文英堂、1970年1月。

吉永義信《日本の庭園》、至文堂、1958。

赤松俊秀《続鎌倉仏教研究》、平楽寺書店、1965。

林星辰三郎《中世文化の基調》、東大出版会、1958。

竹貫元勝《日本禅宗史》、大蔵出版、1989年9月。

増谷文雄《佛教概論》、筑摩書房、1965年10月。

芳賀幸四郎《東山文化研究》、河出書房、1945。

町田甲一《概説日本美術史》、吉川弘文館、1965。

森末義彰《東山時代とその文化》、文松堂書店、1942。

石田一良編《日本思想史概論》、吉川弘文館、1963年10月。

和島芳男《日本宋学史の研究》、吉川弘文館、1962。

田中健夫《対外関係と文化交流》、思文閣出版、1982年11月。

今枝愛真《禅宗の歴史》、至文堂、1966。

鈴木泰山《禅宗の地方発展》、宙傍書房、1942。

荻須純道《日本中世禅宗史》、木耳社、1965。

ライシャワ《ライシャワの日本史》、文芸春秋、1986年3月。

佐佐木銀弥《日本の歴史13・室町幕府》、小学館、1975年1月。

玉村竹二《夢窓国師——中世禅林主流の系譜》、平楽寺書店、1958。

田上太秀《禅の思想——印度源流から道元まで》、東京書籍株式会社、1980年3月。

竹内道雄《道元》、吉川弘文館、1962。

蔭木英雄《中世禅者の軌跡・中巌円月》、法藏館、1987年12月。

笠原一男・川崎庸之編《宗教史》、山川出版社、1964年11月。

田中健夫《中世対外関係史》、東京大学出版会、1975年4月。

竹内理三《日本の歴史6・武士の登場》、東京中央公論社、1965年7月。

能勢朝次《能楽源流考》、岩波書店、1938。

附录一　本书涉及的中日佛教文化关系大事年表

公元（日本年号）记事

625 年（推古三十三年）高丽僧慧灌来日

653 年（白雉四年五月）道昭随遣唐使赴唐，师事玄奘三藏

658 年（齐明天皇四年）智通、智达乘新罗船入唐

701 年（大宝元年）道慈律师入唐

703 年（大宝三年）智凤、智鸾入唐

717 年（养老元年）3 月玄昉乘遣唐使船赴唐

718 年（养老二年）道慈归国，携回《金光明最胜王经》

734 年（天平六年）11 月玄昉携经论 5 000 余卷归国

736 年（天平八年）唐僧道睿携来《华严经》

740 年（天平十二年）新罗僧审详于金钟寺道场首次开讲《华严经》

754 年（天平胜宝六年）鉴真来日，在东大寺建戒坛院

759 年（天平宝字三年）鉴真创建唐招提寺

804 年（延历二十三年）空海、最澄入唐

805 年（延历二十四年）最澄归国，传天台宗

806 年（大同元年）空海归国传真言宗

847 年（承和十四年）园仁归国，著《入唐求法巡礼行记》

894 年（宽平六年）日本废止遣唐师

926 年（延长四年）宽建携日本书法到中国传布

983 年（永观元年）奝然入宋，在汴京获宋太宗召见

986 年（宽和二年）源信托便船寄《往生要集》往宋朝；奝然自宋归国

988 年（永延二年）寄送藤原佐理的书法往宋朝

1001 年（长保三年）源信著成《因明义断纂要注释》

1003 年（长保五年）寂昭一行入宋，获宋真宗赐见

1072 年（延久四年）成寻入宋，在洛阳获宋神宗召见

1078 年（承历二年）仲回获赐"莱化怀德大师"称号

1168 年（仁安三年）荣西入宋，同年与重源一起归国

1175 年（安元元年）法然上人创净土宗

1187 年（文治三年）荣西再度入宋

1189 年（文治五年）大日房能忍派弟子练中、胜辨入宋

1191 年（建久二年）荣西归国，传布禅宗

1199 年（正治元年）北条政子招请荣西至镰仓，开创福寿寺；俊芿入宋

1211 年（建历元年）俊芿自宋归国，主持建仁寺

1223 年（贞应二年）道元入宋

1227 年（安贞元年）道元归国，著《普劝坐禅仪》，创曹洞宗

1243 年（宽元元年）藤原道家请圆尔辨圆为开山祖师，创建东福寺

1246 年（宽元四年）兰溪道隆应北条时赖之请来日

1253 年（建长五年）道元圆寂；镰仓建长寺创建，兰溪道隆任住持

1260 年（文应元年）兀庵普宁自宋来日

1274 年（文永十一年）蒙古军大举侵日

1279 年（弘安二年）宋僧无学祖元渡日

1299 年（正安元年）元僧一山一宁渡日

1308 年（延庆元年）北条贞时向伏见天皇奏请准赐将建长寺、园觉寺为"定额寺"

1325 年（正中二年）中岩圆月入元

1336 年（建武三年）足利尊氏在京都建立幕府

1339 年（历应二年）足利尊氏建天龙寺，迎梦窗疏石为开山祖师

1342 年（兴国三年）幕府定"五山十刹"制

1351 年（观应二年）梦窗疏石圆寂

1368 年（正平二十三年）昙聪携带师父顶相入明，请得天宁楚石梵琦的

103

顶相赞归国

1368年（应安元年）绝海中津入明

1374年（应安七年）足利义满首次观看观世父子表演能。

1378年（天授四年）足利义满将幕府移至京都室町

1386年（元中三年）幕府定"五山"位次，以南禅寺为首位

1397年（应永四年）足利义满建造北山山庄（金阁寺）

1401年（应永八年）幕府开始与明的勘合贸易

1914年（应永二十六年）足利义持终止与明交往

1432年（永亨四年）足利义教遣使与明恢复通好

1439年（永亨十一年）上杉宪实在下野建足利学校

1469年（文明元年）雪舟自明朝归国

1483年（文明十五年）足利义政移居东山山庄（银阁寺）

1547年（天文十六年）足利义晴遣最后一次遣明使

附录二 索　引

A

阿育王寺　21

B

《百丈清规》　62
百丈怀海　62
北山殿　25
北山文化　1，23，31，34，39
北条长时　30
北条时赖　29，30，32，65，66
北条时宗　19，29，32
北条贞时　32，85，87
北条政子　36
《本朝高僧传》　22，60，62
别源园旨　71
《般若心经》　71

C

草庵之茶　56，57
《草余集》　71
茶禅一味　56，58
茶寄合　39，55，56，57，69，73
《禅林小歌》　39，55
禅林清规　61，62，63
《参天台五台山记》　13，57

禅兴寺　70
长乐寺　80
曹山本寂　42
成实宗　15，17
成寻　6，13，18，57
《吃茶往来》　39，55
《吃茶养生记》　57
赤松则祐　35
慈悲大师　13
慈恩大师　16
慈慧　20
楚石梵崎　72
春日造样式　49
春屋妙葩　34，76
《翠竹真如集》　89
村田珠光　58，94
嵯峨天皇　56
惣村　23

D

大安寺派　16
《大般若经》　71
大德寺　44，45，52，58，91
大佛样式　49
大和绘　61，90，91
大和猿乐座　92
大鉴派　30
《大鉴清规》　62
《大明录》　65，66
达摩　22，40，41，54，61，75
大日房能忍　22，44
《大学》　67
《大学或问》　65
《大学章句》　68
大仙院　52，91
大休正念　29，30，32，36，76

大应派　44
《大藏经》　13，71
道璿　16，17，44
道慈　16
道光　17
道元　33，41，42，44，49，54，55，79，80，88
道昭　16，44
等持寺　53
《典座教训》　55
奝然　13，18，44
町众　23
定额寺　85
东大寺　13，17，49
东福寺　50，65，66，67
《东海一沤集》　71
洞山良价　42
东山十境　52
东山文化　1，23，31
东山御物　24，58
东阳得辉　66
斗茶　39，56
《渡宋记》　13

F

法光寺殿（时宗）　30
法济大师　13
法华宗　79
法然（源空）　79
法相宗　17
梵释寺　56
《风姿花传》　93
《佛光国师语录》　28，30
佛光派　30
《佛祖统记》　76

G

高仓天皇　82
高峰显日　45，54
供养钱　13
《古今集》　35
《古来风体抄》　94
谷时中　68
古林清茂　76，88
观阿弥　92
光明子　59
桂庵玄树　67
龟山上皇　32，87
国风文化　11，12，17，18

H

海南学派　67
《和歌九品》　94
弘法大师　17
弘忍　41
宏智正觉　42
《花镜》　93
华严哲学　82
华严宗　15，16，82
后醍醐天皇　32，33，53
后鸟羽天皇　82
后宇多上皇　87
虎关师炼　66，87
慧灌　16
慧能　41

J

季弘大叔　67
吉良宣京　68
吉藏法师　16

寂室元光　60
寂昭　13，18
嘉祥大师　16
建长寺　29，33，36，45，50，67，70，85
兼好法师　35
菅原道真　12
建仁寺　36，49，52
鉴真和尚　17，21
戒觉　13
解脱上人贞庆　82
《景德传灯录》　76
金春禅竹　93
金阁寺　31，38，50，53
净土教思想　20
净土真宗　20
净土宗　20
镜堂觉圆　36
净智寺　70
《九位次第》　93
《君台观左右帐记》　24，58
俱舍宗　15，17
觉阿　44
绝海中津　34
觉盛　81
俊芿　49，65，72，82

K

勘合贸易　30
可翁宗然　60
《空华集》　74，88
枯山水　23，52，53，90，91，92
快元　68
宽正大饥馑　24
窥基　16
奎唐　66

L

兰溪道隆　29，32，36，45，54，59，62
临川寺　53
灵山道隐　32
了庵清欲　59
《六轮一露之记》　93
流造样式　49
龙安寺　52，91
龙山德见　88
《论语精义》　65

M

马祖道一　41，42
梦窗疏石　30，31，33，34，45，52，53，54，87
《孟子》　67，95
妙心寺　44
《岷峨集》　71
民族佛教　83
明极楚俊　30，32，37
明惠上人高辨　82
慕化怀德大师　13
摩诃迦叶　40
默照禅　42

N

南都六宗　15，17
南禅寺　38
南村梅轩　68
南浦绍明　45
《南游东归集》　71
南岳禅师　18
南岳怀让　41
能阿弥　24，58，73
能乐　92

能乐理论　92

P

平安二宗　15，17
平重衡　49
平重盛　21
《破墨山水》　61
普茶料理　55
普一国师志玉　93
普照　21

Q

歧阳方秀　67
祈愿所　29
千利休　56
遣唐使　7，11，16，19，44
寝殿造样式　39，49，51
亲鸾　79
青原行思　41
清拙正澄　30，32，37，52，62，63
泉涌寺　49
《泉涌寺不可弃法师传》　72

R

日莲上人　79
日莲宗　79
荣睿　21
荣西　21，33，36，42，49，56，57，58，59，69，70，79，80
如拙　61

S

萨南学派　67
三教融合　64，85

三论宗　17
《三议一统》　63
善导　79
上杉宪实　68
《上醍醐类集》　70
审祥　16
神秀　41
圣德太子　19
圣福寺　70
圣武天皇　59
世阿弥　92，93，94
室町殿　25
《室町殿行幸御饰记》　25，73
《诗集传》　67
释迦牟尼　40
市井文化　78
师蛮　62
释园荣朝　33，80
石头希迁　41
石溪心月　29
时宗　30，79，80，81
寿福寺　70
顺德天皇　82
《四书集注》　67
书院样式　50
斯波义将　38
宋明理学　64
苏我马子　19

T

《唐大和上东征传》　21
唐决　20
唐式版　76
唐式茶会　39
唐物　23，24，25，35，58，73
唐物趣味　24，56

唐样式　49，50，51，69
《太平记》　39
太阳警玄　42
昙照　82
桃溪　54
藤原道家　50
藤原公任　94
藤原俊成　94
天龙寺　22，45，50，53
天龙寺船　33，34，53
天龙寺十境　52
《天龙寺造营记录》　34
天宁寺　72
天平样式　49
天台宗　15，17，20，56，82
天童如净　42
天隐龙泽　89
天竺样式　49，50，69
同朋众　24，58
土岐赖贞（存孝）　35
《徒然草》　35
退耕行勇　33，80

W

瓦屋能光　44
《王年代纪》　13，18
《往生要集》　19
王羲之　59
苇航　54
文殊菩萨　43
兀庵普宁　29，30，32
无本觉心　32，80
无及　54
《吾妻镜》　21，30
五山版　84
五山十刹　30，31，34，53，83，84，86

五山文化　83，84，86，87
五山文学　6，7，31，63，71，84
无学祖元　28，29，30，32，36，45，54，59，76
无隐元晦　62
《戊子入明记》　33
无准师范　50，66

X

细川赖之　38
西芳寺　53
希颢周颀　67
西涧子云　36
希叟绍昙　29
《显戒论》　80
仙游寺　82
相阿弥　24，58
相国寺　34
《小河御所并东山殿御饰图》　25
《孝经》　67
"小笠原流"礼法　61，62
小笠原贞宗　62
《兴禅护国论》　80
兴圣禅寺　49
《续本朝通鉴》　33
虚堂智遇　45，59
雪村友梅　38，71，87
雪舟等扬　61
玄昉　16
玄奘三藏　16

Y

一遍上人　79
义空　44
《一切经》　71
一山一宁　32，36，54，66，87

义堂周信　34，71，72，74，87，88
一条兼良　93
一休宗纯　58，93
《延宝传灯录》　22
应灯关派　45
因明学　20
《因明论疏四相违略注释》　20
《因明义断纂要注释》　20
银阁寺　31，50，51，53
《荫凉轩日记》　33
隐元　55
应仁之乱　24
莹山绍瑾　42，80
《御物御画目录》　24，58
愚中周及　71
圆尔辨圆　32，41，44，50，65，66
《元亨释书》　66，76
《元可法师集》　35
园觉寺　29，68，70
源赖加　36
圆仁　14，44
圆通大师　13
《源氏物语》　35
源实朝　21
源信　19，20
圆悟克勤　58
云章一庆　67

Z

《诏谋抄》　71
《枕草子》　35
真言宗　15，17
《郑氏注孝经》　18
郑玄　18
《正法眼藏》　88
智凤　16

智鸾　16

智通　16

《职员令》　13

智周　16

中峰明本　60

宗峰妙超　44

仲回　13

《中庸章句》　65

重源　21，49，69

中原亲秀　53

中岩圆月　66，67，71，88

粥饭法　54

周文　61

《周易》　66

竹庵怀渭　88

朱熹　64

竺仙梵仙　75，88

宗泐全室　88

宗渊　61

最澄　17，44，57

最明寺　30

足利义持　30，38

足利义教　75

足利义满　24，25，30，31，34，38，53，58，92

足利义晴　30

足利义政　24，31，33，51，53

足利学校　67，68

足利直义　32，33，38

足利尊氏　30，31，32，33，53

附录三　中日文化关系史上不容忽视的一页
——谈儒、佛思想在日本神道发展过程中所起的作用

内容提要：本文把焦点集中放在中国文化中的儒、佛思想传入日本之后，对日本神道的发展产生的影响和所起的作用方面进行分析、论述，指出：日本神道的发展，在许多关键性阶段都直接或间接地受到传自中国大陆的儒、佛思想的刺激和影响。其与中国古代文化之间千丝万缕的联系绝不应忽视。

关键词：神道；儒、佛思想；渗透和影响

尽管"徐福带领三千童男童女东渡日本"的故事仍然只是个缺乏史料佐证的古老传说，但中国的文献典籍早在3世纪的时候已传入日本列岛[1]，这一点似乎已不容置疑。伴随着古代文献典籍的东传，中国文化中的儒佛道思想随之传入日本，在顺应日本特有的风土人情、固有的文化特性的过程中扎下根来，并获得有别于在中国本土的独特发展，同时又波及、影响日本文化的方方面面，这在中日文化关系、中日文化交流史研究界里已成共识。

有关中国文化中儒佛道思想对日本文化的渗透和影响，或者说日本文化与中国文化在交流过程中的相互影响方面的问题，权威性论著甚丰，本文虽无意赘述，但窃以为有必要指出：关于日本神道在世界观上、在神观念上、在对神以及祖灵的看法和认识上受到来自中国的古代文化的渗透和影响这一点，尽管有人出于某种原因极力加以否认，但仍然不乏尊重历史、客观看待历史的有识学者注意到并提出了相当有见地的观点[2]。实际上，我们在考察日本神道的世界观、神观念以及祭祀活动的内容、含义时不难得知：大至认为宇宙间有高天原、中之国、黄泉三个世界的朴素的世界观，认为祖灵就住在"现世"里离子孙们不远的某处这样一种不同于佛教的"祖灵意识"（如认为大凡举行祭祀活

动祖灵们都会光顾，因而各种祭祀活动始终都贯穿着强烈的对"祖灵"迎来送往的意识），小至认为可以通过称为"大祓"的某些仪式和活动（如斋戒沐浴或如中国民间中以某种植物、草药煮水沐身等）来祓除妖魔、污秽的朴素的罪恶观（这种罪恶观无疑是以认为人的本性乃清净而善良的"性善观"为前提的），显然都与来自中国大陆的儒佛道思想分不开。本文意在首先强调日本神道在最根本的世界观、神观念以及对祖灵的看法上受到中国古代文化的渗透和影响这一点不容否认的大前提下，把焦点集中放在中国文化中的儒佛思想上，拟仅就其在传入日本之后，对日本神道由"觉醒"逐步发展成为既有传统又有理论体系、可以在世界文化史上堂而皇之地占一席之地的宗教这一过程中所带来的影响、所产生的作用谈谈自己的粗浅看法。

一

纵观人类社会发展的历史，我们不难得知：无论是哪个国家、哪个民族，都无一例外地拥有自己的宗教信仰。宗教是人类社会的精神产物，自有人类产生以来，她便应运而生。她源于人类，反映着人们的所思、所想。就某个国家、某个民族而言，她是该民族的精神世界和思想的最朴素的反映。

神道是日本民族固有的、最典型的、最传统的精神产物。因此，她在日本文化史上的重要地位不言而喻。直至今日，神道在日本人的生活当中仍然无所不在，从每年定例的各种祭祀活动（如旧历二月的"祈年祭"、七月的"祖灵祭"、秋季的"新尝祭"等），到冠婚葬祭等人在一生中经历到的各种礼仪，都无一不与神道有着密切的渊源。

日本神道的形成和发展，尽管较难明确地从时间上加以划分，但仍然可以根据其在不同时期呈现出来的不同特点和倾向，从以下几个阶段加以把握：①作为原始社会里的民族宗教的原始神道阶段；②随着古代国家的形成而以天皇家的宫中祭祀作为统一的国家祭祀仪礼，并带有"神佛融合"倾向的皇室神道阶段；③以"神儒融合"为主要特征的近世神道阶段；④国家神道、教派神道阶段。

而我们在考察中国古代文化对日本神道的形成和发展所带来的影响、所产生的作用时，可以从以下几个方面加以概括：①儒佛文化的传入促使日本神道的"觉醒"和形成（尽管在"神道"这一称谓出现之前有其固有的原始民族宗

教）；②启发了日本神道积极谋求自身的理论体系化的"意识"；③客观上"庇护"和"扶持"了日本神道的发展；④使日本神道通过对教义、教理的参考、借鉴完成了自身的理论和学说的建设。

我们知道，伴随着人类的产生，人类社会的发展，同时在世界的每个角落自然而然地产生出诸如天然崇拜、咒物崇拜、精灵崇拜和图腾崇拜等各种各样的原始宗教现象来。其中有些由于顺应了人类社会的发展，尽管随着人类社会的变迁而经历了各种盛衰兴亡，但最终仍得以发展，成为至今仍保持着顽强生命力的宗教。但其中也不乏一些由于难以顺应人类社会的发展而陷于衰亡，最终被淘汰出人类社会。

应该说，由于受到来自中国大陆的儒佛思想的启发和影响，日本人得以强烈地意识到自己民族自古沿袭下来的原始宗教（原始神道）作为一种宗教信仰所存在的意义以及存在的价值，从而有了积极顺应社会发展以谋求生存、谋求发展的意识，最终有幸避免了消亡于人类社会的厄运。

那么，原始的日本古神道是怎样的呢？跟其他民族一样，古代日本人对自然界里的一些怪异现象先是感到惊恐、害怕，继而产生敬畏之心，认为那是一种超乎人类的、不可思议的神秘力量所使然，既是人们所不能理解的，也是人们所不可抗拒的东西。于是，人们意识到有神灵的存在，把所有怪异的难解的神秘现象都尊之为神。例如：形状怪异的古树、样子骇人的奇山怪石等等。由于当时的人们对自然界里的许多神秘现象都无法理解，为求除灾招福、避难保安，人们只好进行各种各样的祭拜、供奉活动，于是，与其他民族的原始宗教一样，在宗教观念的内容方面包括万物有灵、自然崇拜、祖灵崇拜，在祭祀仪礼方面主要以农耕仪礼为中心的原始的日本古神道就产生了。

关于原始的日本古神道的基本形态和内容，我们既可以从《魏志倭人传》得以了解，也可以从《古事记》、《日本书纪》、《风土记》、《古语拾遗》等文献中得以窥出。另外，在祭祀场所、祭祀内容方面，也不乏出土的文物、遗迹加以佐证，在此无意赘述。

对于一些原始的宗教活动、宗教现象认为是天经地义的，是日常生活中一个本来就有的、祖先留传下来的内容，而没有明确意识到这是一种信仰、一种思想、一种精神生活的基础，这大概是所有的民族在原始的宗教信仰产生的初期在认识上的一个共同点吧。日本也不例外，儒佛思想之从中国大陆传来，使

日本人意识到：自己本民族从祖先那儿沿袭下来的许多想法、做法、风俗习惯，也是一种独有的宗教信仰、一种思想，是一种不同于来自中国大陆的、自己民族固有的宗教。换句话来说，日本神道的自我存在意识的"觉醒"实际上是得启发于中国大陆传来的以儒、佛、道、阴阳道为主的外来文化，是大陆传入的外来宗教"催醒"了日本神道。这种自我存在意识的觉醒，对于神道的发展显然具有不容忽视的历史意义。

由于这种自我存在意识的觉醒，人们对自己的民族，对自己固有的文化增强了自信心。这给以后人们设法重新"刨根溯源"、设法从理论根据上对神道加以解释、谋求神道的进一步发展打下了坚实的基础。

二

与其他民族的宗教信仰一样，日本民族固有的神道也经历了由原始阶段的古神道逐步发展成为有理论而成体系的、在日本国民生活中占有重要地位的主要精神基础这一历史发展过程。我们在考察日本神道的形成和发展过程时不难得知：至奈良时期前后，神佛融合的思想逐渐形成。后来发展至平安时代末期，出现了"本地垂迹论"。再后来，发展至镰仓时代，兴起了以"本地垂迹论"为基础的所谓"中世神道学说"。意味深长的是：日本固有的神道不仅在其根本观念上或多或少地受到了道家学说、阴阳学说等中国古代的哲学观、宗教思想的渗透和影响[3]，自我存在意识的"觉醒"得启发于中国大陆传来的以儒、佛、道、阴阳道为主的外来文化。可以说，在萌生出谋求自身的理论体系化的"强烈意识"方面也应视为受刺激、得启发于大陆传入的外来宗教。

从中国大陆传来的儒佛二教[4]，要么有完整而自成体系的经典和明确的教理、教义（佛教），要么有一整套涉及面广泛的理论体系和系统学说（儒教），自"登上"日本这一岛国之日起，就示人以堂堂的"大家风范"，带有一种正统而庄严的威慑力，令日本神道相形见拙。这一点对于日本神道无疑是一个很大的刺激。

首先，为了有别于外来的儒佛文化，大有必要把本国土生土长的、本民族一直赖以作为精神基础的信仰、思想，在称谓上，乃至意识上明确区分开来。于是，"神道"这一称谓便应运而生了，神道作为一种独特的民族文化在人类社会历史上正式"登台"了。

在《日本书纪》的"用明纪"部分，有"天皇信佛法，尊神道"的记述。另外，在"孝德纪"部分，也有"天皇尊佛法而轻神道"[5]一类的字眼，假"神道"一词以区别于外来的佛教，用意相当明显。

在此之前，神道拥有的仅仅是《古事记》、《日本书纪》和《风土记》等古典神话传说，而没有任何像样的理论体系和思想学说。当然，这种古代神话传说乃是古时候人们思想的反映、信念的表象，是一种民族精神的源流。从这个意义上来说，古代神话传说无疑是很有意义的。但与拥有完整的教理、教义和系统学说的儒佛二教相比起来，这显然是不可同日而语的。于是，人们想到了应该也给神道以理论上的解释，以便赋予神道更坚强有力的理论根据。

日本宗教学者村上重良就曾指出："在六世纪中叶，佛教、儒教、阴阳道自大陆传来，在古代国家的统治阶层当中，尽管仍长期存在着对蕃神的排斥和抵触，但在这些高度发达的外来宗教的直接影响下，神道终于步入了观念和仪礼日趋完备和体系化的阶段。"[6]

可以说，中世时代勃兴的两部神道、山王神道、法华神道以及修验道，无一不是基于"本地垂迹论"，以佛教的教理和观念来解释神道的学说，故有"神佛融合之神道"之称。正如日本学者岸本芳雄曾经指出[7]的那样，就连基于反"本地垂迹论"立场的伊势神道、吉田神道，尽管其有意强调"排佛"，但仍然难免在许多地方流露出与儒、佛、道融合为一的倾向。尤其是到了室町、江户时代，被称为"学派神道"的各种神道学说竟相出世。这些所谓的"近世神道学说"，无论是被称为"神儒融合之神道"的吉川神道、度会神道、垂加神道，还是由国学者们倡导的复古神道，或受到儒家思想的影响和刺激，或得到儒教理念的启迪，最终理论体系渐成而问世，在中日文化关系史上向人们展示了不容忽视的一页。

另外，正如人所共知的那样，原始的日本古神道，原本是没有神体的，后来发展至供奉铜镜为神体之后，仍然在相当长的一段时间里没有以人的造型出现的"神"。直至进入平安时代以后，才开始出现神像的雕刻、绘画。这难道不是受传入日本的佛教的影响和启发，模仿佛像造"神像"的结果吗？

三

日本神道自古以来有其独特的祭祀活动和礼仪。既有专门在神社举行的神

社祭祀，也有专在特定的时候（如正月、节分等）在民间举行的民间祭祀和在各个家庭里对着神棚祭拜的所谓家庭祭祀。这种特有的祭祀礼仪和风俗习惯乃源自其民族本身，从其思想意识到其祭祀方法、内容均可视为日本民族的精神生活和思想的最朴素的反映。

然而，对自己民族这种自古沿袭下来的风俗习惯从理论依据上去进行重新解释，对其文化价值加以重新认识，并进而使之理论化、体系化，这应该是在受到儒佛思想的启发之后，在直接或间接地借鉴、参考了儒佛的有关教理、教义等理论的基础上得以实现。

面对着除了古典文献中记叙的神话传说和一些自古沿袭而来的祭祀风俗之外别无任何理论依据可循的古神道，如何才能使之成为有根有据的宗教体系呢？参考和借鉴具有强大影响力的佛教教理无疑是一条捷径。于是，出现了借佛来解释神的"本地垂迹论"，到了中世的镰仓时代，更是兴起了以"本地垂迹论"为基础的各种神道学说。

前文曾提及，中世兴起的各类神道学说，有的是借助佛教教理来解释神道诸种现象，以佛教教理为基础发展起来的（如以真言宗教理为基础的两部神道学说和以天台宗教理为基础的山王神道学说）。有的则是一些神儒佛三教精通的德学兼备之士在融会贯通了三教精华部分的基础上对神道精神做出新的解释的（如伊势神道的有力鼓吹者之一的北畠亲房的学说）。有的尽管极力宣扬"神本佛迹，神主佛从"思想，认为先有神、后有佛，佛乃神之化身等等，但依然摆脱不了佛的影响（如吉田神道及其一系列宣扬所谓吉田神道教理的学说）。到了近世，出现了以藤原惺窝及其弟子林罗山为首的"神儒一致论"，认为神道即"佛道"，不过异名同物而已。再往后期，更是出现了"神主儒从论"，认为孔孟之道实际上是神道的注脚，儒教经书即是日本神道之经典等等。

神道所主张的道德伦理思想，可以说大多也是在佛教思想的启发下形成。

回溯日本思想史不难得知：到了江户时代，日本的知识社会在思想上有一个显著的变化，出现了背离佛教而转趋儒教的倾向。同样地，这一时期出现的各类神道学说也几乎无一例外地染上了浓厚的儒教色彩。当然，这与该时期的神道学说的鼓吹者大多为精通朱子学的儒者不无关系。主张"神儒一致论"，并创立了垂加神道的山崎垂加，还有上面曾提到的同样鼓吹"神儒一致"，将

神道佛教化的林罗山，以及同样主张"神儒一致"，认为儒家道德学说非常符合神道的理念，可直接为神道所用的度会延佳等，都既是神道家，又是精通朱子学的儒学者。

江户时代产生的各类神道学说，基本上都呈现出比过去更加注重道德伦理的倾向，这显然是儒家思想渗透和影响了日本神道的一个最好例证。有日本学者认为：此乃"神道的儒教化"[8]。

儒教有知、仁、勇"三德"和"五伦"、"五常"，佛教也有"五戒"、"十戒"、"十善"、"八正道"等教理，而神道除神话传说之外，并无类似的教理。到了中世以后，许多神道者们在参透了儒佛思想的基础上，提出了以"明净正直之诚心"为基础的神道伦理思想，从而使日本神道又获得了理论上一个小"飞跃"。

由此可见，中国传来的儒佛思想的影响和渗透对神道学说的兴起、神道理论的发展所起的作用不容低估。日本神道的理论体系、理论学说的产生和发展，在很大程度上得助于儒佛二教的教义、教理。

四

尽管有人认为敬神崇祖观念乃是日本民族传统的、固有的观念，与外来文化无任何关联，但笔者认为：正如前面提到过的那样，神道由原始阶段那种因敬畏怪异物而奉之为神，并通过祭祀以慰神灵、祈求平安的古神道，发展至明确意识到有造化神和祖先神的存在、明确提倡敬神崇祖以祭祀皇室祖先神为中心的神道，仍然应视为受了儒家的崇古重史思想的影响所致。可以说，江户时代兴起的"排儒佛、倡复古"的复古神道，其实也与儒教思想的影响分不开。

复古神道的倡导者平田笃胤，实际上是不满中世以来古学派过分偏重于从儒教、佛教的角度阐释古典，以至造成许多牵强附会的解释而立志奋起抗争，提倡以复古、崇古的热情和治学态度去追求蕴藏于古典当中的真正精神。而且，他在后来为复古神道创建理论体系时仍然吸收和借鉴了儒佛思想的许多观念。

在神道的发展过程中，"本地垂迹论"的产生、日本固有神祇的菩萨号的出现以及其他一些认为神乃佛之化身等一系列论调的出现，难道不应视为借助佛教在人们心目中的威信来普及、推广神道之举吗？当然这种文化的相互渗透其实是相辅相成的，佛教正是通过这种方法变得更易于为日本人所接受。但同

时也应注意到：佛教作为传自中国大陆的正统宗教，不仅有系统的教理、教义、教规，还有完整而具体的修行悟道方法，在人们心目中的威信和影响力显然是神道所望尘莫及的。因此，我们完全有理由认为：上述思想、论调的出现，无论其初衷如何，客观上是借助了佛教的威信和影响力。

同样，儒家思想在传入日本之后，由于其涉及的内容广泛，下至修身养性、上至治国安邦，其影响不仅波及上层统治阶级，更深深渗透至普通民众的道德基准、生活规范当中，影响面之广不言而喻。而神道里诸如"氏神祭"一类的民间祭祀活动与一般的宗教仪式不同，具有广泛的贫民性，有赖于贫民大众的理解、支持。由朱子学者林罗山提出的"神儒一致论"的出现，不正是借助这种广泛的群众基础以求神道自身发展的具体体现吗？

儒教还有一套治国安邦的理论，主张上下井然、君臣分明，在其道德观念的影响下，人们早已将对上层权威的无条件服从视为天经地义。日本神道后来发展为国家神道，在日本天皇体制的建立方面起到了不可忽视的作用。这一点也是与儒教的影响分不开的。

纵观人类社会发展的历史，不同的宗教之间相互排斥、争得你死我活的现象不乏其数。然而，值得一提的是：儒佛二教对日本神道始终是宽容的、好意的、合作的。在日本文化史上，曾经有过神道排儒、斥佛的思潮，而何曾有过儒佛排神的历史？这一点，难道不是儒佛二教对日本神道发展的最大"庇护"吗？

综上所述，我们不难得出以下结论：日本神道在长期的发展过程中，从一开始的原始古神道慢慢起步，到后来"羽毛渐丰"，公然标榜日本自古乃神国、"神之道乃世间之真道"（引自本居宣长《玉胜间》，笔者译），在许多关键性阶段都直接或间接受到中国大陆传来的儒佛思想的刺激和影响，受到不同程度的启发和促进。换句话说，日本神道的发展，与中国古代文化的渗透和影响是分不开的。其与中国古代文化之间的千丝万缕的联系绝不应忽视，更不应否认。

中国文化对日本文化影响之大，渗透程度之深，中日文化交流的历史之源远流长，由此可见一斑。

注　释

[1] 参见严绍璗：《日本中国学史》，江西人民出版社1991年版。
[2] 其中以福永光司『道教と日本文化』（人文書院、1982）最具有代表性。

[3] 详细请参阅韦立新「日本神道と中国の古代文化との関連性について」、『神户女学院大学论集』第43卷第2号所收、神户女学院大学研究所、1996年12月。

[4] 因对早期传入日本的儒家思想，儒家学说是否应称为儒教这一点尚存争议，本文在此所称"儒、佛二教"是广义的泛指。其中的"儒教"可理解为儒家学说和后期的"儒教"。以下同。

[5] 转引自村上重良『国家神道』、岩波新書、1970、31-32頁。

[6] 村上重良『国家神道』、岩波新書、1970、31頁。

[7] 参见岸本芳雄『神道入門——神道とそのあゆみ』、建帛社、1972、33頁。

[8] 津田左右吉『シナ思想と日本』、岩波新書、1974、61頁。

参考文献

家永三郎『日本文化史』、岩波新書、1959。

石田一郎『カミと日本文化』、ペリカン社、1983。

岸本芳雄『神道入門——神道とそのあゆみ』、建帛社、1972。

高取正男『神道の成立』、平凡社、1993。

福永光司『道教と日本文化』、人文書院、1982。

宇野精一『儒教思想』、講談社文庫、1984。

真弓常忠『神道の世界——神社と祭り——』、朱鷺書房、1984。

梅田義彦『神道の思想（一）』、雄山閣、1974。

（原载《日本学刊》2002年第3期）

附录四　中国儒教文化与日本近世思想的形成

内容提要：本文通过对日本近世思想史上较有代表性的思想体系的特征及其形成进行考察，并将其核心内容与儒教的核心思想进行比较分析，指出中国的儒教文化实际上给整个日本的近世思想都打上了难以磨灭的"烙印"。

关键词：儒教核心思想；日本近世思想；中日文化关系

在漫长的历史长河中，中国和日本之间有过频繁而密切的文化交流，两国文化间存在着千丝万缕的联系，中国古代文献典籍流入日本并广泛传播，中国文化在各种层面上以各种不同的方式影响、渗透于日本文化之方方面面，这些都已为相关的研究界大量的研究成果所证实。

然而，应当指出的是：在参考先行研究的基础上，循其考据而来的既有线索对中日文化关系做深入考察研究时发现，对中日文化关系方面的研究，尤其是具体到中国文化的某个方面对日本文化的某个层面有无影响和渗透、关联程度如何等方面的研究，仍然有不少值得提起并应当受到更多关注的课题。

中国的儒教文化与日本的近世思想之间的关系，就有必要对两者间关联的程度作进一步的探讨。

一

众所周知，我们常说的儒教文化、儒家思想，既可以指非常具体的，对人们在道德修养方面乃至日常生活中的细节琐事、言行举止加以规范的先秦原始儒学，也可以包含从形而上学理论上把儒家思想"升华"了的宋明理学。但无论是先秦原始儒学，还是后来的宋明理学，其在核心内容上应该说是一

脉相承的。

可以说，"诚"、"信"、"仁"、"义"、"礼"、"德"，始终是儒家思想所强调的核心思想内容。就以《论语》中的语句为例吧，信手拈来，皆可为证。

（强调"道德"、"礼"）

子曰："为政以德，譬如北辰，居其所而众星共之。"（《论语·为政》）

子曰："道之以政，齐之以刑，民免而无耻；道之以德，齐之以礼，有耻且格。"（《论语·为政》）

子曰："君子博学于文，约之以礼，亦可以弗畔矣夫。"（《论语·雍也》）

（强调"道义"、"仁"）

子曰："不义而富且贵，于我如浮云。"（《论语·述而》）

子曰："君子喻于义，小人喻于利。"（《论语·里仁》）

（强调"信"）

子曰："言忠信，行笃敬，虽蛮貊之邦，行矣；言不忠信，行不笃敬，行乎哉？"（《论语·卫灵公》）

子曰："君子义以为质，礼以行之，孙以出之，信以成之，君子哉。"（《论语·卫灵公》）

（强调"礼"、"乐"）

子曰："兴于诗，立于礼，成于乐。"（《论语·泰伯》）

尤其是"仁"，乃是孔子最为重视的思想范畴。据统计，在《论语》一书中，光"仁"字就出现了109次[1]。重"诚"、"德"，尚"仁"、"义"，强调"内圣外王"的圣贤修养模式，强调"伦理中心，政治至上，内圣外王，仁义礼治"。后来的孟子发展了孔子之仁，提出"仁政学说"，荀子继承并改造了孔子关于"礼"的思想，发展了"礼治学说"。儒家思想发展至宋明理学，尽管在形而上学理论方面得到了"升华"和阐发，有了不少不同于先秦原始儒学的解释，但可以说，儒家学说虽几经改变形态，其"一脉相承"的核心思想始终是不变的。

以"四书"之一、被视为儒教思想精华的《大学》为例，经过后来以朱子为首的儒学家们在形而上学理论方面的阐发和衍义，在内容上以"明明德、新民、止至善"为三纲，以"格物、致知、诚义、正心、修身、齐家、治国、平

天下"为"八事"的儒教入门书问世了。

在中国，相继出现了《大学衍义》（南宋真德秀撰）、《大学疏义》（元金履详撰）、《大学衍义补》（明邱睿撰）、《大学翼真》（清胡渭撰）等著作，或主张以格物、致知、诚义、正心、修身为体，以齐家、治国、平天下为用；或重新将上述内容分为纲设目加以阐发；或广搜诸书以补齐所缺，或旁征经史以修正谬误。

在日本，也有不少思想家们各自根据自己的所学，根据自己的参悟和理解，或以批朱子、崇阳明为出发点，确立自己的思想体系；或继承宋明理学之要义，再依时局国情之需做适当修正和补充而创立自己的流派。但依笔者所见，各门学派虽各有千秋，却大多与传自中国的儒家之核心思想有"不解之缘"，正所谓"万变不离其宗"。

二

我们不妨聚焦于日本的近世思想史，观其较有代表性的思想体系之形成与发展，以考察其与中国儒家文化之间的关联程度。

首先值得一提的，是战国武将的政治思想。关于这方面的研究，比较引人注目的有坂田吉雄和和辻哲郎。坂田氏主要把研究的着眼点放在武士社会的主从关系的演变上，而和辻哲郎则着重以战乱期间在战国武将们当中形成的独自的道义观为课题进行考察。此外，还有藤直干氏的研究认为：战国武将作为维护自己的支配地位的一个手段，有欲在观念上把儒教的政治思想贯彻到实践中去的倾向[2]。至此，尽管日本的学者没有明确地认定战国武将们的思想受到了儒教思想的影响，而只是承认他们显示出了"对儒教抱有相当的兴趣和关注"，认为儒教在武士们的精神上起到强烈的指导作用是在德川幕府进入其安定期之后的事[3]。但依笔者看，从"弑君追亲、兄弟残杀"的"下克上"的战国时代，发展到欲通过道义上的"人格自我完善"来树立威信以服人的思想在武将们当中产生，这一变化显然应视为受到了儒教思想的强烈冲击和影响。

其次，让我们来看看日本近世思想史上的"町人道"（或称町人精神、町人意识）。

一般认为，在江户时期，融合了神、儒、佛，而将其教旨用通俗易懂的语言来向普通庶民进行教育的、以石田梅岩为开祖的"石门心学"，由于其强调

尊重人的自然性情，而不崇尚宋学那过于注重道德、过于强调"理"的世界观，顺应了当时町人阶级的实际需要，培植了以勤勉、俭约、正直为主的町人精神和意识。关于"町人意识"的内容，我们可以从石田梅岩所著《俭约齐家论》中得以窥出，在此略过。

那么，对町人们的修养、学问上产生过重大影响的都有哪些精神食粮呢？

有日本学者研究认为，在町人意识的形成方面产生过影响的，既有"《千代本草》（藤原惺窝）、《春鉴抄》（林罗山）之类的从新的朱子学立场来解说性理、伦理的书籍，同时又有诸如《清水物语》（朝山意林庵）、《二人比丘尼》（铃木正山）一类的、假托故事以阐发念佛、禅的立场观点的书"[4]。也就是说，在町人的世界观、人生观的形成方面，当时那种"儒佛一致"的理念和教学起到了不容低估的促进作用。

在考察日本近世思想史时不难得知，德川时代的前半期的儒学，主要以朱子学为中心，同时阳明学、古学也各自获得了发展，确立了相应的地位。随着儒教的普及，儒家文化的核心思想不断深入人心，"折衷学派"、"考证学派"、"徂徕考证学派"等各门学派竞相形成。到了幕末时期，在思想界里还兴起了洋学、国学等。在考察研究了后来兴起的各种思想体系的形成和发展之后，连日本学者也都认为：儒学似乎已经"成为了跨入洋学、国学、经世学之门而应具备之基本素养"[5]。也就是说，传自中国的儒家思想，实际上并不仅仅是影响并促成了日本近世儒学思想的形成和发展，同时还直接或间接地"催生"、"派生"了有别于"儒学思想"或反儒学而立的其他思想体系和流派。

三

我们从日本近世思想史上几位有代表性的思想家的思想形成上，亦不难看到被视为儒教思想精华的《大学》留下的"烙印"。

先来看看江户时期的阳明学家、日本阳明学派的始祖、被誉为"近江圣人"的中江藤树。

在思想上，中江藤树一开始是倾向于朱子学的，后来对王阳明的"良知"产生共鸣，主张起"爱敬"、"孝敬"来。

在考察中江藤树思想的形成时可以看出，《大学》所起的作用是不容忽视的。根据《川田氏本年谱》记载，他11岁时就开始接触《大学》，为其宣扬

的"圣人之道"所吸引。到了青年时期更是沉迷于对朱子学的探究,孜孜不倦地反复研读。经过多年的研读、追求和苦苦思索之后,对《大学》有了自己的理解和认识,并著述了《大学考》、《大学蒙注》和《大学解》,从而形成了自己的以对《大学》的理解和认识为基础的思想体系。关于其思想的实质和特征,有学者通过考察其在三本著述中对《大学》所强调的"三纲领"、"八条目"的理解和解释进行了详细的论述。[6]

另一位以兵学家、近世古学的开祖而闻名的山鹿素行,其思想体系的形成和确立,同样与《大学》有"不解之缘"。

应该说,山鹿素行是在批判朱子学、阳明学的基础上确立自己的"圣学"体系的。而他对朱子学的批判,源于其对朱子学的错误、牵强的理解。他认为朱子学理论过于强调自己的主观判断、过于绝对化,而在实践方面又忽略客观、过于强调内在。但实际上,朱子学所主张的"理"既强调外在的、客观的"定理"的存在,同时又强调内在于人心的"性",具有二重性。山鹿素行未能完全理解朱子学的这种二重性,而简单地将其一元化,从而导致从根本上对朱子学的误解,将其视为"异端"。

在对《大学》的注释方面,正如山鹿素行自己所述,"训诂字解从朱子之章句,至于注释圣学之大义,则悉与程朱相抵牾"(《句读》)[7]。采用的是"训诂"依照朱子之说,而解释含义及阐述见解时则赋予其不同的内容、贯入自己的思想的方式,提出了另一套有别于朱子、王阳明所主张的"格物"论来,确立了自己的"圣学"思想体系。

再看"古义学派"的创始人伊藤仁斋,他与《大学》之"缘"又如何呢?

伊藤仁斋乃京都町人,一开始也是读朱子并为之倾倒,但后来却一改立场反朱子学而另立体系。他于宽文三年(1663),创私塾古义堂,著《论语古义》、《中庸发挥》,并弃朱子对儒教古典的注解不用而直接研读古典文本,斥《大学》为伪书而尊《论语》为"宇宙第一最上至极书"。但有意思的是,他否定《大学》的经典性,却又留下了一本为《大学》作注释的《大学定本》,足见其对《大学》的研读并未有懈怠。在《大学定本》里,伊藤仁斋不仅对"修己、治人"论提出了与朱子不同的见解,对许多诸如"格物""明德""诚义"等关键语句的解释都表明了自己独特的理解。关于这一点,有日本学者若尾政希进行过详细的考据、论述。[8]

此外，"古文辞学派"的荻生徂徕，山崎暗斋及"崎门学派"，"怀德堂学派"的五井蓝州、中井履轩，"折衷学派"的井上金峨，还有著名的大盐中斋、佐藤一斋、古贺精里等，或对《大学章句》、《大学或问》作忠实的解释，或就其所强调的核心内容、关键语句作不同注解，或反而批之而另倡新解。但正如前面曾指出的那样，虽然各呈不同之倾向，却难以割断其与儒教所倡导的核心思想之联系。

有日本学者认为，日本有许多儒学思想家已突破了中国儒学的"框架"，创立起自己的一套儒学思想体系，如武内义雄和相良亨就曾指出：在中国形成了以"敬"和"致良知"为中心的儒学，但未曾形成以"诚"为中心的儒学；以"诚"为中心的儒学乃是日本儒学伦理思想的特色，它的形成标志着日本风格的儒学的诞生。[9]但正如王家骅先生指出的那样，实际上，在中国本来就有以"诚"为中心的儒学，只不过中日两国儒学理论对"诚"这一范畴的理解有所不同而已。[10]

通过上述考察我们可以概而言之，整个日本近世思想史上的大部分思想体系的形成、构建都是以中国儒教的核心思想为出发点的；或尊朱子学为至上加以发展；或择朱子学之要义辅以阳明学之精华另创新说；或反宋明诸派而取其有用另树旗帜。传自中国的儒教思想，实际上给整个日本的近世思想都不同程度地打上了难以磨灭的"烙印"，从一个侧面印证了中日文化之间存在着千丝万缕的渊源。

注　释

[1] 刘振佳：《鲁国文化与孔子》，山东友谊书社1993年版。

[2] [日] 石田一良编：《日本思想史概论》，古川弘文馆1963年版，第155页。

[3] [日] 石田一良编：《日本思想史概论》，古川弘文馆1963年版，第128页。

[4] [日] 石田一良编：《日本思想史概论》，古川弘文馆1963年版，第197页。

[5] [日] 石田一良编：《日本思想史概论》，古川弘文馆1963年版，第183页。

[6] [日] 小田岛利江《中江藤树》，载源了圆编：《江户的儒学——〈大学〉受容的历史》，思文阁1988年版。

[7] 转引自源了圆编：《江户的儒学——〈大学〉受容的历史》，思文阁1988年版，第50页。

[8] [日] 若尾政希：《伊藤仁斋——对非经书《大学》的解释》，载源了圆编：《江

户的儒学——〈大学〉受容的历史》，思文阁 1988 年版。

[9] 转引自王家骅：《儒家思想与日本文化》，浙江人民出版社 1990 年版，第 197 页。

[10] 王家骅：《儒家思想与日本文化》，浙江人民出版社 1990 年版，第 198 页。

参考文献

王家骅：《儒家思想与日本文化》，浙江人民出版社 1990 年版。

刘振佳：《鲁国文化与孔子》，山东友谊书社 1993 年版。

[日] 相良亨：《近世的儒教思想》，塙书房 1966 年版。

《日本哲学思想全书》第十四卷，平凡社 1957 年版。

[日] 源了圆编：《江户的儒学——〈大学〉受容的历史》，思文阁 1988 年版。

[日] 石田一良编：《日本思想史概论》，古川弘文馆 1963 年版。

[日] 津田左右吉：《支那思想与日本》，岩波新书 1974 年版，第 61 页。

（原载《广东外语外贸大学学报》2002 年第 4 期）

附录五 中日悲乐文化刍议

众所周知，中日两国文化有着千丝万缕的渊源，从源远流长的文化交流史上看，尽管有过貌似断绝、分离的时期，但文化上的相互影响、渗透和交融的部分实在太多，令人难以绝然分割开来。处于这样一种特殊文化关系当中的中日两国，对苦和乐（或称悲和乐）究竟是有着相同或类似的认识和理解，抑或是分别有各自不同的感受？中日苦（悲）乐思想、悲乐文化的比较研究，的确是个颇有意义的课题。

由于思想和文化的研究，即便仅就苦乐思想、悲乐文化而言，所涉及的问题和范围也过于宽泛，以笔者目前有限的时间和能力，实在难以驾驭。故在此仅聚焦于几个侧重点来试做浅议，不敢求以一斑而窥全貌，但求能在对中日两国苦乐思想、悲乐文化的思考和认识方面提供些许参考，以期抛砖引玉。

一、"唐物趣味"与日本人的"道乐"

中日文化交流史上，有两个值得关注的重要时期：①隋唐文化流入日本的7—8世纪； ②宋元明文化流入日本的中世时期（13—15世纪）。在第一个时期，由于日本处在权力高度集中于少数统治阶级手里的状态下，故两国文化交流虽然频繁而活跃，中国文化向日本的流入似乎也汹涌澎湃，但实际上在日本影响的范围却相对比较有限，基本上局限于宫廷贵族文化以及尚未普及开来的佛教文化层面上。到了宋元时期，随着日本新兴武士阶级的崛起，掌握了政治权力和经济实力的幕府统治阶级出于自身文化上的需求，积极引入中国禅宗文化并给予强有力的庇护和扶持，其结果不仅使日本禅宗得以迅猛发展壮大，客观上还推动了日本文化对伴随着禅宗传入的中国宋元士大夫文化的吸收。[1]
在这期间，尽管曾有过一段随着"国风文化"的逐渐兴盛，日本废除遣唐使，

断绝与中国的往来交流的时期，但在多数日本人心目中，中国文化依然俨如屹立不倒的"精神高峰"，始终难以逾越，以至在中日文化交流史上演绎出不少饶有兴趣的"故事"来。

其中，与本研究有着密切关系，值得引起我们关注的，那就是日本上流阶级的"唐物情结"（又称唐物趣味）以及曾一度盛行于上流阶层的"崇尚唐物风潮"。

有研究结果表明[2]，在宋元明文化大量流入日本的中世时期里，随着中日禅僧往来的频繁，大量的中国古董、文物及书画作品流入日本，成为当时盛行于禅寺和上流社会茶会的茶亭、茶室等室内摆设和装饰的珍品，并影响（或培育）了日本中世时期人们的文化"品味"和审美情趣。

我们从《光严天皇宸记》和《太平记》等的有关记载可知，在宫廷以及上流武士的会所里，都曾经盛行享乐式的，带有娱乐、赌博性质的"斗茶"（又称茶寄合、唐式茶会）。而根据《吃茶往来》、《禅林小歌》记载，茶亭、茶室内摆放的多是来自中国的古董、文物，壁上张挂的多为宋元名家书画，以营造出正统的"中国趣味"和"禅"的氛围为至上。

另外，从《御物御画目录》、《君台观左右帐记》、《室町殿行幸御饰记》等文献资料可知，室町幕府历代将军都有浓厚的"唐物情结"，家里雇有专事文物鉴定和管理的"同朋众"[3]，收藏和把玩中国古董文物、书画简直到了如痴入醉之地步。

日本中世时期上流武士们这种追捧中国宋元文化、崇尚"唐物"的倾向大有"蔚然成风"之势，随着禅僧们弘禅活动的展开和延伸，其影响从中央地带波及地方，从上流社会波及一般武士阶层乃至普通民众。

显然，在上流阶层当中盛行的这种崇尚"唐物"和"禅"的风潮影响下，日本人不仅在文化"品味"、审美情趣上受到宋元士大夫文化的熏陶，在"玩乐"方面也潜移默化地受到了影响，这一点是不言而喻的。

从《群书类丛》[4]有关"吃喝玩乐"的部分可看出：日本这些与生命的享乐、"生"（或生理）的享乐有关的"吃喝玩乐"，追根溯源地看多数都源自中国，但随着时代的变迁都有不同程度的发展，呈现出不同程度的"日本化"现象和倾向。

归纳起来看，最主要的倾向就是"道乐"化。

日语所谓"道乐",本意为"深谙其中之道,耽于其中而自得其乐"。主要指对自己本职、本分以外的趣味、嗜好等,既深谙其道又沉湎其中难以自拔。从"吃喝玩乐"文化上看,无论相扑也好,和服也好,茶道、花道、"书道"、围棋也罢,到了日本人手里,基本上都从日常世俗中"脱胎换骨"、"出神入化"而出,被赋予了某种精神,变得"神圣"起来。

诚然,"玩乐"并不完全等同于"乐",也不能仅借此思考和阐发所谓"乐"的思想和"乐"文化,但既然形成了一种"享乐文化",其折射出来的东西,无疑有助于我们加深对"乐"的思想和文化的认识和理解。

一句话,仅从吃喝玩乐这种"享乐文化"上看,本来中日似乎不应该有太大的差异,但由于日本民族具有一种凡事追求精益求精,使其出神入化而达至"道"之境界的精神,最终孕育出其特有的"乐"思想和"乐"文化来。至于日本民族这种凡事追求精益求的精神究竟源自何处?这就跟以下将谈及的日本民族根深蒂固的无常观有关。

二、对"悲、哀"情有独钟的日本民族

翱翔于日本文学世界,尤其是在纵观日本中世文学之后,我们不难得知:日本民族似乎是一个以"苦悲"和"哀感"为美的民族,从古至今,他们似乎已经对以"苦悲"、"哀感"为主题的诗歌和故事习以为常,不仅乐于并善于穷尽所能去表现世间人、景、物的"悲"和"哀",还每每耳濡目染于斯,独自津津乐道于享受和欣赏由此产生的独特之"美"。有人因此认为日本民族具有一种"悲伤"情结。而对于一般人而言,如此感情,如斯情愫,本应尽可能远远逃而避之,岂有积极趋而追求之理?由此亦可见,日本民族自有其超乎寻常的、独特的世界观、审美情趣和伦理感觉。对于"苦"和"乐",自有其独到的理解和感受。

那么,导致日本民族被视为"悲观民族"[5]的这种悲观思想从何而来呢?

有学者认为:上述悲观思想的产生乃始于受佛教无常观影响较大的镰仓时期。是佛教思想的影响,导致形成了悲观思想产生的时代。[6]其实,佛教之传入日本既远远早于该时期,日本民族那种认为"事无恒常,转瞬即逝"的无常观[7]亦自古有之,早已根深蒂固,绝非肇于镰仓时代。只不过,因在跨度150年左右的镰仓时期里战事不断,仅著名的战事就有"寿永之乱"(1180—

1185）、"承久之乱"（1221），还有分别被称为"文永之役"（1274）和"弘安之役"（1281）的两次蒙古入侵，堪称日本史上"战乱频仍的动荡时代"，自然让人倍感世事之变幻无常、人生之短暂无奈。既难再有如前期的平安时代那种安逸、从容，亦难再奢求享受到贵族文化、"国风文化"那种华美和风雅。于是，出现了以"祇园精舍的钟声"开始的《平家物语》、以"流淌的河水源源不息，却绝非原来之水"开头的《方丈记》，以及被视为日本三大随笔之一的《徒然草》为代表，以反映"世事无常、人生短暂"为主要基调的日本中世文学的代表作。因感悟到世事之变幻无常，自然难免产生悲哀情绪。由此也给人造成一种错觉：日本民族不尚"永久、恒常"，而追求"瞬间之美"，追求一种因世间万象"变幻无常、转瞬即逝"给人带来的紧迫感，并继而引发人们来自心灵的颤栗和感动之美，如此有感而发（或喜或怒，或哀或乐）的"物哀"情趣，如此以"悲、哀"为美的审美意识，是在进入到平安时代后的中世时期，在深受佛教无常观的影响下才培养起来。

其实，我们从《万叶集》里就可以看到，著名的和歌诗人山上忆良、大伴旅人、大伴家持等，都留下不少咏叹世间无常、人生无奈的"悲哀"之歌，例如：

世间无奈事，岁月逝匆匆，花不常开无常世，生命苦短亦足惜，无奈求从容。[8]（卷五之八〇四，山上忆良）

世间借栖身，短暂如霜露，现世转瞬逝无踪，束手无奈处。（卷三之四六六，大伴家持）

可见，至少在《万叶集》所收录诗歌的那个年代（4世纪至8世纪中叶）开始，日本民族就早已悲于世间变幻无常，哀于人生短暂无奈。

著名学者竹内整一曾经指出：无常观可以说是日本人与生俱来（遗传）的东西。[9]他在自己最新出版的书里，谈及"3·11"大地震后日本人何以能如此淡定和从容时，引用了物理学者寺田寅彦的说法，"这样的灾难，作为承袭自远古祖先的记忆，早已深深渗透于每个日本人的五脏六腑之中"，对于类似自然灾害的降临，日本人绝不会因没有任何思想准备，没有一点心理承受能力而导致惊慌失措、哭天喊地。日本人这种令世界为之动容的从容表现，其实是深深植根于日本人"五脏六腑"之中的无常思想的自然体现。[10]

日本人从远古时代开始就生活在狭长的日本列岛上，无时无刻不与难以预

测的地震、台风、山崩海啸等自然灾害相伴，既无处可逃，又无力抗拒，不得不在其威胁和肆虐中力求生存，对世事之无常、人生之短暂早已习以为常。也唯其如此，日本在民族性格上形成了危机意识强，遇事悲观等特点，同时也因痛感"事无恒常，转瞬即逝"而变得格外珍爱短暂的生命，格外珍惜人与人之间难得的相遇缘分，对大自然变化的感受性敏锐而细腻。

值得注意的是：日本民族在面对"世事无常、人生短暂"感到无奈，悲从中来的同时，却并没有因彻底绝望而走向极端的虚无主义。他们在如此变幻无常、令人悲观无奈的生存状态中，逐渐孕育起来一种精神，并获得了一种特有的智慧，那就是既然自己无处可逃，无技可施，那就坦然地接受这一现实，积极地在令人悲观的生存环境中去追求美、发现美，去寻求生命的喜悦、生活的乐趣、生存的意义和价值。于是乎，一个并没有因此而陷入虚无主义的、似乎对"悲、哀"情有独钟的日本民族就这样出现。

三、潜心研究"悲、哀"哲学的日本人

如前文所述，日本民族既然被置于变幻无常、令人悲观无奈的生存环境当中，既无处可逃，又无力抗拒，自然不得不去面对和顺应。而如何在如此环境中生存下去？如何在令人悲观的生存状态下去发现美？如何去寻求人生乐趣和生活的意义？这自然就成为了日本民族最大的人生课题。

于是，日本文化史上涌现出不少潜心于研究"悲、哀"哲学的哲人。

熟悉和关注日本文学和日本文化的人，估计对提出"物哀"这一美学理念的日本江户时期著名国学者本居宣长都不陌生，尤其是在《日本物哀》[11]问世以来，国人不仅熟悉了这个名字，对日本物哀更是有了进一步的、更清晰的理解和感受。这不仅有助于我们加深对日本文学和日本文化的认识和理解，还有助于我们准确把握日本民族的情感特征、国民性特征和伦理道德观念。

我们知道，相比起包括儒、佛教在内的各种宗教和礼仪规范下的伦理道德观念"条条框框"来说，日本人更多强调的是，对发自人之本性的真情实感的维护和尊重。而本居宣长在《日本物哀》里围绕传统和歌及物语文学，针对"物哀"这一概念所做的谆谆善诱的诠释，无疑让读者茅塞顿开，对日本国民性及日本文化的精髓有"顿悟"之感。

然而，我们还应该关注的是：本居宣长除了强调应时应情应景，有感而发，

直抒胸臆之重要性之外，还是一位对"悲、哀"哲学颇有研究的哲人。

在谈及人们应如何排解难以忍受的"悲伤"时，他认为：只是嘟嘟囔囔、喃喃自语是无法排解的，应该情不自禁地放声长叹："呜呼，悲哉！痛哉！"如此难以自禁的真实情感的自然表露，让神、人听了亦不禁为其真情打动，并深怀同感，此即为"歌"也。[12]换句话来说，本居宣长认为：无须加以任何理性的判断和选择，亦无须顾忌周围的其他任何感受，只要将心中"悲哀"顺其自然地咏叹、喷发而出，则"悲伤"有望得以自然化解。

如果仅让内心的悲伤感受自然流露，却仍然无法排解的话，那又该如何呢？关于这一点，本居宣长在其《石上私淑言》中进一步表达了如是见解：假如只是自言自语地表露仍难以化解的话，就应该主动向人倾诉。一旦有人倾听自己的倾述，心中的悲伤会更容易化解。如果倾听者能对自己表达的悲伤感受深表同感，则效果更佳，那简直就等于是获得了拯救。[13]有学者将本居宣长的这种见解称为"同悲"论。[14]

另一位对"悲、哀"哲学颇有研究的哲人，当数近代著名哲学者九鬼周造（1888—1941）。他认为世界上所有事物都是有限的，万物乃由有限的自己和有限的他者组成。所谓"物哀"，其实正是由于世间万物皆有其局限性，并因此自然而然地生发出来的"哀调"———一种令人感到无奈的"悲伤"的调子。对有限的自己发出"啊"的感叹，同时对他者的有限性也不由得同情地发出"真可怜呀！"的叹息。同样地，自己在哀叹自己生命的无常、有限的同时，也会获得来自深有同感的他者的同情和怜悯。自己的"悲哀"，实际上总是与对他者的同情和怜悯产生着相互的联动和制约。人的存在，人与人的相遇，以及此时此刻大家正一起享受着活着的乐趣，这一切其实都不是必然的、绝对的，而是具有相当大的偶然性，其实仅仅不过是各种各样可能性的其中之一而已，所以应该好好加以珍惜。他在自己的著作《偶然性的问题》的最后，以这样一句话结尾："既相遇则不应该擦肩而过！"[15]

日本近代思想家纲岛梁川在其《病期录》中这样写道："悲哀，其本身就是一半拯救。（略）神，首先就是以悲哀的姿态向我们走来的。（略）我们有了悲哀，并通过悲哀而获得超越悲哀之上的某种东西。"[16]

此外，还有现代剧作家、小说家山田太一（著作《生存的悲哀》，筑摩书房，1995），还有呼吁"悲的复权"[17]，提出"悲情和眼泪，是耕耘人们的心田、

加深对他者的理解,从而更神清气爽地迈向明天的动力源泉"这一著名论调的评论家柳田邦男,以及提出"哲学的最基本动机是'悲哀'"[18]这一论调的近代著名哲学者西田几多郎等。

由上述可知,从古至今,之所以有如此众多的文化人、哲人关注"悲、哀",并热衷于潜心去研究、诠释"悲、哀",这事情本身就说明:日本民族虽然不一定是个悲观的民族,但的确是个对"悲、哀"情有独钟的民族。当然,正如前面所提到,这主要是由他们所处的悲观无奈的生存环境所决定。

四、日本文人的"悲中求美"与中国文人的消极遁世

(一)悲中求美以慰藉哀伤的心灵

众所周知,日本文学和日本文化中所强调的"物哀"之美,作为日本平安文学的主要艺术理念、美的理念之一,尽管也有理解为追求"悲哀"之美的解释,但实际上呢,根据倡导者本居宣长的阐释,所强调的应该是:有感于所见所闻所触及的世间一切事和物,不由得情不自禁地生发出来自心灵的震撼和感叹。而关于何为"知物哀",他解释为:对所见所闻之一切事物均有所感触,心有所动,此即为"知物哀"。[19]可见,其原本并无只强调"悲哀"之意。

前面曾经提及,既然从远古时代起,日本民族的祖先就无可奈何地被置于这自然灾害多发,世事变幻无常的生存环境当中,岂能因为富士山、阿苏山等活火山难以预测何时喷发而惶惶不可终日?这不得不面对的现实,自然促使日本民族培育起一种顺应自然,积极在令人悲观、无可奈何的生存状态中力求生存的积极进取精神。这就需要人们积极地去寻求并发现美,积极地去寻求并找到人生乐趣和生活的意义。因此,他们在面对富士山时,尽管也感叹人生的无常和不可知所带来的悲凉,但仍然能从中发现其独有的"美",让哀伤和寂廖的心灵得以聊慰。

剧作家山崎正和就曾指出:日本民族的祖先具备了一种敏感的秩序感觉,他们一边感叹人生的无常,一边还从瞬间变化的"无常节奏"当中找到了相当安稳的"自然的节奏"。[20]

也就是说,他们在坦然接受了所面对的现实,坦然面对了这种变幻无常的

前提下，变得主动积极地从无可奈何的"悲、哀"中求美，并获得了相应的智慧，具备了相应的"天性"，否则，生活还有何意义？人生的乐趣又何在？

积极求"悲"，"悲"中求美的日本文人就是这样应运而生的。

(二) 肆意酣畅难掩心中的无奈和悲哀

下面让我们来看看中国文人的悲和乐吧。

谈及中国文人的"乐"，恐怕首先不难想起魏晋时期"常集于竹林之下，肆意酣畅"的竹林七贤嵇康、阮籍、山涛、向秀、刘伶、王戎及阮咸吧。

据《晋书·嵇康传》记载：嵇康居山阳，"所与神交者惟陈留阮籍、河内山涛，豫其流者河内向秀、沛国刘伶、籍兄子咸、琅邪王戎，遂为竹林之游，世所谓'竹林七贤'也"。南朝宋刘义庆《世说新语·任诞》里有如是记述："七人常集于竹林之下，肆意酣畅，故世谓竹林七贤。"

尽管七位名士的思想倾向和生活态度不尽相同，但大都"非汤武而薄周孔，越名教而任自然"，"弃经典而尚老庄，蔑礼法而崇放达"，以否定或消极对抗倡导"修身、齐家、治国、平天下"，勉励人们刻苦用功，成为对社会、对政治有所作为的儒家"勤勉"思想为主要特征。他们标榜和崇尚道家以追求"无为自然"为宗旨的"懒汉思想"，生活上不拘礼法，常聚集在竹林之下喝酒、纵歌，刻意追求精神上的快乐、"生"之快乐。有日本学者将其所标榜和追求的这种"乐"称为"中国式大快乐主义"。[21]

有研究认为，七贤中的山涛，尽管年轻时因尚老庄而加入七贤之列，但从其性格上看，其本质上并非真正能够逍遥于桃园世外之人，而是一个拘守世俗礼法的彬彬君子。虽然暂时跟其他六贤一起遁身世外，但入世求仕博取功名之心始终未泯。另有研究认为，被视为中国第一田园诗人的东晋末年陶渊明，从官场退下后隐居田园，纵情享受饮酒、读书、干农活的"人生乐趣"，被视为不愿意为功名利禄而随波逐流的代表者。还有唐代白居易，为人处事以知足保和、乐天安命为座右铭，尽可能远离权利争斗而追求"闲适"，乃是与世无争而只图享受人生之乐的逍遥者。他们似乎都可视为真正崇尚老庄，追求"生"之快乐的典范。可实际上呢，他们的"乐"，归根结底仍然不外乎一种消极的逃避而已。通过逍遥于远离政治的现实之外，以酒、歌、"五石散"（麻药）为媒介，在一种若虚若幻的境界里去寻求"无上的喜悦和快

乐",似如此消极遁世的"乐",实际上不过是另外一种更大的、更难排解的"人生悲哀"而已。

在中国文学研究界,也有关注到中国文人的"悲",并提出所谓"悲秋"文学、悲情文学等概念的诸多研究。我们仔细考察不难发现:其中大部分的"悲",均源自中国文人这种欲求取功名却遭遇挫折时的感伤。

正如刘禹锡《秋词》"自古逢秋悲寂寥"所言,"悲秋"是中国古典文学的一大主题。而在讨论"悲秋"文学和中国文人的"悲秋"情结时,从《离骚》中"惟草木之零落兮,恐美人之迟暮"之吟可联想到,如此遇秋而生的悲情,乃源自中国文人自古已有的"人生一世,草木一秋"这种对人生短暂无常的生命觉悟。只不过深受儒家思想影响的中国文人们,首先想到的是让有限的生命有所作为,建功立业,光宗耀祖。一旦理想实现受挫,则是人生最大的"悲哀"。可以说,中国古代文人如此以家国观念为重的生存价值和生命意识,是日本文人所没有的。

关于这一点,有学者指出:"古代文人群体多思存高远,志向宏大,他们视达政济世为正途,追求'立德、立功、立言',以实现'安社稷、安黎民'为理想。但事实上,他们命运多阻,人生艰难。由'家'到'国'不仅存在自然距离,而制度距离往往是最难跨越的。再加上人生选择的单一化,从一开始就决定了古代文人选择'仕途'的悲剧性。怀才不遇,壮心未酬,再加上天涯沦落,世态炎凉,岁月蹉跎等种种人生苦涩汇集成一种感伤情结,使文士不遇成为古典诗词中常见的悲情动机。"[22]

还有学者把中国悲情文学之"悲"归纳为四种:①可望而不可即之悲(包括怀才不遇、报国无门、集体情感与个体生命的冲突等);②伤春与悲秋之悲;③夕阳天,明月夜之悲;④游子思乡之悲。在第一种"悲"里有"怀才不遇、报国无门"自不必再强调。在"伤春与悲秋之悲"部分,说的是"一个个失意的诗人,把这种愁与恨或托于物,或寓于景,煅造出了一个个令人感动、感伤的意象"。[23]在"夕阳天,明月夜"部分,"夕阳天"举的是辛弃疾、周邦彦、柳永、马致远等借夕阳残照抒发自己悲悼往事残迹、自写人生失意情怀的事例。而"明月夜"则引苏轼一生抗争、退隐、归田,徘徊在仕途的边缘,以诗文感叹人生如梦,以明月喻示其凄凉、孤独之哀情为例。最后,在"游子思乡之悲"部分里,以马致远的《天净沙·秋思》为例,指出其描写了一幅暮秋

游子思乡图画，衬托了"游子"对家的眷恋和回想，但更深处却蕴含着"所有不得志的知识分子对'穷'的一种超凡脱俗的渴望；企盼的一份宁静、安详；一种世外桃源的归宿"[24]。

由上述可知，这"悲"那"悲"，多与功名不成、壮志难酬有关。或悲或乐，也都与官场上是否春风得意，是否能扬名立身于世难脱干系。中国文人的悲和乐，由古至今，究其根本而言，都是如此。当仕途坎坷、落魄失意、壮志难酬时，最是令人悲愤难抑。尽管人生还有许多的悲哀，如贫困潦倒、怀古伤今、时光流逝、生离死别、漂泊思乡等，仅就失意而言，也还有情场失意、欢场失意等，可这一切的一切，相比之下似乎都不在话下。

中国悲秋文学的"情感主题是光阴虚掷、岁月蹉跎、老而无成的感慨"[25]。这种"老而无成的感慨"，无疑是中国文人最大、最痛切的悲哀。

以上从几个不同的侧面，对中日的悲乐文化进行了粗浅的探讨和议论。

可以说，在对悲和乐的感受和理解上，中日两国的确凸现出思想上和文化上的较大差异。在同样感受到人生短暂无奈、时光流逝无情时，日本人更多强调的是"一期一会"（珍惜人与人之间当下的相知相遇），竭尽精力去追求"转瞬即逝"的"悲感"之美。而大多数中国人呢，不管有意识还是无意识，往往都会在潜移默化中受到以儒家思想为主的各种礼教、思想的熏陶和影响，或身怀"修身、齐家、治国、平天下"之远大抱负，或暗下成家立业尽忠尽孝之决心，正所谓"穷则独善其身，达则兼济天下"，精神枷锁和思想负担往往都过于沉重。如本来"独善其身"强调的是道家的豁达态度与出世境界，但有时候为了判断和选择该"独善其身"还是该"兼济天下"，也得再三思量、瞻前顾后、患得患失，背负如此重大的精神负担，如何能达到日本人似的"一生悬命"（竭尽全身心）地去追求美和人生之"乐"的境地？

窃以为，中日两国悲乐思想和文化的差异，最根本的原因不外于此。

注　释

[1] 参见韦立新：《宋元时期中日佛教文化关系》，香港开益出版社2003年10月版。

[2] 参见[日]木宫泰彦：《日中文化交流史》，商务印书馆1980年4月第1版。

[3] 又称童坊，擅长某种手艺、技能，在幕府将军左右专门从事专业性要求较高的工作的人。

[4] 参见[日]塙保己一编：《群书类丛》第19辑"管弦·蹴鞠·鹰·游戏·饮食部"，

订正3版，续群书类丛完成会，1959.7—1960.9。

[5][6]参见［日］佐藤正：《日本人论12·日本民族性概论》，大空社1996年6月版，第148页。

[7]学界有把日本民族由来已久的固有观念和认识称为"无常感"以区别于佛教无常观的说法，但笔者仍倾向于称之为"无常观"。

[8]所引和歌为作者试译。以下同。

[9][14][16][20]参见［日］竹内整一：《"悲伤"的哲学——探求日本精神史之源》，日本放送出版协会2009年12月版，第74、14、123页。

[10]参见［日］竹内整一：《花瓣凋谢花不谢：无常的日本思想》，角川学艺2011年3月版。

[11]［日］本居宣长：《日本物哀》，王向远译，吉林出版集团有限责任公司2010年10月版。

[12][13][19]参见［日］本居宣长：《石上私淑言》卷三，载《本居宣长全集》第二卷，筑摩书房1968年9月版，第171—174、99—109页。

[15]参见［日］九鬼周造：《偶然性的问题》（改订版），岩波文库2012年11月版。

[17]参见［日］柳田邦男：《"悲"的复权·卷首语》，PHP研究所1978年版。

[18]参见［日］西田几多郎：《场所作为自己限定的意识作用》，载《西田几多郎全集》第6卷"无的自觉限定"，岩波书店1965年版，第116页。

[21][22]参见［日］井波律子《中国式大快乐主义》，作品社1998年4月版。

[23][24]参见甘文泉：《试论中国古诗词中的悲剧悲情心态》，载《群文天地》2011年第10期。

[25]参见胡菲雯：《悲秋探源——中国古典诗歌的悲秋情结》，载《教学文摘》2011年11月版。

参考文献

［日］井波律子：《中国式大快乐主义》，作品社1998年4月版。

［日］竹内整一：《"悲伤"的哲学——探求日本精神史之源》，日本放送出版协会2009年12月版。

［日］本居宣长：《石上私淑言》卷一，载《本居宣长全集》第2卷，筑摩书房1968年9月版。

［日］九鬼周造：《偶然性的问题》（改订版），岩波文库2012年11月版。

［日］本居宣长：《日本物哀》，王向远译，吉林出版集团有限责任公司2010年10月版。

［日］竹内整一：《花瓣凋谢花不谢：无常的日本思想》，角川学艺2011年3月版。

［日］佐藤正：《日本人论12·日本民族性概论》，大空社1996年6月版。

［日］木宫泰彦：《日中文化交流史》，商务印书馆 1980 年 4 月第 1 版。

［日］山田太一：《生存的悲哀》，筑摩书房 1995 年版。

韦立新：《宋元时期中日佛教文化关系》，香港开益出版社 2003 年 10 月版。

［日］塙保己一编：《群书类丛》第 19 辑，续群书类丛完成会 1960 年 9 月版。

附录六　日本文化与道家文化渊源略考

韦立新　彭　英

内容提要： 构成中华文化重要一环的道家文化，自5世纪末传入日本以来，在古代日本积极吸收大陆文化的历史背景下，以一种潜移默化的方式对日本文化的形成产生影响，并且这种影响一直延续至今。分析道家文化对各个历史时期日本文化所产生的影响，探讨道家文化与日本文化的渊源，有助于我们进一步深入了解日本文化的形成过程以及日本文化本身。

关键词： 日本文化；道家文化；渊源

史学家吕思勉认为："道家之学，实为诸家之纲领，诸家皆专明一时之用，道家则总揽其全，诸家皆其用，而道家则其体"。[1] 道家文化的核心是"道"，指宇宙的本源和宇宙中的一切存在法则。道家文化内容涵盖先秦老庄思想和道教，影响中国文化的方方面面。而由本土文化和外来文化（在古代主要指大陆文化）为主要构成内容的日本文化深受道家文化的影响也就显得自然而然。然而，由于受以日本国学为基础的皇国史观的影响，关于道家文化对日本文化影响的研究一直以来都是被忽视甚至是被否定的。探究道家文化与日本文化的渊源，正确看待道家文化对日本文化的影响，无疑对于我们正确把握日本文化本身是很有帮助的。

一、道家文化传入日本的传说和史学考证

关于道家文化东传，最早有徐福渡海的传说。《史记》有云："齐人徐市等上书，言海中有三神山，名曰蓬莱、方丈、瀛洲，请得斋戒，与童男童女求之，于是遣市发童男女数千人，入海求仙人。"[2] 追求长生不老、得道成仙

是道教的终极追求。《史记》中所记载的传说虽至今未被史学所考证，但日本和歌山县设有的徐福公园、园内有江户初期设立的"秦徐福之墓"，以及在日本和歌山县新宫市内至今仍有秦姓日本人，这些似乎都在告诉我们，徐福渡海这一传说有它一定的真实性。

中日交流的最早的史料记载，见于成书于1世纪的王充的《论衡》和班固的《汉书》中有关倭及倭人的记载。《后汉书·东夷传》中记载："建武中元二年（57年），倭奴国奉贡献贺，使人自称大夫，倭国之极南界也。光武赐以印绶。"[3]1784年在日本福冈县志贺岛出土的"汉倭奴国王"金印，正好印证了史书中的记载。在当时的中日文化交流背景中，道家文化极有可能通过朝贡使节和移民到日本的渡来人带来的生活习惯、口头文学等方式流入日本并得以传播。《三国志·魏书·东夷传》"倭人"条中，当时日本被称为"倭"，由"从鬼道，能惑众"的女王卑弥呼统治。在日本古坟时代前期古坟中出土的2—3世纪由女王卑弥呼统治的邪马台国时代的"三角缘神兽镜纹样中绘有道教仙人东王父和西王母的图像"[4]，从一个侧面印证了道家文化在3世纪传入日本的可能。而随着日本列岛与朝鲜半岛和大陆的进一步密切交往，文字的输入则进一步促进道家文化在列岛的传播。日本古坟时代的金文和相关文献，则是道家文化传入日本最有说服力的史学考证。1873年，在熊本县玉名市菊水郡江田町的江田船山古坟出土的铁刀，其制作年代为5世纪末，铁刀上刻有铭文："台（治）天下獲□□□鹵大王世奉□典曹人名无□弓八月中用大鉄釜并四尺廷刀八十练六十捃三寸上好□刀服此刀者長寿子孫注注得其恩也不失其所統作刀者名伊太加書者张安也"[5]。其中，书者张安，其身份应为从大陆到日本的渡来人，"服此刀者"、"长寿"等词，则与老庄养生思想有着很深的渊源。另外，《宋书》倭国传中所载478年倭国王武向刘宋顺帝上表文是记载倭国统一过程的文字史料，其中"若以帝德覆载，摧以强敌，克靖方难，无替前功"[6]一语，对反复出现在《庄子》一书中的"帝德覆载"一词的运用，"从一个侧面佐证上表文书写者对道家典籍有一定的了解"[7]。因此，说道家文化早在5世纪末就已经传入日本是有充分依据的。

二、日本对道家文化的接受和吸收

儒家文化在日本的传播是由统治阶级把儒家思想作为官方意识形态而加

以采纳吸收的，另外，佛教在日本的传播也是作为一种国家佛教并推行宗教奖励来加以推进的，两者都有利于加强天皇权威，有利于中央集权制的确立。与儒家文化和佛教文化在日本被接受被承认的命运不同，由于道家对个体生命内在关注的"私"的特征，道家文化被认为不利于维护中央集权而被日本统治阶级排斥在外。但是，简单地断定由于统治阶级的排斥而认定道家文化未对日本文化产生影响也未免有失偏颇。诚如吕思勉所云，中华文化"诸家皆其用，而道家则其体"，道家文化也会随着与道家有着千丝万缕关联的儒佛文化一同而传入日本。

日本飞鸟时代（约600—710），其突出代表人物为圣德太子。推古天皇时期，鉴于当时日本设立在百济用于统治朝鲜半岛的军事据点任那府的势力受到威胁，朝廷内部、朝廷和地方贵族之间的矛盾不断激化，为建立中央集权的国家，牵制贵族势力，圣德太子于603年制定了用人任贤的《冠位十二阶》。这种用官帽的颜色来表示在朝廷中官位的制度中，规定根据紫、蓝、红、黄、白、黑六种颜色的浓淡来对应以德、仁、礼、信、义、智来划分的大小十二阶官位，其中最高官位"大德"的冠阶为"浓紫"。另外，据《日本书记》记载，647年（大化三年），孝德天皇推出"七色十三阶"，"规定上位官吏身着深紫色衣服"[8]。这样，从官帽到官服，统治阶级皆推崇紫色。儒家"恶紫之夺朱也"[9]，与之恰好相反，道家好紫色，把紫色视为尊贵、祥瑞的颜色。"在古代的星象系统中，紫宫是整个星空的中央枢纽"[10]，而被道家先后奉为最高神的太一神、天皇大帝和元始天尊，无一不是居住在"紫宫"，古代帝王也喜好把自己的宫殿称为"紫宫"或"紫微宫"，而《日本书纪》中记载白凤元年国司献上被视为祥瑞之物的白凤给孝德天皇时，朝臣们皆在被称为"紫门"的皇宫正门列队等候。由此可知，飞鸟时代统治阶级喜好以紫色作为高位官帽和官服的颜色、把皇宫称作"紫宫"、把皇宫正门称作"紫门"，极有可能是受了与儒家想对立的道家文化的影响的。

圣德太子于604年颁布的《宪法十七条》，也是当时日本接受道家文化的一个很好例证。《宪法十七条》主要内容包括对官僚和贵族阶级的道德规范和佛教思想，并非真正意义上的宪法，其中体现了当时日本除对儒家文化和佛教的吸收之外，对《庄子》也有所吸收。如"绝忿弃瞋，不怒人违。人皆有心，心各有执。彼是则我非，我是则彼非。我必非圣，彼必非愚，共是凡夫耳。……"（第

十条），圣德太子就是借用庄子的观念来论证自己试图化解矛盾、把朝廷各种对立势力整合起来的政治意图[11]。

奈良时代（710—794），道家文化以一种潜流的形式对日本文化产生影响。当时的贵族们对唐文化顶礼膜拜，并把对唐文化的模仿作为一种身份的象征，在日本文化史上把这一时期的文化称为"唐风文化"。在唐朝，统治阶级实行尊道、礼佛和崇儒三教并行的原则。其中，道教在唐代地位尤其特殊，被尊为国教，皇室以老子后人自居，唐高祖李渊追认老子为其远祖，推崇《道德经》，认同道家清净无为的治理天下思想。在这样的中日文化交流背景下，虽然日本统治阶级认为道家"玄以独善为宗，无爱敬之心，背父弃君"[12]而加以排斥，但是要从由遣唐使、僧侣和留学生带到日本的大陆文化中除却道家文化的影响实属不大可能。在日本最早的神话书籍《古事记》（712）序文即"夫、混元既凝、气象未效、无名无为、谁知其形。然乾坤初分、参神做造化之首、阴阳斯开、二灵为群品之祖"[13]和日本最早的正史《日本书纪》（720）神代卷即"古天地未剖、阴阳不分、混沌如鸡子、溟涬而含牙。及其清阳者、薄靡而为天、重浊者、淹滞而为地、精妙之合搏易、重浊之凝结难。故天先成而地后定"[14]的开篇神话中，其中"混元"、"阴阳"等概念皆来自道家的宇宙生成论的这一说法在学界受到广泛认同[15]。另外，日本现存最古的汉诗集《怀风藻》（751）和成书于8世纪的日本最早和歌集《万叶集》，其中收录的诗文也深受道家文化影响。《怀风藻》所收录汉诗作者为从天皇、皇子到朝臣、儒生和僧侣这些颇受汉文化浸染的这样一批人，他们所作诗句中经常用上道家的"无为"、"自然"、"造化"、"姑射"等词，表现出对道家文化的推崇。葛野王《游龙门山》中的"命驾游山水，长忘冠冕情。安得王乔道，控鹤入蓬瀛"，表明作者对道家神仙思想的趋同；越智广江《述怀》中的"文藻我所难，庄老我所好。所年已过半，今更为何劳"，则表明作者对老庄无为自然的欣赏。《万叶集》收录了自4世纪至8世纪的和歌，其作者囊括上至天皇、皇后、皇子，下至乞丐、浪人和妓女的各阶层人物，被日本人誉为最能反映本土文化特色的最早和歌集，其中也透着道家文化的因子。《万叶集》第三卷中收录的时任大宰帅的大伴旅人赞酒歌十三首中"古之七贤者，七贤为好友。七贤人为何，所为皆醇酒"等诗歌，表现出大伴旅人对弃经典尚老庄、蔑礼法崇自然的"竹林七贤"的洒脱的赞誉和对魏晋老庄思想的憧憬。

平安时代（794—1192），日本统治阶级崇儒佛，积极引入大陆文化，虽然主观上排斥道家文化，但事实上道家文化与儒佛如影随形，无处不在。平安时代整理编写的《日本国见在书目录》是一本收录当时日本现存的书籍目录，其中收录了不少道家典籍，代表性的有《老子》、《庄子》、《列子》、《文子》、《抱朴子》、《广成子》、《淮南子》等。作为当时文化传播主要载体的道家书籍的大量输入，无疑对平安文化产生深刻影响。平安时期日本依然实行崇佛政策，而佛教在从西域印度传入中国之时便成了汉译佛教，与道家文化紧密联系在一起。佛教中的中心词语"菩提"一词，在传入中国的过程中，由于音译不能让人明白其所指，故义译为"道"，而这里借用的"道"正是老庄思想中的核心概念之"道"。因此，由中国传入日本的汉译佛教，其中承载着道家文化则实属必然。入唐僧人空海（774—835）即是把道家文化经由佛教带到日本的代表性人物。空海博学多才，年少时在明经科学习《春秋》、《左传》等儒学经典，与此同时也对佛道细心研读。797年空海作为对反对其出家的亲人的宣言用流利的四六骈体文写成了《聋瞽指归》，书中以五人对话的形式对儒道佛进行批判论述，用寓言的形式寓意道教优于儒教，同时又用寓言的形式寓意佛教优于道教，最终阐述佛教在儒道佛三教中是处于最高位的，儒道二者包含其中。804年空海入唐求法，深受大唐奉道教为国教的影响，两年后回到日本，把《聋瞽指归》改名为《三教指归》，两者内容上大体相同，但在《三教指归》的序文中，评判三教"虽深浅有隔，并皆圣说"，不再一味排儒道而独尊佛教，虽更为推崇佛教，但对儒道也采取兼收并蓄的态度。此外，道家文化还颇受日本知识分子的追捧，被日本人奉为"风雷天神"的菅原道真便在他的私家歌集《菅家文草》中作诗有云"此夕无他业，庄周第一篇"[16]，意即他最推崇《庄子》第一篇《逍遥游》；被誉为日本古典文学巨著的《源氏物语》中也体现出受道家文化的影响，在第一章《桐壶》中写道："如果这些东西是临邛道士赴仙界寻访杨贵妃所持归的信物金钗该有多好！"[17]这表现出平安时期道家神仙思想运用于文学体裁的纯熟程度。

中世时期（1192—1603）大抵相当于中国的宋元明时期，虽然自894年日本废止遣唐使至1401年恢复遣明使派遣，其间虽有500年间中日没有建立正式外交关系，但是来大陆朝圣的僧侣和从事贸易的商船往来却络绎不绝。由于中国宋元明时期大体采用儒、佛、道三教并用政策，日本中世时期也奉行"三

149

教一致论",道家文化对日本的影响也趋于理论化和系统化。所谓"三教一致论"是指儒佛道三者不是绝对对立,而是可以同时并存的,儒教的修己治人、佛教的安心立命、道教的长生不老是其显著特征,主张三者的教义从根本上来说是一致的,不过侧重点还是在于佛教,把主张安心立命的佛教放在中心位置,把儒道视为补充佛教不足的重要组成部分。日本中世时期,战争频仍,武家取代公家执政,文化传承没有系统性。由于武士好禅,禅宗简易的修行方法及生死如一的生死观非常迎合武士阶层的需要,"包括禅的理念、禅的思想和世界观在内的'禅文化'深深地影响并渗透于日本中世文化的方方面面"[18],禅宗作为一种从中国传来的佛教派别,裹挟着宋元明文化风靡日本,追求佛儒道三教合一。战争的频仍和幕府的支持,使得往来僧侣成为这一时期文化传承和创造的主体。入宋僧圆尔辨圆(1202—1280)于1235—1241年在宋留学,"于1257年为镰仓幕府执政北条时赖讲解南宋居士奎堂的著作《大明录》,讲儒佛道三教一致。圆尔辨圆还著有《三教要略》和《三教典籍目录》"[19]。除日本禅僧以外,道家文化在日本的传播还多有赖于由大陆到日本的禅僧。入日僧"兀庵普宁认为儒释道三教在劝善惩恶、明心见性、教化世人方面全无二致"[20]。禅僧们的这种三教一致论在以禅僧为创作主体的"五山文学"当中也是很容易看到的。

江户时期(1603—1868),新儒学即朱子学取代中世时期的佛教禅宗成为一门官学,为统治阶级所推崇。由于中国儒学与道家自产生之初便相互竞争、相互吸收、相互依存的关系,因此新儒学成为一门显学的同时也极大地促进了老庄之学的发展,加之町人阶层的兴起,受町人欢迎的读本的广泛发行,进一步推进了道家文化在日本的传播。1727年江户的松寿堂出版了佚斋樗山的通俗读物《田舍庄子》,书中通过寓言的形式对庄子进行了通俗的解说,认为"造化为大宗师大父母,死生祸福、动静言语、皆听从大父母安其命,不允许有丝毫违逆之意,此乃庄子本意"[21]。佚斋樗山是一名颇有教养和文采的启蒙作家,在这之后的40年间,他先后写了《田舍庄子》外篇、《面影庄子》和《都庄子》,把庄子之学归结为"自然"二字,批判把气视为太极并把太极视为理的朱子学,也批判把万物本源用心来阐述的佛教,提倡气为万物的本源,受广大普通读者喜爱,为道家文化在日本民间传播起到了很大的推动作用。江户时期小说家上田秋成(1734—1809)取《庄子》中的畸人一词自称"剪秋畸人";

俳句诗人松尾芭蕉推崇佛道，认同"顺随造化"；江户诗人画家与谢芜村的画作中有一种批判既成社会秩序的反体制的"游"的精神；日本国学大师本居宣长虽然力主日本国学的本土性，还是要承认"老庄和神道有很多相似之处"[22]。江户儒学的古学派提倡者的目的是为了排佛老而直接到达孔孟之学的真义，但在客观上产生了一批推崇儒老二者一致的儒者，由此促进了老庄之学在日本的发展。古义学派伊藤仁斋门下的金兰斋（1653—1731）著有《老子国字解》一书，大倡老子之学。古文辞学派荻生徂徕及其后学，相继推出《老子特解》、《庄子解》、《老庄考》，阐述儒老一致，认为孔老二者绝非相反，老子乃是图谋振兴孔子之道的人。可以说，无论是在民间还是在学术界，老庄之学在江户时代的日本都已经深深扎了根。受老庄思想影响，产生了一批像安藤昌益和三浦梅园这些江户时代颇有独创性的思想家。安藤昌益借用老庄之学批判儒学，再从另一个角度批判老庄之学，借用其中的"自然"、"真"、"道"的概念创造了自己的世界观和"自然世"的思想；三浦梅园则充分吸收老庄的顺随造化和"游"的精神。

近代日本积极学习西方以求富国强兵，道家文化虽然一如刚传入日本时一样被忽视或被否定，"被认为是'背父弃君'虚无颓废之教，对国家富强有百害而无一利的'懒'、'慢'、'狂'的哲学"[23]，但是，老庄之学在江户时期民间和学术界的发展和传播，使得其在近代的传承也不会销声匿迹。小说家坪内逍遥仿《庄子·逍遥游》取笔名"逍遥"和思想家幸德秋水仿《庄子·秋水》取笔名"秋水"便是道家文化在日本社会深深扎根的很好例证。在日本全面学习西方的过程中，西周、中江兆民和西田几多郎成为这一时期道家文化的主要传承者。西周、中江兆民和西田几多郎自幼皆有很深的汉学素养，熟读老庄，为道家"道法自然"哲学思维、"负阴抱阳"的辩证思想、"万物齐同"的主客整体观、"贵生顺死"的生命意识和"游"的自由精神所吸引，在日本近代接受"欧风美雨"洗礼、把西方思想介绍到日本并形成日本本土思想的过程中便自然地求助于道家思想。随着道家文化越来越渗透到日本文化的底层，对于道家思想和道教的研究也被重视起来。史学家津田左右吉从皇国史观的立场出发，虽承认日本天皇的称号与中国道家有关，但是极力淡化来自中国思想中的道家文化对日本文化的影响，"试图通过对'道家文化'的研究……把'记纪文化'从'汉文化圈'中剥离出来，并进而把古代日本文化从'汉文化圈'

中剥离出来，从而建立起独特的属于日本的'国民国家'的'日本文化'形象"[24]，挖掘出日本民族本土的创造性思想；小说家幸田露伴深入研究道家的"外丹"和"内丹"，最终无法理出头绪，认为"道教经典的编排简直是一团乱麻，就像劣质古董店的店铺一样，杂乱无序"[25]，不值得研究。津田左右吉对道家文化的不正确理解和幸田露伴对道教经典混乱的评价，正好印证了道家文化对日本的影响之深，以至于他们非要弄个究竟不可。

三、结　　语

道家文化之于日本文化，好比春雨润物细无声的存在，从日本开天辟地的创世神话开始，日本文化就感受着道家文化潜移默化的熏陶，虽然由于道家独善其身注重"私"的一面而遭日本统治阶级拒斥，但是深受以道家文化为其体的大陆文化影响的日本文化如果剔除了道家文化的影响，则成了无本之末、无源之水。一直以来被认为是日本固有宗教的神道教，其中"神道"一词是来自于道教"鬼道"与"神道"这一组概念；被日本民族视为至高无上的存在的"天皇"一词，也与老庄哲学思想中的"神人"有密切关联。

综上所述，道家文化对日本文化的影响是由浅入深、由表入里的。其间经历了从传入日本之初对日本的影响体现在法令条文和文学作品中的只言片语当中、平安时期对道家思想文化的深入理解和纯熟运用、中世时期随着三教一致论的提倡而更趋于理论化和体系化，到江户时期作为学术思想进一步发展且在民间得以以通俗读物的形式进一步普及、近代时期道家思想文化在促进日本吸收西方思想文化推进本土化中的积极作用这一系列过程，这些无不体现道家文化对日本文化影响的一步步深入和广泛。可以说，道家文化与日本文化历经千余年，水乳交融、密不可分。

注　释

[1] 吕思勉：《先秦学术概论》，中国人民大学出版社2011年版，第26页。

[2] 司马迁：《史纪·秦始皇本纪》，岳麓书院2001年版，第45页。

[3][5][6] 沈仁安：《日本起源考》，昆仑出版社2004年版，第31、161、188页。

[4] 蔡毅编译：《中国传统文化在日本》，中华书局2002年版，第54页。

[7] 吴春燕：《道家思想东传时间考辨》，载《广东工业大学学报》2011年第2期，第83页。

[8][15][25]［日］福永光司：《道教与日本思想》，德间书店1985年版，第112、121、138页。

[9]张燕婴译注：《论语》，中华书局2006年版，第272页。

[10]曾磊：《秦汉紫色观念的演变》，载《史学月刊》2013年第2期，第122页。

[11]张谷：《日本古代文化中的道家思想》，载《理论月刊》2006年第5期，第159页。

[12][21][22][23]［日］福永光司：《道教与日本文化》，人文书院1982年版，第190、117、122、191页。

[13]《日本古典文学大系1·古事记祝词》，岩波书店1958年版，第42页。

[14]《日本古典文学大系67·日本书纪上》，岩波书店1967年版，第53页。

[16]《日本古典文学大系72·菅家文草菅家后集》，岩波书店1966年版，第131页。

[17]［日］紫式部：《源氏物语》，林文月译.译林出版社2011年版，第10页。

[18]韦立新：《宋元时期中日佛教文化关系》，香港开益出版社2003年版，第38页。

[19]王家骅：《儒家思想与日本文化》，浙江人民出版社1990年版，第58页。

[20]吴春燕：《三教一致论在日本中世禅林史的历史变迁》，载《殷都学刊》2011年第2期，第56页。

[24]刘萍：《津田左右吉研究》，中华书局2004年版，第183页。

附录七　儒家经济思想在日本现代化进程中的变迁

韦立新　曾晓霞

内容提要： 在日本的现代化进程中，儒家思想虽几经起伏、变迁最终走向沉寂，但其核心精神中的重要元素依然发挥了极其重要的作用，尤其是在经济领域。面临着社会、经济的发展和变化，日本的近世儒学家们首先实现儒学革新，摈弃"重本抑末"观念而提出重商主义，为日本资本主义经济的发展奠定了思想理论的基础。随后，明治时期的实业家们重新审视"义利之辨"，提出"义"和"利"的辩证统一、经济与道德的有机结合，并沿用儒家思想为理论依据奠定了近代乃至现代的经济道德基础，从而导致形成了迄今为止仍然发挥着重要作用的资本主义精神秩序。儒家经济思想在日本现代化进程中发生的变迁，实际上并未发生本质性的变化，而仅仅只是随着社会历史的发展变革而做出了相应的调整和变貌而已。而日本特有的社会结构和民族心理特性，则为儒家经济思想的存续提供了合适而有利的温床和土壤。

关键词： 儒家经济思想；　重本抑末；　义利之辨；　经济道德

一、日本现代化过程中的儒家思想

儒家思想，指的是儒家的学说，是中国古代传统思想文化的精华。孔子在继承和发扬了夏、商、周以来逐步形成的以伦理为本位的传统文化基础上，全盘吸收基于华夏民族在特定生活环境中长期形成的价值观、世界观以及行为规范和准则等文化要素，最终构成了以伦理为本位的文化模式。儒家思想在传入日本之后，在顺应各个不同历史时期的社会发展过程中，均不同程度地有所发

扬光大。而其在日本明治时期的发展，大致经历了三个阶段：①在启蒙运动中受到了以福泽谕吉为首的提倡文明开化的学者们的猛烈批判和全面否认；②在西方思潮的涌入和对传统的否认直接导致人们的迷惘和社会的不安定，以元田永孚为代表的明治政治思想家们在倡导国家主义、主张道德治国的过程中得以复活，但最终随着日本走向侵略路线而被军国主义恶用；③被以涩泽荣一为代表的实业家们用于现代资本主义经济道德的构建，为近代资本主义经济发展发挥了重要的作用。

（一）儒家思想在日本近现代化进程中的命运

1852年，日本在以巨舰和大炮为前导的西方文明的威胁下打开国门，西方列强的文明优势及其所带来的重重危机激发了日本民族的斗志。日本决心摈弃腐朽思想的禁锢，积极效仿西方，将本国建设为类似于西方的文明国家。在"富国强兵"的口号激励下，日本开始走上了积极欧化、努力建设资本主义经济社会的路程。日本的资本主义建设较之西方晚了近200年，但这个自强不息的民族仅仅用了20余年的时间，即在一个封建落后的以农业为主的社会基础上实现了资本主义基础建设。快速发展起来的资本主义经济尚未完全定型便随即卷入了世界战争，通过侵略与掠夺累积的巨额财富也在战败后化为灰烬，明治维新形成的具有日本特色的财阀经济也在战败后被占领军解散。在这近百年的历程中，日本的民族文化几经跌宕，文化心理和民族精神受到了极大的撼动。

众所周知，日本封建时期是以儒学为主流思想的。自5世纪传入日本的儒家思想经过1 000多年的沉淀已经全面渗透到日本社会的各个层面，并形成了一种文化心理和民族精神，深深影响着日本人的行为。然而在现代化进程的初始阶段，日本一些学者将作为维护封建统治、禁锢人们思想的儒家思想视为主要攻击对象，伴随着西方进步科学和文化思想的涌入，明治时期的一些思想家对儒学展开了猛烈的抨击和尖锐的批判，使儒家思想趋于没落。日本民族的千年信仰刹那间被彻底否定，而完全异类的西方思想所强调的"功利主义"进一步令主张道德高于一切的日本人陷于迷惘。人们在道德沦陷、思想错杂的世界里渴望传统道德秩序的回归，从而使儒学道德的重要性再一次被强调。然而，这艰难复活的儒学随后却被军国主义利用，将传统儒学在与日本新引进的西方

文化嫁接，产生了《军人敕语》和《教育敕语》，并成为了其开展侵略的理论依据。军国主义者企图用儒家道德驯服国民为"圣战"效忠，鼓动军人弘扬忠诚为"圣战"献身，儒学一度被恶用。战争使被侵略的国家陷入痛苦，同时也为日本民族带来了重大的创伤和灾难。日本明治时期所艰辛积累的一切成果均在战争中化为灰烬，人们的心灵也因战争而留下了不可磨灭的伤害，作为其思想武器的儒学再一次被视为毒害和糟粕。

（二）儒家经济思想在日本近现代经济建设中的功用

应该说，影响了日本民族上千年的传统思想文化，是不可能在一时间被彻底清除的。民族情绪等原因导致儒家思想在表面上看起来似乎销声匿迹了，但沉默了的传统思想其实并未因此而消失，反而继续强有力地在关键领域里发挥着重要的作用。战败后的日本在一片废墟上重建家园，经过短短二十几年的努力，综合国力和经济实力快速恢复并跃居仅次于美国的世界第二大经济强国，经济增长率傲居世界第一。完全模拟西方的日本在短时间内实现了经济腾飞，并超越了除美国之外的所有西方国家。相关学者在深感震撼之余更是觉得十分费解，随之关于日本研究的高潮再次被掀起。学者们趋之若鹜地远洋奔赴日本，在经过一番实地考察之后发现，日本成功的真正秘诀其实来自于民族精神，而这种精神的主要内容究其实质不外乎儒家经济思想，至此，儒家经济思想在近现代经济建设中所起的作用已不容置疑，"儒家资本主义"学说亦随之兴起。笔者认为，任何一种思想都有其历史发展和形成的脉络，儒家经济思想之所以在战后经济重建中能迅速发挥巨大作用，与其在之前的一段历史时期内已经形成了一种特定的适合近现代经济发展的模式不无关系。尽管儒家经济思想在日本近现代经济社会中的功用已得到充分肯定，但如果仅从战后的思想元素中去挖掘其源头、追溯其传统，则该研究不足以全面地呈现其思想发展的过程。就儒家思想而言，从近世阻碍商品经济的发展，到经历近代的文化冲击和跌宕起伏，再到战后经济腾飞中发挥巨大推动作用，可以说，儒家经济思想在现代化进程中的变迁是非常具有独特性和研究意义的。

封建时期儒家经济思想为服务于日本封建统治的需要，其所呈现的主要观点是"重本抑末"和"重义轻利"。"重本抑末"强调的是以农为本、以商为末的重农抑商思想；"义利之辨"中则强调"重义轻利"和"贵谷贱金"。然

而随着商品经济的发展和近代资本主义的萌芽，市场经济的发展势必突破重农抑商思想的禁锢。而"重义轻利"鄙视一切以营利为目的的行为，这一观点在很大程度上抑制了人们对利的合理追求，从而导致现代社会以利益为杠杆的市场经济秩序难以成立。事实上，日本在迈入资本主义社会以来，一方面着手致力于现代化建设，一方面积极宣扬西方思想文化，批判传统儒学，但又不可避免地受到来自儒家思想不同程度的渗透和影响。同时，儒学思想家们实际上也在新的时局下积极谋求实现其思想体系的革新，其结果为日本的时代变更提供了一系列适应日本民族心理的精神元素和理论依据。可以说，儒家经济思想在日本资本主义萌芽之际，便自发地实现了自身理论体系的革新，自觉打破士、农、工、商的等级禁锢，为商业行为的正当性和商人道德提供理论依据，并进而提出重商主义。通过重新审视"义利之辨"，提出"义"和"利"的结合、道德和经济统一的观念，奠定了日本现代经济道德的基础。

二、儒学革新促进了重商主义的兴起

我们知道，在封建时期主要服务于封建统治的儒家思想，实际上是以政治思想和哲学思想为中心的，经济思想其实并不占据主要地位，而关于经济思想方面的论著也寥寥无几。然而，以治国平天下为目的的儒学家们，从宏观出发论及社会问题时，无可避免地会接触到一些经济问题。由于儒家思想在日本的封建时期牢固占据统治地位，其经济思想的实际影响仍然是非常巨大的，其中最为突出的表现之一就是"重本抑末"即重农抑商的倾向。面临着具有近现代特点的市场经济的发展和资本主义的萌芽，儒学发生了变革，在学术思想上首先为近代思想要素的产生奠定了基础。

（一）徂徕学说为工商业突破禁锢提供理论依据

在日本学术思想史上，17—19世纪中期的江户时代是儒家思想在日本发展的顶峰时期。学术思想精彩纷呈，为日本社会的"近代转型"做出了"前近代"的思想奠基。而荻生徂徕（1666—1728）是日本儒学思想史上最初的重要改革者，可以视为这一大时代中"江户儒学"最光辉且最重要的旗帜。朱子学的穷理思想主张"天理"贯穿于天道和人道之中，是道德的自然主义。而徂徕将"天"置于人类认知的彼岸，将其定义为不可知的非合理的神秘领域，从而

切断了天道与人道的联系。同时徂徕将"道"外化为圣人制定的历史产物，提出"作为"的观念，指出道德规范不是先天的而是后天的，是中国古代圣人洞悉社会规律而制定的经世济民的社会改革方案。道德规范不再是个人修养问题，而是中国历史上先王圣人制定的人为的社会制度。徂徕学的"先王之道"不再是朱子学那样的贯穿自然与人类社会的连续的自然法，而是经世济民的政治经济方案。圣人不再是道德的化身，而是具有绝对权威的礼乐制度的制定者，而且各个王朝的开国君主拥有制度损益权。于是人的道德规范和"天理"自然法则便自然地分离开来，在这社会规范和自然法则的分解过程中，封建制度的合理主义也自然而然地被非合理主义所取代。

"作为"的思想将人提升为道德规范的制定者，不仅肯定了人的作为的主体性，而且把人性从朱子儒学的道德禁锢中释放出来，是对人性的尊重。而这些正是近代思想的要素，正因为如此，丸山真男将徂徕学说评价为日本思想史上从封建近世到近代的转折点和分水岭。丸山指出："徂徕虽然诅咒利益社会的社会关系，而他的作为的立场恰恰包含着利益社会的原理。"徂徕的"作为"的思想"不是成为从外部打倒封建统治的力量，而是侵入胎内从内面进行腐蚀"，在暗流涌动的变革前夕，"作为"的思想实际上为势如洪水般发展的工商业奠定了突破封建禁锢的理论基础，为长期受到轻视的工商业开拓了在必要的时局下重新被定义的可能性。

徂徕关于经济方面的思想论述对货币问题做出了一些贡献，但他在经济思想方面不如他在政治、哲学思想方面那样有独创性。在许多方面，他继承了"重农抑商"的观念。但是，在德川经济发展的社会现实面前，徂徕做出了一定程度的妥协。他承认货币的作用和存在的必要，不主张恢复米谷作为交换手段的制度。他的学生太宰春台继承了他的学风并加以充分发挥，进而站在与他不同的立场上重新审视商业，以儒学为基础提倡重视商业的经世济民论。春台在其《经济录》中不仅讨论了通货和通货膨胀问题，而且进一步指出商业是经济活动的基本要素，应像接受农业一样积极地予以接受。谷物不仅要生长，也要买卖。他提出日本的统治者应实施销售土地特产品的藩营专卖制，以此获取更大的利益，从而开启了儒学由"重本抑末"到"重商主义"转变的先端。

(二)海保青陵实现儒学革新提出"重商主义"

在儒学革新中提出"重商主义"的重要儒学家之一是海保青陵（1755—1817）。他出身于儒学学派并沿袭了徂徕学派的基本理论"理"，尤其是继承了徂徕的弟子太宰春台阐发的"时"、"理"、"势"和"人情"的理论。青陵从现实出发，充分肯定了当时社会变迁的必然性和合理性，指出一切社会现象的产生和存在均有客观的道理。他说："天地间之事皆理也，皆理中也，无理外。盖谓之理外者，运理不足之故也，显似理外也。"因此，现实社会中存在的商业活动和买卖利益关系等现象均属于"理"之必然，是正当的、合理的。青陵进一步指出：自德川统一以来，社会经过了长期的和平发展已发生了巨大的变化，强势武力镇压或单纯的人际关系秩序已不足以维护现实社会的稳定。新的秩序体系必须构建在经济关系之上，旨在营利的经济之"道"的"霸道"已必不可少。他指出，当时的日本社会已经进入"营利"之"道"的时期，只有重视商业、积极发展商业才能解决当时的社会问题，进而提出了重商主义。

在商品经济发展和商人财富不断增强的同时，武士阶级却固守社会等级观念，宁愿依靠借贷生活而不肯从事商业活动，以至穷困潦倒，甚至需要依靠蒙骗来维持外表体面。虽然武士持有"贱商"、"轻利"的观念，但实质上已经参与到商业买卖的活动中。青陵曾尖锐地指出："既嘲笑买卖人之状，然则尔未买卖乎？大国之大名年年售米换金，用以公用而万事毕。售米者买卖也。自大国大名，皆买卖人也。身居买卖之中而笑买卖，尔之名份与所行相异也。"指出他们固守的观念和实际行为存在矛盾。他认为人与人之间在一定程度上都存在着经济利益的关系，商业行为是天经地义的正当活动，应当予以充分的肯定。因此，青陵倡导武士积极参与商业活动，鼓励武士通过积极参与商业活动来摆脱生计困难。并进一步提出各藩振兴商业的政治主张，提倡各藩直接组织和参与经营，积极主张重商主义。正如日本著名学者源了圆先生所指出的那样，在明治维新前后的近世和近代之间不仅存在着断裂，而且存在着继承的关系。而海保青陵正是处在这种继承关系中的一个具有代表性的儒学思想家。他从儒学出发进行思想上的变革，提出了重商主义思想，为传统思想文化在现代化进程中继续发挥功效奠定了基础。

其实，海保青陵提倡重商主义在德川封建末期并不是一个孤立的学术现象，在他同时代的儒学家中，诸如新井白石、本多利明、佐藤信渊、横井小楠，

以及帆足万里等人，其思想上都曾经不同程度地表现出类似的儒学变异现象，均在不同程度上提出了肯定商业行为和承认商业价值的主张。他们有的提出"贵金属说"，从而否定从"重本抑末"中演变而来的"贵谷贱金"的观点；有的提倡加大力度发展商业并积极倡导对外贸易，以增强国力；有的主张强化幕府权威，强制农民生产，通过激发农民的生产积极性来实现富国的理想。凡此种种其实都应视为日本封建儒学的变异现象和革新思想。事实上，封建儒学在经济发展和社会变革前夕已经无法适应现实社会，需要通过自身扬弃来突破原有框架，产生某些适应时局的新因素。从封建时期盛行的"重本抑末"观点转向"重商主义"，实际上就是儒家思想在新时局下萌发近代因素的征兆。

三、重审"义利之辨"奠定经济道德基础

如何处理道德与经济的关系问题，在儒家思想中表现为"义利之辨"。一般认为中国儒家经济思想的主流是主张重义轻利的，事实与否不在此做具体分析。但在日本封建时期，出于服务统治阶级、为封建政权提供政治理念的目的，儒家经济思想的确是倾向于重义轻利。随着封建制度的解体和近代经济的萌芽，"重义轻利"观念严重阻碍了以市场经济为特征的资本主义经济建设。必须重新辩证"义"和"利"的关系，协调经济和道德之间的矛盾，才能保证经济的顺利发展。在如此情势下，深受儒家思想浸润的日本实业之父涩泽荣一，通过在自己的经营活动实践中不断地思考和摸索，终于找到了传统儒家思想与西方资本主义精神之间的接点，在思想上形成并提出了"经济道德合一"学说，建构起适应资本主义发展需要的经济伦理观念，从而为日本近现代的经济建设和发展奠定了基础。

（一）儒家思想的"义利之辨"

虽然日本封建时期的儒学家大多持有"重义轻利"的观点，但关于义利并重的思想也在日本封建时期得以发展，主要是在与经济相关的町人思想和经济伦理中得以强调。如町人思想家石田梅岩、农政思想家二宫尊德、怀德堂学派中井竹山以及江户町人学者山片蟠桃等，都针对"义"和"利"、经济与道德的辩证统一做出过思想理论上的议论和阐述。

推翻封建幕府统治而建立的明治政权，在确立"贸易立国"方针的同时，也确立了新的价值观，试图在思想上消除"重义轻利"观点所带来的限制。但是，

日本江户时代盛行的"重义轻利"的封建观念依旧根深蒂固，并在意识层面上抑制了人们对利的合理追求。"轻利"的陋习将一切以获取利益为直接目的的行为视为不义，这使得在法律上获得了平等地位的工商业者在思想意识上并没有得到彻底解脱。于是，一些启蒙思想家如福泽谕吉、西周等人大力宣传西方以个人主义为本位的功利主义价值观，极力肯定"私利"的重要性。福泽谕吉曾说"私利是公益之基"，并大声疾呼"大力崇尚金钱，使日本成为金钱之国"。在当时提倡西方功利主义的经济思想，的确对克服儒学的"重义轻利"观念起到了一定的积极作用。但是，西方的个人主义价值观显然并不太适合以集体主义为本位的日本社会之"国情"。人们对西方"功利主义"的理解发生了扭曲，并逐步演变为赤裸裸的利己主义和拜金主义，一味追求物质利益的不正之风和商业恶习横行于世，导致日本社会道德颓废，人们的精神世界陷入迷惘。作为重视道德的东方国家，日本深刻意识到发展经济的同时也需要加强道德的维系。因此，处理义与利、经济与道德的关系成为了资本主义建设面临的重要问题之一。

（二）涩泽荣一和"经济道德合一说"

涩泽荣一（1840—1931）结合当时社会的实际情况，以西方经济思想为参照，提出了"经济道德合一"学说，并努力从儒家传统思想特别是《论语》中挖掘与当时社会经济发展相一致的思想，协调义与利的矛盾，树立了现代经济社会的伦理道德。他强调："《论语》中有算盘，算盘之中有《论语》"，"打算盘是利，《论语》是道德"，两者并不相悖。针对儒家经济思想的"重义轻利"观念，涩泽荣一指出：陈腐的"贱商"观念之所以持续残留，其中最主要的原因是对儒家思想的"义利观"一直存在误解。为了说明自己的观点，涩泽荣一对《论语》中有关"义"和"利"的论述做了重新诠释。例如，论语中的"君子喻于义，小人喻于利"一直被后人解释为商人品格低下，理应遭到歧视的经典依据。而涩泽荣一对其做了重新的解释：孔子讲的"君子喻于义，小人喻于利"主要是指"君子和小人的心术是不一样的，君子平生志向于做善事，无论遇到什么事情，首先想到的是必须符合义的要求，然后再决定是否去做，也就是说处人待事是以义为出发点的。相反，小人平生总是不忘谋取私利，无论做什么事情，都以私利为原则。也就是说，只要有利可取，即使有背于义也要为之。因此，既便是做同样的事情，君子和小人想的并不一样，君子想的是

如何行义，而小人想的是如何获取私利，两者之间有着天壤之别"。孔子实际上是要指出在谋取利益的同时要遵守道德规范，并没有轻视商业、教导人们不要去营利的思想。同时，他指出"孟子也主张谋利与仁义道德相结合，只是后来的学者将两者越拉越远，反说有仁义而远富贵，有富贵则远仁义"。在此，涩泽荣一不仅完全否定了以往人们对于"仁则不富、富则不仁"的理解，明确提出将经济与道德相结合的观点，并进一步借由"仁"这一内在媒介，将儒家传统思想所提倡诚实信义、禁欲节俭、辛勤劳作等道德要素定义为商业行为的指导原则，从而确立了资本主义经济社会的道德规范。

涩泽荣一通过对《论语》的再度挖掘和重新诠释，不仅协调了商业赢利活动和儒学传统道德的关系，而且从儒学伦理出发确立了日本近代的经济道德。受菅原道真提出的"和魂汉才"观念的启发，涩泽荣一提出了"士魂商才"的观念，指出商人应当既要具备道德品格，又要具备经商的业务才干，经济与道德是分不开的。离开经济的道德不是真正意义上的道德，同时经济离开道德将不会有好的发展，必须做到二者合一，两者缺一不可。他说："抛弃利益的道德，不是真正的道德；而完全的财富、正当的殖利必须伴随道德。"由"重义轻利"转向"道德经济合一"，儒家经济思想经由这一变迁逐步形成了促进日本近代资本主义形成与经济发展的具有积极意义的进步思想。涩泽荣一通过对儒家思想"仁"的重释，协调了现代化进程中发展经济和保持东方传统价值观之间的关系，构建了儒学道德与资本主义经济相结合的现代经济伦理，为日本资本主义精神秩序奠定了基础。因此，后人将涩泽视为"日本资本主义之父"，他的《论语加算盘》至今仍发挥着重要的指导作用。儒家经济思想要素自此渗入现代经济活动中，成为了日本现代经济思想的主要内容。

四、现代日本经济活动中儒学要素的活用

日本的现代化过程是一个积极学习西方科技、制度和文化的过程。然而，日本民族在对待外来文化方面，并不是一味地全盘吸收，而是表现出一种顺应本身特有国情的文化选择和文化融合。虽然日本倾慕西方的科学技术和人文思想，但东方传统文化更符合日本固有的民族性格。因此，在经过东西方文化比较和选择之后形成的日本现代经济思想，仍然包含了大量的儒学元素。儒家思想中的经济伦理，在日本现代社会及经济活动中依然发挥着巨大的作用。

附录七　儒家经济思想在日本现代化进程中的变迁

（一）从封建时期的町人思想到近现代经济伦理

山本七平在《日本资本主义精神》中，把日本资本主义精神归结为德川时代以儒家伦理为基础的某些町人思想的延续，如勤勉、敬业、自制、节俭等，指出在日本人的心目中，经济行为不单单只是为了谋取利益，更主要是出于精神方面的需要而拼命工作。所谓町人，在广义上通常指自中世纪初到明治维新以前居住于城市的手工业者和商人，狭义上则专指近世的城市商人。町人在重农抑商的封建时期备受鄙夷，但随着商品经济的发展和町人阶级财富实力的不断增强，产生了"大阪的富商一怒，大名为之颤抖"的说法。町人阶级随着经济力量的强大，一方面努力在传统思想资源中寻求论证商业行为的合理性和提高自身社会地位的理论依据，另一方面也积极规范商业道德。而在整个德川时代，儒学被树立为"官学"，在思想上占据绝对的统治地位。在当时的社会里，町人道德本身也深深烙下了儒学的印记，町人思想的主要源泉正是儒家思想。历史上影响最为广泛而深远的町人思想--"石门心学"就包涵了丰富的儒学要素。日本著名哲学家永田广志在历史地位和理论地位上将心学界定为主要是商人所要求的俗流儒学。心学开山祖师梅岩石田就是以儒学为基础阐发了町人思想，虽然他的思想里杂糅了神道、佛教、儒学等多重因素，但他的言论著述几乎"言必称孔孟"、"儒学可能对他的思想产生过最大的影响"。对心学研究颇具权威的柴田实同样指出其主要倾向是儒学。他在考察梅岩的代表作《都鄙问答》所引用书目中发现，《论语》被引用了13次、《孟子》被引用达116次。

日本的现代化并非完全舍弃传统的现代化，而是将传统与先进共存，注重思想功用性的现代化。1868年开始的日本明治维新开启了日本的现代化进程，在富国强兵的目标下，日本实施了一系列政治、军事和经济改革，并推行"殖产兴业"和"文明开化"政策，极大地促进了经济的发展。传统的儒学思想也在经济发展过程中不断发生变异，并逐渐渗入到现代经济思想当中。源自于町人思想中的强调商人应当勤劳、节俭、自制、节约、勤奋等伦理道德，在日本的现代化进程中发挥着重要的作用。住友的广濑宰平晚年饮水思源，在自传中写道，正是幼年的广泛阅读，体会了人世间的冷暖善恶，是儒家的思想指引了自己的一生。幕末至明治，广濑出任住友财阀的番头，他的一生为住友家业的兴隆鞠躬尽瘁，最终获得终身为住友家人的身份。他指出作为经营者最重要的品质是对主家忠诚，并总结自己30年来的经营感悟，写下《半生物语》，强

调了忠诚、献身、勤劳、进取等道德的重要性。出生在清酒酿造世家的金原明善就以儒家思想的"修身齐家治国平天下"为人生哲学,从"家国一理"的立场出发,强调为了维护和发展家业、家产,应该永远把"勤劳、忍耐、朴素、节约"的美德作为重要的传家宝。

儒家经济思想的主要特色之一,就是其具有独特的伦理范畴。日本现代经济思想中强调道德的特色,正是包含了儒家经济思想要素的典型表现。以伦理为本位的儒家思想出于自身特色,其经济思想与西方有着很大的区别。与西方强调经济学和方法论的经济思想不同,儒家经济思想虽然最终亦不可能脱离生产、交换、分配、消费的四个环节,但儒家经济思想中具备的独特的伦理范畴和理论体系,乃是西方经济思想所鲜见的。显而易见,日本的现代经济思想当中包含了大量儒家经济思想的内容。

(二)集团主义和家族主义经营理念

日本学者川岛武宜在1947年发表的名著《日本社会的家族式构成》中曾指出,整个日本社会是根据家族式原理组成的,日本的家族是一种有别于传统家族意义的超血缘的经济共同体。日本著名社会学家中根千枝也提出了"纵式社会"理论,指出日本社会由"场所型"的集团组成,这种集团的成员通过"纵式"关系凝聚在一起,集团成员根据某种标准"链条式"排列,明确分出序列(级)等。中根千枝指出:"日本社会从整体上看单一性非常强,而且集团是按场所形成的,如果不经常明确圈子(如集团成员自身不经常强调与他人的不同),与他人的区别便容易消失。因此,日本的集团便不知不觉地加强'自家人'、'外人'的意识,问题大约就在于这种集团构成的性质。"和川岛武宜一样,她也认为家族主义乃是日本社会结构的特色,"日本社会集团构成的原理集中地表现为'家',在日本的所有人口(至少在江户时代中期以后的农村中)都可以看到'家'的存在,这种集团构成可以视为日本社会构成的特色"。"以'亲分'、'子分'为象征的人际关系,不仅存在于政治家和黑社会中,实际上还存在于自己认为也被他人认为具有进步思想的文化人、讲授西欧经济与社会的大学教授或在最先进的大企业中工作的人们中间。"

这种家族式集团主义的社会结构反映在经济领域即是日本企业的家族主义经营(又称经营家族主义),作为一种经营理念、经济思想,经营家族主义

被视为日本式经营的核心和基础。所谓家族主义经营,即把企业这种机能集团类比为家族血缘集团,企业扮演了中国儒家所提倡的"父慈子孝,兄友弟恭,夫和妻顺"的家庭角色,强调爱人、仁慈、和谐、互助、团结、合作、忍让等美德,形成企业内部的同心力、凝聚力和强烈的集团主义。最高经营者就是家长,其他所有从业人员都是家庭的组成成员,企业经营者作为家长持有传统意义上的权威,员工作为家人对家长忠心、顺从,以此关系紧密团结在家族之内,为了一定的经营目的而奋斗。这种以家族主义经营方式为特征的组织集团,往往都具有"企业一家"、"家族的经营"、"温情主义"的特质。也惟其如此,有人说"日本的经营组织类似日本的家族组织",这一点正"是日本的职工勤奋、工作热情惊人之高的原因所在"。

正如王家骅所指出的那样:"日本人的最高价值不置于宗教,而是置于道德。……这种'纵式社会'需要道德的正当性予以维持。为'纵式社会'提供道德支柱的,不可能是欧美式的个人主义伦理观,而只能是适应'纵式社会'需要的、以儒学道德为主要内容的传统伦理观。"经营家族主义既然将企业视为按人伦关系组成的大家庭,那么在其运营的各方面则都需要道德的维持,儒家思想无疑为这种家族式经营结构的稳定提供了道德理论上的支撑。从儒家思想的"仁者,爱人"思想出发而形成的"人即资本"的理念,从"中庸之道"和"以和为贵"出发而形成的"和"的主张,以及从"忠诚"、"守信"等观念出发而引发出员工对国家、公司、工厂的忠诚心、集团主义和奋斗精神等,均成为了日本在近现代过程中不可或缺的经济伦理核心内容。可以说,儒家经济思想经过了上述一系列变迁,最终形成了适合日本近现代经济建设和发展的新内涵。

五、结　语

儒家思想在日本现代社会中仍然发挥功用的这一事实已普遍得到认可,众多学者在不断研究中发掘出了儒家思想在日本现代化进程中的发展和变迁轨迹。但是,由于儒家思想在封建时期最突出的表现乃是政治思想中的运用,于是学者们大多将关注焦点置于政治领域上,从而得出其在整个现代社会文化中逐渐衰退的结论。而事实上,在强调经济建设的日本现代社会里,国家行政的主要目的是发展经济,经济成为了日本资本主义政治的核心目标,因此,从经济建设领域中更能发掘出儒家思想的本质及其在现代的变迁的实际状况。

（一）儒家经济思想变迁的实质

儒家思想最主要的特质是以伦理为本位，是随着历史的发展和社会的需求不断发生变化的开放性的思想体系，更多注重的是人生哲学与人的道德修养方面的问题。在日本思想史上，儒家思想先进的政治理念和伦理思想在日本的封建社会中起到了重要的作用。特别是在德川时代被树立为官学，对日本社会的各个方面产生了巨大而深远的影响。

儒家经济思想之所以在现代化进程中不断发生变貌，同样源于其并非一个封闭不变的范畴，而是一个相对开放的思想体系。在历史发展过程中通过不断吸收其他各学派的观点来充实和丰富自身的思想内容，进而达到适应社会发展、为统治阶级提供思想理论依据的政治目的。例如，早在儒家思想体系形成之初，其实并未含有"重本抑末"的思想，而随着中国社会步入封建时代，由于"重本抑末"的政策能更好地维持封建生产关系下的小农经济，意在以压低商人地位来防止农业劳动力流失，避免商品经济造成对自然经济的破坏的"农为本、商为末"观念便应运而生。儒家思想传入日本后，与日本民族固有文化和民族特性相互渗透融合，形成了具有日本特色的儒学文化。可以说，儒家思想在日本的发展和变化，实际上也是一个其开放性地结合日本民族固有文化，通过自身变貌以更好地服务日本社会的过程。

封建末期的日本社会出现了荻生徂徕等的儒学革新以及海保青陵等儒学家们思想上的变异，从"贱商"观念转而变成积极倡导重商主义的这一系列变迁，导致了封建时期"重本抑末"倾向一跃转向提倡商业、肯定商业，封建等级秩序下被轻贱的商业亦摇身一变成为了社会至关重要的领域。人们传统信仰中亦自然而然地产生了适应新时代的观念，如此观念的产生难道不可以视为日本从封建社会得以顺利转向资本主义社会的重要保证之一吗？

更重要的是，在封建时期被解读为"重义轻利"的儒家思想的"义利之辨"，步入现代以来得以转变为"经济道德合一"的诠释。在开放性地参照、吸收了西方思想的一些元素后，由涩泽荣一根据《论语》提出的"经济道德合一学说"，树立了"经济离不开道德、道德离不开经济"的理念。"经济离不开道德"为儒家经济伦理继续指导现代人们的经济行为奠定了基础；"道德离不开经济"更是将"经济"推至为"道德"的必要条件，自然地，作为经济活动主体的资产阶级，也顺理成章地成为了社会和道德最重要的阶级。在将道德视为高于一

切的日本社会，通过明治维新实现法律上平等的资产阶级，在儒家思想的变革中进一步实现了在民族心理上得到充分认可的飞跃。

我们通过考察得知，在日本近现代经济活动中指引、约束人们经济活动的经济伦理，其实质就是以儒家思想为核心内容的，是形成于德川时期町人思想的延续并与资本主义文化相融合的产物。儒家思想的伦理道德规范在现代社会中仍然有着巨大的影响。封建社会下提倡"重本抑末"是出于封建统治的需要，在资本主义社会时期提倡"重商主义"，则是服务于以建设经济为主的政治目的。从提倡商业到强调"经济"与"道德"同等重要，儒家经济思想在日本现代化建设过程中的变迁，实质上是继续发挥了其以伦理为本位、服务于统治阶级的政治目的的特性。

（二）儒家思想得以存续的温床和土壤

儒家经济思想在日本现代化建设过程中积极迎合时代的需求，而日本的社会结构和民族心理特性也为儒家经济思想的存续提供了合适的温床和土壤。

日本在汲取外来思想文化方面，无论是对传统的还是先进的，均保持一种注重功用的态度，必要时会对整个思想体系进行分解，择取有用的断片。正如丸山真男在剖析日本的思想时所指出，"日本缺乏思想的坐标轴"。在步入资本主义建设以来，"传统思想在维新后越发增强了零碎片段的性质"，而在引进西方文明的过程中，"欧洲的哲学、思想本来所具有的历史构造性屡次被分解，或被隔断了其思想史的前提，仅作为零件不断地吸收进来"，对日本而言，这些断片性的思想理念杂居在精神的数据库里，即"把各种哲学、宗教、学问——甚至连从原理上互相矛盾的思想——'无限地拥抱'，使之在精神的经历中'和平共存'"，这个数据库的作用，就是为社会目标提供有利的理论支持。在以经济发展为核心目标的日本现代化进程中，文化选择实际上就是从这个数据库里提取有用的理念，一切均以其功用价值为标准。关于这一点，王家骅先生也曾指出："日本人并不拘泥于不同的信仰和价值观在理论上的差异，而更为注意这些信仰和价值观的功用。"所有一切思想文化，无论其在价值体系上存在着多大的差异或矛盾，只要有利于其民族的发展，便会被日本社会所接纳和采用。必要时，日本甚至会对其进行强制性的整合和改造，并将其树立为主流思想。日本在现代化建设过程中仍然保留并活用儒家思想文

化元素，正是由于儒家思想经过革新后，仍然对日本的社会经济发展大有裨益。一句话，儒家经济思想满足了日本近现代经济建设和发展的需要。

由于日本是一个自然灾害频繁的岛国，长期以来的自然灾害导致整个民族一直处于恐惧和不安当中，而其岛国性质又造成了日本在一定程度上的封闭，这加据了日本民族的孤独和无助。灾难面前激发凝聚意识，孤独心理催化了对归属感的渴望，因此，日本民族形成了一种对安全感的渴望和对集体的依赖的民族心理特性。而如此民族根性决定了日本社会倾向于固守天皇政体和集团式的社会结构。日本社会的最大特色之一，就是以超血缘的家族理念团结在象征"家长"的天皇的号召下，强调民族凝聚、相互依赖和共同奋斗，固守集团式的社会结构。这种社会结构需要道德来加以维系，而能为这种结构提供道德的思想体系只有儒家思想。西方思想中以个人主义为本位的道德体系，显然与日本强调集体的社会结构存在着本质上的冲突，纵使在新的社会体制下，经营家族主义也更有利于经济的发展。因此，固守集团式结构的日本在"功用主义"的主导下最终选择了儒家经济思想的合理因素。可见，正是日本社会的特有的思想特性和注重功用的价值观，为儒家思想在其近现代社会中继续发挥重要作用提供了有利的温床和土壤。

综上所述可知，儒家经济思想在日本现代化进程中发生的变迁，实际上并未发生本质性的变化，而仅仅只是随着社会历史的发展变革而做出了相应的调整和变貌而已。儒家思想的功效和作用实际上都继续受到重视、得以发挥。我们在研究现代经济思想时，往往不难发掘出许多的儒学元素，其根本原因亦在于此。"儒家思想"或"儒学"的名声在日本的现代社会中是否继续享有赞誉并不重要，重要的是，儒家思想的精髓仍然在日本现代社会中发挥着重要的作用，这一事实不容置疑。

参考文献

[日] 小林义雄：《战后日本经济史》，日本评论社1978年版。

[日] 杉原四郎：《西欧经济学与近代日本》，未来社1972年版。

[日]《日本思想大系27》，岩波书店1977年版。

[日] 宫本宪一：《昭和的历史10——经济大国》，小学馆1983年版。

[日] 野村兼太郎：《概观日本经济思想史》，庆应出版社1950年版。

[日] 丸山真男：《日本政治思想史研究》，东京大学出版会1952年版。

［日］渡边与五郎:《日本经济思想史——太宰春台的研究》,文化书房博文社1971年版。

［日］丸山真男:《日本的思想》,区建英、刘岳兵译,三联书店2009年版。

［日］海保青陵:《海保青陵全集》,八千代出版社1976年版。

［日］杉原四郎:《日本的经济思想》,关西大学出版部2001年版。

［日］源了圆:《山片蟠桃·海保青陵》,中央公论社1971年版。

［日］新井白石:《折りたく柴の记》,中央公论社2004年版。

［日］长幸男等:《近代日本经济思想史》,东京有斐阁1969年版。

［日］福泽谕吉:《使日本成为金钱之国之法》,载《福泽谕吉全集》第10卷,岩波书店1971年版。

［日］土屋乔雄:《续日本经营理念史》,日本经济新闻社1971年版。

［日］涩泽荣一:《论语讲义》,二松舍大学出版部1975年版。

［日］涩泽荣一:《论语与算盘》,王中江译,中国青年出版社1996年版。

［日］涩泽荣一:《论语与算盘》,文艺春秋2011年版。

［日］山本七平:《日本资本主义精神》,生活·读书·新知三联书店1987年版。

［日］参山崎益吉:《日本经济思想史》,高文堂出版社1981年版。

［日］永田广志:《日本封建制イデオロギー》,白扬社1947年版。

［日］柴田实:《梅岩とその门流——石门心学史研究》,ミネルヴァ书房1977年版。

［日］广濑宰平:《半世物语》,住友修史室1982年版。

［日］金原财团编:《金原明善传记》,中央公论社1968年版。

［日］川岛武宜:《日本社会的家族式构成》,岩波书店2000年版。

［日］中根千枝:《纵式社会的人际关系》,讲谈社1969年版。

［日］占部都美:《论日本式经营》,中央经济社1979年版。

王青:《日本近世儒学家荻生徂徕研究》,上海古籍出版社2005年版。

刘金才:《町人伦理思想研究——日本近代化动因新论》,北京大学出版社2001年版。

李卓:《试论近代日本企业家族主义经营的形成》,载《天津社会科学》1994年第5期。

王家骅:《儒家思想与日本文化》,浙江人民出版社1990年版。

刘金才:《"论语加算盘说"的思想主旨》,载《贵州民族学院学报》2005年第3期。

［美］Herman, Kahn. *World Economic Development:1979 and Beyond*. London. Groom Heim. 1979.

［美］贝拉:《日本近代化と宗教伦理》,堀一郎等译,未来社1962年版。

［英］泰萨·莫里斯铃木:《日本经济思想史》,商务印书馆2000年版。

附録八　日本神道と中国の古代文化との関連性について

　　中国の大学で「日本文化史」の授業を担当していた時、たまたま使っていた参考書[1]
　　の中に日本古来の固有神道については殆ど触れていないことに気付いて、困惑を感じた。数多くの神社や祭り・行事などの文化財を残していながら、日本民族の精神的な支柱として、日本国民の信仰・思想に深い影響を及ぼしてきた神道は、ほかの宗教と異なった独自の発生と起源、発展と変遷もあれば、独自の信仰内容乃至思想もある。特筆するほどではなくても日本文化史には一席の地を占めるはずなのに、と苦慮してもその解を得なかった。そこで、神道についてさらに知りたいと思うようになったのだが、そのきっかけでいろいろと調べてみると、神道に関しては、今までの研究ではまだ納得しがたい部分も相当残っているし、扱いにくい問題もまだ十分認められることがわかった。その中で特に焦点になるのは、日本古来の神道が、中国文化・中国古代の宗教思想とひっきょう影響関係を持っているかどうか、影響関係があるとすればその関連の程度はどう見るべきかの問題と言えよう。江戸時代の本居宣長を代表者とする国学者たちが、神道は神国日本の純粋なものであって、中国古代の宗教思想と何等影響関係がないどころか、むしろ中国の宗教思想よりも優れているものだ、との主張は、未だに影響力のある主導的な説のようだし、現に日本の神社や祭祀活動の内容を見ると、中国にはかつて存在しなかった独自のものが多いのも事実だから、中国の道教と影響関係があるのではないかと主張する少数の見解[2]があっても、なかなか一般化されないのが現状である。ところが、日本神道の経典とも言うべき『古

附录八　日本神道と中国の古代文化との関連性について

事記』や『日本書紀』などの文献からもわかるように、日本古代の歴史・宗教思想（神観念など）について考える時、中国の古代文化との関連を完全に切り離しては考えられないし、かといって、日本神道の持つ独自性を見れども見えずして、その発生から発展まですべて中国文化の影響を受けてきたものだと断言しても、牽強付会の部分があるので客観的とは言えない。

そこで、本稿は従来の研究を踏まえ、関係のある文献や資料を調べた上で、日本神道と中国文化との間に関連があるかどうか、もしも関連があるとしたらどの程度までのものかを、比較文化の角度から客観的に分析し、焦点になる問題の究明を試みてみたいと思う。

一、最も基本的な発想は中国の古代文化から

日本神道と中国の古代文化との関連性について考える時、まず江戸時代の朱子学派の儒家神道説を唱えた貝原益軒の次のような言葉を思い出す。

「夫以本邦与中国同道而異俗。故雖聖人所作之礼法，宜乎中国而不宜乎我邦者亦多矣。学儒者，順其道而不能泥其法，択其礼之宜于本邦者行之，不宜者而置之不行，何不可之有。」[3]

なかなか興味深い言葉である。日本神道と中国の古代文化との関係は、まさに「同道而異俗」の関係で、日本神道は中国文化の影響を取り入れる時に、正に「順其道而不能泥其法」という原則を守って、その根本的な「道」だけを受け継ぎながら、同時に独自の「法」を創造したのではないかと思わせるような言葉である。

日本の外国文化との接触・交流の歴史を遡ってみて分かるように、日本の外国文化受容には、顕著な特徴の一つとして、必ず自国流に改造し、外来文化を出来るだけ最大限に日本化しようと工夫を尽くすことが挙げられる。これは、言うまでもなく、外来文化を自分の国の実情に合わせて国民によりわかりやすく抵抗なく受け入れられるようにするためにどうしても必要なことだし、似たような現象は中国の宗教の発展史においても決して珍しいことではない。ただ、日本民族は、この点において驚異すべき優れた「改造能力」を見せてきたことを、ここでまず指摘しておきたい。

特に神道の場合、他の宗教の日本化の場合とは事情が全く違って、中国の古代文化との影響関係を見せながらも、長い発展と変遷を経て独自の「肉

171

付け」を完成し、内容を充実させ、結局は殆どオリジナルに近いものを備えている姿を呈するように至った。そういう意味では、神道に関しては、私は「神道的改造」或いは「神道的創造」と名付けはて、神道の外来（中国）文化との関連性を考えたほうが相応しいと思う。

先ず、神道と中国文化との関連が考えられるべきところから見ていこうと思うが、やはりこれまでのいくつかの議論の問題点から入って、先行者の研究に注目しながら、私の調べた結果と考察とを述べたほうが分かりやすくて効果的であろう。

（1）「神道」という語の借用について

よく「神道」という語の初出と意味をめぐって、神道と中国文化との関連の有無が論じられるが、指摘するまでもなく、それについてだけでも多くの説が入り乱れている。

それについては、早くも平田篤胤が、同じ言葉・文字が使われても、日本の神道と中国の神道とは、意味内容が「とんと趣意が違う」という見方を示したし、梅田義彦も中国の古典に用いられている「神道」の語の用例とその意味と、『記紀』などを代表とする日本側の文献に出ている「神道」の意をいちいち詳しく分析し、その差異を明らかに指摘している。[4] これでほぼ、「神道」の語は、中国の典籍の用語を借用しながらも指示内容の実質も違うし、仏教との対比の必要から生じたものだとの考えが主流的になっているようだ。とにかく、神霊祭祀（神事）に関するものなら近い概念（そもそも神道は、日本固有のものだからまったく同じ概念ではありえない）と見るべきだと考え、念のために、指摘された中国の『易経』や『後漢書』などの古典原文にあたることにした。なるほど日本の「神道」に近い概念の語がほとんど見られないが、唯一『三論玄義』の用例に関しては、梅田義彦の解釈[5]と違い、「夫れ神道は幽玄にして人を惑はし昧きこと多し。」の中の「神道」は、「神霊・神鬼に関しての理念及びそれに基づいた儀礼内容、祭祀活動」の意であって、類似の概念と考えるべきだと思う。さらに、よく挙げられている『易経』の中の用例「天の神道を観て、而して四時忒はず。聖人は神道を以て教を設け、而して天下服す。」についての解釈だが、『三国演義』をみると、孔明が常に「夜観天象」して天下の情勢を把握し、「星」を観て敵陣と我が軍の「運

勢」を予知し、うまく天候を利用して方策を定め、「呼風喚雨」して、殆ど「百戦百勝」に至った。一方曹操は「弄神弄鬼」の道士の「妖術」を信用せず、道士を殺してついに災いを招いた。これを連想して、孔明が「天の神道」に精通し、「神助」を得た「能推会算（物事を予知できる）」の人だから「百戦百勝」出来たのではないかと思われる。直接には関係ないかも知れないが、それと関連して考えると、上の「神道」は「神の支配下にある天地万象（人間をも含む）の真理・法則及びそれに従う理念、それに関する智恵」のようなものだろう。つまりさらに詳しく言えば、「天の神道を観て」の「神道」は「天地万象の法則」であり、「神道を以て教を設け」の「神道」は祭祀作法も含む「理念」と、それに関する「智恵」及び「智恵」を生かせば「神助」を獲得できる「能力」のことだというである。こういう能力は、昔の中国では、レベルの高いものが「仙術（法術とも）」といって、「得道真人（道を得た仙人）」にしか出来ないわざだが、それほどレベルの高くない普通の「道士」でも特定の祭祀作法によって「神助」を得る「法術」もある。話は遠回しになったようだが、この「智恵及び能力」の意の「神道」も神霊祭祀に関するものだから、やはり概念に近似したものと見るべきであろう。

　以上の分析から分かるように、神霊祭祀（神事、中国では「法事」とも）に関する所謂概念を持つ用例は、中国の典籍の中にまったく見られないわけでもないが、確かに日本の「神道」の指示内容とは違う。しかし、その違いは決して日本神道と中国文化とが無縁であるとの裏付けにはならない。「中国の道教で古くから用いられている『神道』の概念をそのまま採り入れ」[6]るというほどのものではなくても、中国の典籍を参酌した上で、仏教などに対比し、同時にまた中国の「神道」とも異なる独自性を意識的に強調して自分の「国教」を打ち出そうとして、「神道」の語をうまく借用したものと思われる。これは、『古事記』や『日本書紀』の編纂当時の時代背景とも大きな関連があるが、それについては後述することにする。

　（2）『日本書紀』の原文の冒頭部分について

　　同じく神道の経典というべき『日本書紀』の冒頭部分を見ると、次のようになっている。

　「古、天地未剖、陰陽未分、混沌如鶏子、溟涬而含牙、及其清陽者薄靡

而為天、重濁者淹滯而為地、精妙之合博易、重濁之凝竭難、故天先成而地後定」
　この冒頭部分について、神野志隆光が中国の『淮南子』、『三五暦紀』との出典対照表まで掲載し、これは殆ど中国の典籍のそのままの引き写しであって、しかも決して本居宣長の言う「ただ序文として、差し置く」べきものではなく、『日本書紀』の本質的な始まりと考えるべきだ、と力説したが[7]、正にその通りだろう。
　なぜなら、『日本書紀』の中に反映された天地の成り立ちについての発想からは、ただ冒頭部分に「序文」として「提示」するだけにとどまるのではなく、中国古代の宇宙・天地生成に関する認識をも含む典型的な哲学思想と世界観（陰陽学説）をも見事に吸収し、消化したと推定できるからである。このような確鑿たる証拠を前にして、どうして日本神道は中国文化とはまったく無縁であると言い切れるだろうか。日本神道は、ほかの教理・教典の備わった宗教に負けないように、「独自」の理論付けを図り、理論的土台を創り出そうとする際に、中国古代の哲学観・世界観を基盤に吸収し、うまく利用した証拠だと認めるべきであろう。当時の「神道の理論付け」の大事業に関係した人たちは、恐らく中国古代の宗教思想と哲学思想を反映する典籍に接触し、しかもその基本的理念や発想（哲学観念）を参酌した上で、その大事業に努めたのであろう。
　（3）『記紀』などの古代文献から窺われる中国古代の哲学観について
　ところで、中国古代の哲学思想と宗教思想を吸収したと確認されるべきところはほかにも少なくないが、福永光司によっても鋭く指摘された[8]ように、「マヒト」と訓せる中国道教「真人」という言葉の使用と「真人」の位置付け、天皇・皇室の重んずる「紫」色の高貴さ、それから鏡と剣が皇位を象徴する神器とされる尊さ、等々をあげることができる。かつて道教の有名な廟として知られている中国広東の仏山の「祖廟」を見学した時に、祀られている神とは別に、廟の中心に黒くかすんでいて古びた銅鏡が堂々たる存在として置いてあるのを見て、不思議に思った。道教においては、鏡が霊力・神力のある「宝物」であることが後になってわかったが、この「宝物」たる鏡は、神道においても高貴なものとされることが、『古事記』にも示されている。天照大神が「此の鏡は、専ら我が御魂として吾が前を拝くが如くいつ

き奉れ」と命じられた記述があること、さらにいわゆる三大神勅の中の「吾が児、この宝鏡を視まさんこと、当に吾を視るがごとくすべし。ともに床を同じくし、殿を共にして、もちて斎鏡と為すべし」という「同床共殿の神勅」によっても確認できるし、伊勢神宮に奉られているご神体が鏡であることもほぼ認められる。こうしたことから考えれば、まったく偶然の一致とは考えにくいだろうし、日本の神道は中国の神道の本家であり、部分的なものは中国に伝わっている、という平田篤胤の見方も年代的に考えても納得しがたい。やはり、日本の神道は中国の古代の銅鏡に対する発想（鏡が神秘な霊力があるという宗教思想）の影響を受けた、と考えるべきであろう。次に、『日本後記』によって確認されるように、桓武朝の平安京の皇居には大極殿があったこと、大極殿で元旦に四方拝の儀式が行われたことなど、その「大極」や「四方拝」は、典型的な道教の概念であり、道教の教理では重要な意味を持つ言葉である。更に、宇佐神宮の近くの山名で「おおもと」と訓んでいるものも、やはり吉田神社の大元宮の「大元」と同じもので、中国道教の宗教哲学の影響からきたものだ、との指摘も[9]あるように、「元」というのは、道教的色彩の濃い発想と概念である。道教関係の廟の名称を見れば、「大元宮」「三元宮」などの名称が多いことを見ても容易に理解できるだろう。これもやはり偶然の一致とは考えられないと思う。

　紫色に関しては、確かに儒教の古典『論語』では賤しい色とされている例もあるが、古代の説話や物語では、頭上に「紫色光環」が見えるのは「天子」か「聖人君子」になる人だとか、身の周りに「紫氣」のある人は「凡人」ではなく「神仙」であるとか、最も尊い色とされるのがやはり圧倒的に主流である。現在でも中国の「氣功」の教えでは、「紫氣」「紫光」が見えるのは喜ばしい現象とされている。

　また、「天皇」の語と中国道教の「天皇大帝」との関連、天皇が宮殿で行う四方拝の儀式に使う呪文の道教的色彩の濃さ、「東王母」「西王母」「大元殿」などの道教的言葉の数々、黄泉国という地下世界の観念など、いずれも適切で鋭い指摘[10]と言えよう。其のうち、黄泉の国にかんしては、世界の創造者たる伊奘諾尊が、亡くなった配偶者を呼び戻すために黄泉の国を訪問する話などは、純粋に日本的だと思われる神話だ、とラフカディオ・ハー

ンはその『神国日本・解明への一試論』の中で言っているが[11]、これもやはり中国古代の思想・世界観の影響と見るべきではないだろうか。

なお、推古紀即位十五年（六〇七）二月の条に、天皇が「朕聞く、むかし我が天皇祖先たち、世を治めらるるや、天に踊り地に蹐して、敦く神祇を礼い、周く山川を祠りたまえり。ここを以ちて陰陽開和、造化共調せり。今朕が世に当たりて、神祇を祭祀すること怠有らんや。群臣ともに心を竭して、宜しく神道祇園を拝見すべし。」と語った、との記述がある。その「陰陽開和、造化共調」という言い方にも中国の陰陽学説の影響が窺われる。

（4）主な祭儀から見た中国文化の影響について

日本の神社の様式や行われる神事は、殆ど日本古来の独自のものに見えるようだが、主な重要祭典やその基本的な発想には、やはり中国の古代文化の面影が窺がわれる。

『続日本紀』の記述によると、桓武天皇の時、長岡新京から離れた郊野で二回も天神を祀る祭儀を行っている。その挙行の場所や作法とその祭文は、中国の歴代祭祀のうちで最も重視された郊祀の礼を模したものだ、と高取正男が説いている。[12] なお、狩野直喜が具体的な祭文の対比まで掲げて指摘する[13]ように、『続日本紀』延暦六年（七八七）十一月五日の条に収められている祭文は、『大唐郊祀記録』や『大唐開元礼』に伝えられる中国唐朝における冬至の祀の祝文に基づいたものであった。中国では、冬至の郊祀はもっとも重要な祭儀とされて、古くから歴代の皇帝が盛大に行ってきたものである。その影響で現在でも「冬大過年（冬至はお正月よりも重要だ）」といって冬至の日ん9盛大に祭儀を行う地方がある。さらに、「神祇令」に見られる同じく重要祭儀とされる神衣祭も、実は中国の諸王朝の宗廟の祭祀に模倣したものであることは、すでに吉野裕子によって論証されている。[14]

また、『貞観儀式』や『延喜式』の中の祭儀の作法や有り様についての記述を見れば、その大祀、中祀、小祀の分け方や斎戒の期間に関する規定などは、中国のそれとは必ずしも完全に一致するものではないが、基本的な発想や原則的なやり方は、中国からの暦に準じて中国諸王朝の祭儀にならったのである。例えば、重要な神事とされる大嘗祭についての記述には、期間の規定が少々違っているが、「散斎」と「致斎」という、中国の『礼記』の中

の言葉や発想を受け継いだと思われる。

　要するに、中国から律令制度を導入すると同時に、主な国家の祭儀として、中国諸王朝の儒教的祭祀制度をも参酌して、古来の神道の祭儀の体系化と理論付けを図ったと考えられるのである。

　神々の名前や、地名・山名・河名などを馴染みやすいように作り替えても、また神の数を適当に増やしたり減らしたりして「物語的」なものを杜撰したり「創造」したりしても、根本的なものは何の拠り所もなく捏造するわけにはいかないので、中国古代の神学観念及び宇宙生成・天地開闢に関する哲学的発想の影響を取り入れ、基本的なものがそれに違背しないことを前提にした。『記紀』は正にこのようにして編まれたのではないか、と私は考えている。

二、「順道」しながらも「泥法」しない独自の様相

　日本神道と中国文化との影響関係が見えるのは、決して『記紀』だけではない。神道思想の発展・変遷の歴史を遡ってみると、後の時代に形成された儒家神道や伊勢神道、吉田神道など、その教義・教理に反映されている思想・観念は、中国大陸からの文化（儒教、道教）に刺激されたり、思想的に啓発されたりするところも決して見落とすべきではない。（これについては、別の機会に考察するつもりである。）

　ここで、なぜ中国の文化の影響を受けたと主張しながらも、日本神道は「独創的」だとか「創造的なもの」というのか、と疑問を抱く方がおられるかもしれないが、広い意味での神道の一部分として、現に中国にはない独自の行事や祭り、さらに中国古代の宗教的発想に背くような儀礼活動や祭祀内容が残されているのも事実なので、「神道的創造」をしたと考えるよりほかに解釈のしようがなかろう。

　中国の文化を系統的に受け入れ始めたのは、確かにもう少し後の時代、七世紀を迎えてからのこと、即ち、正式に遣隋使・遣唐使が直接中国大陸に派遣されるようになってからのことかも知れないが、『記紀』が編纂されるまでの時代には、もうすでに中国古代の文化・宗教思想と何等かの接触があったはずだと思われる。——その時代には実はもっぱら道教だけではなく、儒教的理念やほかの哲学思想をも含まれており、様々な発想や思想が混和融

合された、一種の素朴な神観念・哲学思想のようなものである。それ故、福永光司のように明確に「道教の影響」と指摘するより、「中国の古代文化の影響」と言ったほうが妥当であろう。――しかし、前にも触れたように、日本神道は根源的に、発想的に中国古代の基本的な神観念。宗教思想を取り入れながらも、中国とは殆ど違う様相を呈しているのである。

　よく調べると、日本神道の「独創的なもの」と思わせる点として次のようなものが挙げられるのである。

　（一）神道の最も基本的な経典と伝統は、ほかでもなく天皇家の神話史であることが物語っているように、日本神道は最初から、つまりその原初形態を整えた時から、恰も天皇制統治国家のために生じたかのように、中国のそれとは異なった、いかにも日本的宗教伝統に適合するような特徴を見せている。

　（二）前述のように、基盤になっている神観念や天地生成の発想などのような基本的なものは、中国古代の思想を受け継いだものだが、しかしながら、大地と天とが分離した後の神話伝説の展開、次々と生まれたてきた神々、造られてきた日本の島々、始まってきた神代、等など、紛れもなく日本的色彩・印象が浮き上がってきたのである。

　（三）神代とこれに続く天皇の時代との間に一切区別なく、日本人はすべて神の子孫であるという発想も、『記紀』編纂の際に働いた自国意識・自国文化意識の昂揚のために、「独創」されたものと思われる。

　（四）祭祀儀礼のことだが、中国では鶏や豚の丸焼き（無論民族によって地方によって違うが）などを供え物とするのに対して、日本の場合、神に奉献する供え物は白米の飯、鮮魚や食用海草など、いかにも日本の典型的な食生活を反映した食物である。また、神々は聖壇の前に供えられた食物と御神酒を召し上がっていると想像されている間に、紅白の装束をした少女の巫女たちが、太鼓と笛の音色に合わせて踊って神々を喜ばせるという儀式、乃至その発想、これも明らかに日本独自のものと言えよう。

　（五）神社の建築様式や鳥居の形、神社や斎戒の式を行う場に張ってある藁造りの注連縄、御輿を担いで騒いだりする祭りの発想とそのやりかた、願い事をお札に書いて結んだりかけたりして鐘を鳴らして柏手を打って拝む

附录八　日本神道と中国の古代文化との関連性について

こと、清い泉水で手を洗い清めてから神前に立って拝むことなど、これらはみな中国と関係のない日本独自のものであろう。とりわけその柏手を打つ習慣については、中国の古典『魏志倭人伝』の中に「大人の敬する所を見れば、但だ手を搏ちて、以て跪拝に当つ。」との記述があることによって、中国人から見ても些か奇異に思われるほど、日本人独特の古来の風習のようである。

　中国の「求神・拝神（神を礼拝して祈求する）」の作法を見ると、やはり心身ともに清らかにするようにとの要求があるが、心の中で敬虔なる誠心さえあれば良い、願い事も「心中黙念」で十分とされているのに対して、日本ではすべて「形式」として行われ、「具象化」されているのである。

　（六）東に昇る朝日にむかって柏手を打って拝むという太陽信仰、また、朝起きて日の出を礼拝してから家に戻って神棚の前の先祖の位牌の前で祈りをするという作法（最も古い神道国と言われている出雲で慣習的に行っているという）、これらも日本神道の独特なものと認めるべきであろう。

　（七）最後に指摘しておきたいのは、『記紀』の成立する前に、日本という国には古代の日本人がずっと昔から自分なりに独自の生計を営んでいたはずだ、ということである。周知の通り、人類が生存する以上、その土着の、原始形態の宗教らしきものがあったはずである。不可解な自然と同じく不可思議な死の世界への恐怖からきた自然の神化や亡霊の神化というのは、すべての国の原始的な共通現象であって、生きているものの世界は死の世界・神霊の世界の支配下にあるという考えは、思惟のまだ発達しなかった時代においてはすべての民族の共通した最も原始的な宗教思想だと言えよう。例えば、病気や災難などはすべて神罰なのであって神に対する不敬によるものだ、という素朴な考えは、古代人の不可解な世界に対する恐怖から自然に生じてきたものであろう。そういう、いわゆる低次元の、素朴な考えは、どの民族でもその土着的なものとして自ずから発生してくるものなので、日本固有の独自のものがあるのも当然のことである。簡単な例で言うと、中国古代の占星術や巫術と接触する前に、古代日本人の独自の巫術もあったはずだし、巫術を行ってあの世界へ潜入したり交霊したりして出会えるのは、間違いなく中国人の神霊ではなく、古代日本人の死んだ祖先であったはずであろう。そういう意味では、中国古代の神霊観念や世界観と関わり始める前に、独自の原

始神霊観シャマニズム的なものがあったのも決して珍しいことではない。

　　　　以上見てきたように、日本神道は基本的な発想は中国古代の思想や理念に違背しないように「順道」してはいるものの、決して「泥法」することなく、独自の様相を繰り広げてきたのである。

三、『記紀』の成立前に考えられる両文化の接触

　　　　日本神道の歴史と発展を考える時、その思想的な面において中国の道教の思想や信仰との影響関係が認められるとの論議も示されたが、道教の思想や信仰がいつごろからどのようにして日本伝わってきたかが十分に明らかにされていないのも事実である。前にも触れたが、専ら道教の思想との関係を考えるより、様々な思想や観念が混和された当時の、いわゆる中国の古代思想・古代文化との接触の可能性を考察するほうが事実に符合するかも知れない、と私は考えている。

　　　では、『記紀』が成立する前に、中国の古代思想・古代文化とはどういう接触の可能性が推測されるだろうか。

　　　（１）中日両側の数多い文献から確認されるように、早くも秦の時代から秦始皇は徐福を遣わして数千人の童男童女を連れて仙人のいる仙郷を求めさせたのである。それから、熊野の地に徐福祠があることを見ても、はっきりした地点は確定できないが徐福が日本の地に至ったことは多くの文献からほぼ推定できると言えよう。言うまでもなく、当時の中国では道教の思想が非常に盛んであったため、日本の地に至った人々によって、自然にそれらしき思想や発想なども伝わってきた可能性が十分考えられる。現に、『日本書記』の編纂当時、すでに仙郷蓬莱の思想が日本人の頭の中に根強く扶植せられていたとの見方も [15] ある。

　　　（２）『記紀』編纂当時の日本の知識人と言われている人々が、その教養形成の過程において漢文文献と接触したはずである。それらの漢文文献に反映された思想の影響を否応なしに多かれ少なかれ受けたのも当然であろう。当時、大宝律令などが大幅に導入され、よく研究もされていたという歴史的事実によっても想像がつくが、政治制度だけ導入してほかの文化や思想などと一切接触しないとは、どうしても考えられない。

　　　（３）日本に伝わってきた仏教の漢訳経典も、実を言うと道教的色彩が

多少組み込まれていると考えられる。周知の通り、仏教が中国で盛んになり始めたのは漢の時代の後期、紀元二世紀の中ごろである。その頃は道教が最も栄えていた時代であって、仏教の経典の翻訳に努めた人たちは殆ど道教徒であったし、仏教の導入を積極的に進めた代表的人物の一人である楚王英も道教徒であった。訳経の選択に際して、当時の道教社会を配慮して、周囲の人々の関心を惹く問題に関係のある経典を選んだわけである。また、翻訳する際に、道教的先入観を持ち、道教用語を使って都合よく解釈したり翻訳したりした。更に極端なのは、仏陀とは野蛮民族を教化するために西に向かった道教の祖の老子その人にほかならぬという考えを説いたりする現象もあった。当然、日本人が最初に接したのは、こうした道教的先入観もある程度織り込まれた漢訳経典だろうから、その影響とは完全に縁を切ることはできないだろう。

（４）最後に恒武天皇、宇多天皇の生母は大陸系の出自を持つ女性で、大陸系の宗教思想や祭祀儀礼を根強く継承しているであろうとの推測もある。これについては、はっきりした証拠がないものの、考えられる可能性の一つとしてあげても支障ないだろう。

四、「神道的創造」の背景について

以上述べてきたように、日本の神道は、根源的発想には中国の古代思想・古代文化との関連が窺われるが、独自の「独創」的な部分も注目すべき姿として存している。これは、日本民族が外来文化受容、外来文化摂取の際に見せた一貫した特徴であり、また典型的な国民性格でもあるように思われる。しかし、「神道的創造」という大事業に取り組む時、その時代の背景に働いた意識にも注目をしなければならない。

前述の「神道」の語の使用についての節にも触れたが、当時の聖徳太子を代表とする有識者の間で「自国意識」「自国文化意識」が高まり、自分たちの国は立派な国で、独自の古来の宗教も伝来の仏教などには決して劣らない立派な宗教であるという自覚意識が強くなってきたのである。そういう意識のもとで、伝来の宗教に対比して「神道」の語を選用したことは、ほぼ認めるべき定説と言って良い。

当時の国意識の昂揚の証拠として、よく挙げられるのは、中国の隋朝に

送られた「日出処の天子、書を日没処の天子に致す。恙なきや。」と「東天皇敬みて西皇帝に白す。」という国書である。その国書については、研究者によって見解が分かれている。これは正に自らを尊くし、相手を卑しめる文章なので、国書としては軽佻である、との考えもあれば、漢文の「日出処」「日没処」の訓みを「日出づる処」「日没する処」と解するのではなく、「日出処（ヤマト）」「日没処（クレ）」と読み訂し、対等の礼であって決して相手を卑しめるような不遜な態度ではないとの見方も示されている。訓みに関しては門外漢なので敢えて妄言を加えないが、これは単なる訓みの問題ではないだろう。相手国以上に優れた国として自覚したかどうか、語感上の優劣意識が本当にあったかどうかはともかくとして、古くからの「倭国」をやめて「日出処」と書き換えたこと自身、何か意味深いものがあろう。中国の隋に対して、大小の別なく独立国としての尊厳を示すためには、従来の属国的印象を持たせる「倭国」よりは「日出処」と称する方が遥かに良いはずである。つまり、その時代には朝鮮半島の諸国や中国に対して、自国も一つの立派な国だという国家意識がすでにあったことは間違いなかろう。

　こうした自覚意識の昂まりを背景にして、国史編纂事業の推進も必要だし、同時にまた国民の精神生活の支えとして「神道的創造」という大事業も必要になってくるだろう。

　このようにして、年紀の設定は中国古代に発生した讖緯説に基づいて立てられ、中国古代の思想・文化の影響を底流に受け入れながらも、さらにいろいろと工夫をし、自国流に改造したり「創造」したりして、あたかも最初から独自の源流を有し、しかも独自の発展を遂げてきたように、世の中に「神国の神道」の姿を示すのである。つまり、一言でまとめて言えば、もし仏教の日本化がよりよく国民の理解と享受とを得て、日本でより効果的に広めていくためだとしたら、神道の理論付けにおける「神道的創造」は、国民の意識を高め、世の中に国威を顕揚するために必要なのである。同じ理由で、神道は外国のどんな宗教を導入しても、どんな文化を受容しても、決してそれによって崩壊せず、力強く生き延びてきたのである。

　以上の論述をまとめて言うと、日本神道は中国の古代文化とは切っても切り離せない関連を持っているが、しかし根本的には中国古代の哲理や思想

の影響を取り入れながらも、その理論付けを図る際に、「自国意識」と「自国文化意識」が働いたため、意識的に「神道的創造」をし、結局オリジナルな様相を呈するように至った、ということになる。正に貝原益軒が言う言葉のごとく、「順其道而不泥其法」なのである。

注　釈

[1] 笠原一男編『日本文化史』（放送大学教育振興会）参照。
[2] 代表的なものには福永光司の『道教と日本文化』とその一連の論文がある。
[3] 貝原益軒「神儒并行不相悖論」（『益軒全集』所収）参照。
[4] 梅田義彦『神道の思想（一）』（雄山閣刊）の中の「『神道』について」参照。
[5] 梅田義彦『神道の思想（一）』（雄山閣刊）、39ページ参照。
[6] 福永光司『道教と日本文化』（人文書院刊）、18ページによる。
[7] 神野志隆光『古事記・天皇の世界の物語』（日本放送協会）の第一編第二章参照。
[8] 福永光司「日本古代の神道と中国の宗教思想」（福永光司『道教と日本文化』人文書院刊、所収）参照。
[9] [10] 福永光司「京都と大陸の宗教文化」（福永光司『道教と日本文化』人文書院刊、所収）参照。
[11] ラフカディオ・ハーン『神国日本・解明への一試論』（平凡社刊）、96ページ参照。
[12] 高取正男『神道の成立』（平凡社刊）第三章「神道の自覚過程」参照。
[13] 狩野直喜「我が朝における唐風の模倣と祭天の礼」（狩野直喜『読史余纂』弘文堂刊、所収）参照。
[14] 吉野裕子「伊勢神宮考――日本に生きる中国の哲理」（『民族学研究』三九巻一号）参照。
[15] 梅田義彦「日本における蓬莱信仰」（梅田義彦『神道の思想（一）』雄山閣刊、所収）参照。

参考文献

堀一朗編『日本の宗教』、大朋堂、昭和六十年。
梅田義彦『神道の思想（一）』、雄山閣、昭和四十九年。
福永光司『道教と日本文化』、人文書院、1982。
ラフカディオ・ハーン『神国日本・解明への一試論』、平凡社、昭和五十一年。
神野志隆光『古事記・天皇の世界の物語』、日本放送協会、1995。

高取正男『神道の成立』、平凡社、1993。

マンリ・マスペロ『道教』、平凡社、昭和五十三年。

土橋寛『日本語に探る古代信仰・フェチシズムから神道まで』、中央公論社、1990。狩野直喜『読史余纂』、弘文堂、昭和二十二年。

斎藤励『王朝時代の陰陽道』、創元社、昭和二十二年。

宇野精一『儒教思想』、講談社文庫、昭和五十九年。

真弓常忠『神道の世界—神社と祭り—』、朱鷺書房、昭和五十九年。

（原載《神戸女学院大学论集》第43卷第2号，1996年12月）

附录九　絶海中津の禅学思想への一考察
——『絶海語録』を中心に

韋立新　任　萍

はじめに

　五山文化の基礎をつくった代表的な存在としてよく知られている絶海中津は、日本の臨済宗夢窓派の禅僧でありながら、室町時代の宗教、文学、政治などの各領域においてもかなり活躍した重要な人物でもある。実に多種多様なる「身分」の持ち主であるがゆえに、その思想や実践などを全面的に把握した上で客観的にその位置づけを試みようとするには、無論何よりもまずその基本的な「身分」、即ち禅僧としての活動から考えなければならないし、その禅学思想に対する考察も甚だ必要かつ重要なものであろう。絶海中津に関してはかなり多角から研究がされてきたものの、年譜によりその生涯を伝記的に記したものが多い。中日文化交流の流れの中において禅僧としての彼の求法及び伝法の過程を考察し、明初に渡来した日本僧の代表として把握する研究はそれほど多くないし、その禅学思想についての考察もまだ十分にされていないような気がする。

　絶海中津はその語録において、仏法や仏性について自らの理解を闡明し、『雲門録』などの公案を引用して、禅法や修業についての見解を語った。嘗て入明僧等聞は『絶海語録』を中国に持ってきて、当時杭州浄慈寺の住持祖芳道聯と径山寺の住持岱宗心泰にその序文と跋文を求めたことがある。

　道聯禅師は絶海の禅学について、

不意大法垂秋之際、正音寂寥之余、海東有此偉人也。其吐詞也、義路全

超、玄門頓廓。其応機也、電掣雷鈞、聞者不及掩耳、賭者不及瞬目、綽有抽釘抜楔、解粘去縛之作。其不能穿過臨済徳山雲門趙州鼻孔、能如是乎。是知無準以前、破沙盆金声玉振於此土。無準以後、驚天動地于彼方、而能東拋西擲、和声槭砕者、其在吾絶海矣。

（訓読：意わざりき、大法秋に垂んとするの際、正音寂寥の余、海東に此の偉人有らんとは。其の詞を吐くや、義路全く超え、玄門頓に廓なり。其の機に応ずるや、電掣き雷鈞く。聞く者耳を掩うに及ばず、視る者目を瞬くに及ばず。綽として釘を抽き楔を抜き粘を解き縛を去るの作有り。其れ臨済・徳山・雲門・趙州の鼻孔を穿過すること能わずんば、能く是の如くならんや。是に知らんぬ、無準以前は、破沙盆、此の土に金声玉振す、無準以後は、彼の方に驚天動地することを。而も能く東拋西擲し、声に和して槭砕する者は。其れ吾が絶海にあり。）

と、高く評価した。[1] 径山の比丘心泰禅師もまた、『絶海語録』に跋文を書き、「其提唱峭峻、機鋒敏捷、策励学者尤為諄切。正覚国師称其必能振起臨済宗風、信不誣矣。」（訓読：其の提唱は峭峻にして、機鋒は敏捷なり。学者を策励して、尤も諄切為り。正覚国師、其の必ず能く臨済の宗風を振起せんと称せしは、信に誣せず。）[2] と褒めた。そうしたことからも、絶海中津の禅に対する見解も含めて、いわゆる禅学思想というものは、決して等閑視すべきものではいことがわかる。

本稿では、『絶海語録』を中心に、その伝統仏典からの根源的な引き継ぎや五家七宗への批判などにも注目しながら、その禅学思想の特徴の一端を検討したい。

一、　禅学思想の根源

中国宋代の禅僧の間には、『円覚経』や『楞厳経』などの「偽経」を依用して禅を説くものが多い。また禅僧が『華厳経』を講じることによって禅本来の面目を挙揚し、場合には主客顚倒して禅宗の中に華厳を包含するかのように弘禅や説法するケースもあった。すでに指摘されたように、五祖弘忍禅師の『最上乗論』の論中には、『十地経』、『維摩経』、『金剛経』、『心王経』『涅槃経』、『法華経』など諸教を依用して説法され、全体的基盤となる仏教思想はやはり如来蔵思想である。[3] 如来蔵思想は、当時のあらゆ

る経典や思想体系の中に吸収され、再解釈されたりして、禅宗思想だけでなく、中国仏教思想史上の重要な思潮となったのである。当然、中国禅の諸教融合的な、教禅一致の潮流は滔々として流れていき、日本にまで伝わり、同じ傾向が日本の禅界にも見られた。絶海中津も実は例外なく夢窓疎石からこのような了義大乗の思想を受け継ぎ、実際に大衆や弟子たちへの接化においても寛容的な態度を取っていた。

　絶海が、特に明から帰朝してから恵林寺に住している時に、衆生に『法華経』『楞厳経』『円覚経』を講じ、その後、相国寺に住した時にも、将軍の足利義満等にまた『楞厳経』『円覚経』を教えた。「達磨の伝えた祖師門下伝来の思想を継承したものである」[4]との指摘があるように、その『法華経』『楞厳経』『円覚経』などの経典に対する精通からも、その禅学思想は、言うまでもなく伝統仏典によるものが多いと推測されよう。また、彼が中国に渡った時期は、ちょうど松源派の古林会下が衰えた明初に当たったため、古林の会下に参ぜず、次の世代を担う大慧派の高僧に参じた。それゆえ、その禅学思想は大慧派の流風の影響をもかなり受けたと思われる。

　『絶海語録』から容易に窺われるが、その禅学思想の根源はやはり如来禅にあるのである。

　如来禅とは後の祖師禅と区別されるものであるが、現存した仏教経典の中に、最も早く「如来禅」が見えるのは『楞伽経』である。『楞伽経』に

　　禅有四種、愚夫所行禅、観察義禅、攀縁如実禅、如来禅。如何如来禅。謂入如来地、行自覚聖智相、三種楽住、成弁衆生不思議事、是名如来禅。

とある。禅に四種類あり、一に愚夫所行禅、二に観察義禅、三に攀縁如実禅、四に如来禅である。如来地に入り、聖智の相を自覚し、三種の楽に住し、衆生、不思議の事を弁ずることを成ず。これを名づけて、如来禅となすというのである。

　禅林において始めて如来禅に言及したのは、慧能の弟子神会である。彼は『頓悟無生般若頌』において、「如来禅」を「第一義空」としている。教禅一致を説いた宗密は、『禅源諸詮集都序』において、禅を五種類に分け、如来禅が最上乗禅で、一切の三昧の根本であると主張する。以上のことからも、如来禅というのは、理解によっては多少の違いがあろうとも、異なる時

期において様々な意味が賦与されていることがわかる。それでも概して言えば、如来禅の思想はやはり伝統的な仏典に由来し、主に「三界唯心、心外無法」、「三昧正受、一念清浄」、「凡聖一如、理事円融」、「第一義空、空即是色」である。[5] 絶海の禅学思想は、根源的にはまさにこのような如来禅思想を受け継いで形成されたものではないかと考える。

（1）三界唯心、心外無法

『絶海語録』には、『楞伽経』の「三界唯心、万法唯識」の思想が見られる。

まず、語録（十六）の初住相国寺の上堂法語に

三界無法何処求心。膏雨蘇草木、芳春遍園林、一道清虚理、無古亦無今。以拂子撃禅牀云、幽禽啼破曉窓夢、珍重家家観世音。

（訓読：三界無法、何の処にか心を求めん。豪雨は草木を蘇らせ、芳春は園林に遍し。一道清虚の理、古も無く亦た今も無し。払子を以て禅牀を打って云く、幽禽啼破す曉窓の夢を、珍重す家家の観世音。）[6]

とある。欲界、色界、無色界の三界は、もともと法はない、いったい何処に心を求めようとするのか。一筋の虚しい真実は時の流れを超えている。奥深い処に棲む鳥が曉の夢を呼び覚ました、各自持ち合わせている観世音菩薩を大切にしなければならないというのであるが、絶海は、これにより、三界にはもともと法はない。衆生は各自持っている仏性を大切にすべきだと説くのである。

また、その（四八）の再住相国寺の語録「香厳院従一品芳林太夫人諱日」に

心同虚空界、示等虚空法、証得虚空時、無是無非法。譬如虚空体非群相、而不拒彼諸相発揮、如来蔵中性覚真空性空真覚、清浄本然周遍法界、随衆生心応所知量、於是了得三界唯一心心外無別法。（訓読：心は虚空界に同じて、虚空に等しき法を示す。虚空を証得する時、是も無く非法も無し。譬えば虚空の体の群相に非ずして、彼の諸相の発揮するを拒まず。如来蔵中の性覚は真空にして、性空は真覚なり。清浄本然して、法界に周遍し、衆生の心に随い、所知の量に応ずるが如し。是こに於て三界唯一心、心外無別法を了得せぬ。）

とある。[7] 心は虚空界に同じで、虚空に等しき法を示す。此の虚空を

悟る時、是なる法もなく非なる法もない。譬えば虚空そのものは、相とする何ものもなく、しかも一切の相の現れるのを妨げない。如来体中の本性を自覚してみれば真実の空で、その本性の空を知ることが真実の覚りである。しかも其の本性は、清く本来のままで、世界中に遍くゆきわたっており、衆生の迷悟の心に随い、その迷悟に相当して、隠れたり現われたりするようなものである[8]、と言うのである。ここでは明らかに、欲界、色界、無色界の三界は、ただ一心によって生ずるだけで、一心の外に別の法はない、と絶海は説くのである。言い換えれば、絶海の「三界唯心、万法唯識」の思想への賛同がはっきりと反映されている。

(2) 三昧正受、一念清浄

「三界唯心、心外無法」のほかに、同じ如来禅思想と見るべき「三昧正受、一念清浄」の思想も『絶海語録』に見える。

「三昧」とは、心を一つの対象に集中して動揺しない状態で雑念を去り、没入することにより、対象が正しくとらえられるということであるが、『絶海語録』巻下の（一一三）「通玄尼寺曇華庵開基智泉禅師忌日拈香」に「入三昧正受無諸塵可嫌、住一実境界無了知可加。」と見える。即ち、正しい禅定に入るこそ、嫌うべき煩悩がない。真実の世界に入るこそ、加えるべき分別がないと言うのである。

また、語録（一一八）「祐尊童子諱日拈香」に「住一実之境界、無修持可仮。入三昧之正受、無了知可加。如浄花出水、如明珠無瑕。」とある。わかりやすく解釈すれば、「唯一真実の世界に住して、修め持つ何物もなく、三昧の世界に入りて承知する何物もない。ちょうど清浄な花が水中より出るように、明珠に瑕のないようだ。」[9]というのであるが、絶海によれば、悟道とは正に「三昧正受」に入ることであり、「三昧正受」の境地に入れば、解脱することができるというのである。

『円覚経』には、「入于神通大光明蔵三昧正受、一切如来光厳住持、是諸衆生清浄覚地。」とあり、「三昧正受」に入るには、一念清浄でなければいけないと説くのであるが、『絶海語録』巻上の（九二）「永泰院桂岩居士諱日請昇座」に

一念普観無量劫、無去無来亦無住。如是了知三世事、超諸方便成十力。

三世既絶去来之相、一念寧渉生滅之縁。河沙仏国不離当念、塵劫来事全在如今。所以道、你一念清浄光、是你屋裏法身仏。你一念無差別光、是你屋裏報身仏。你一念無分別光、是你屋裏化身仏。三身即是一念、一念即是三身。三身外無一念、一念外無三身。（訓読：一念普く観ず無量劫、無去無来亦た無住。是の知く三世の事を了知すれば、諸もろの方便を超えて十力を成す。三世既に去来の相を絶す、一念寧ぞ生滅の縁に渉らんや。河沙の仏国は当念を離れず、塵劫来の事は全く如今に在り。所以に道う、你が一念の清浄光、是れ你が屋裏の法身仏なり。你が一念の無（分）差別光、是れ你が屋裏の報身仏なり。你が一念の無差（分）別光、是れ你が屋裏の化身仏なり。三身は即ち是れ一念、一念は即ち是れ三身。三身の外に一念なく、一念の外に三身なし。）

とあり[10]、一年清浄に対する理解が語られる。このように三世を理解すれば、総ての方便手段を超えて、十種類の智力を成就する。三世において、もはや去来の相を断絶した。だから此の一念がどうして生じたり滅したりしようか。無量の仏の国土は、今この一念を離れぬ、無限の過去よりの事は完全に今ここにある。だからいう、君たちの一念心の清浄な輝きが、君たちの肉体に具わる法身仏である。君たちの一念心の無分別の輝きが、君たちの肉体に具わる報身仏である。君たちの一念心の無差別の輝きが、君たちの肉体に具わる化身仏である。[11]法身仏、報身仏、化身仏の三身は実はそのまま此の一念であり、此の一念はそのまま三身である。従って、三身の外に一念はなく、一念の外に別の三身はないのだというのである。ここからは、絶海が、悟道するには、すべて「一念」にかかっている、と認識し、「三昧正受、一念清浄」の思想にはかなり深く影響されたことがわかる。

　（3）凡聖一如、理事円融

「凡聖一如」というのは、突き詰めて言えば、即ち「如来蔵」思想とも考えられるが、また『楞伽経』の根本思想とも言えよう。

「如来蔵」とは周知のように、如来を胎児として宿すものという意味であり、全ての衆生は如来を胎児として蔵しているため、全ての衆生は仏になり得ると主張するのである。よく考察すると、『絶海語録』にはやはりこの「凡聖一如」の「如来蔵」思想が安易に窺われる。

その（一九）初住相国寺の「為殊侍者火」に、「凡聖雖殊号、死生理即斉。」とある。人には凡人と聖人の別があっても、生死のやってくる道理は同じだ、と言うのである。

また、『絶海語録』巻上（七三）の「後円融院五七日聖忌請昇座」に

法身清浄量等虚空、在聖同聖、在凡同凡。在天則天中之主、在人則人中之尊。如金鋳像全像是金、如水生波全波是水。悟此旨者、住煩悩而不乱、居禅定而不寂。法法無礙物物円融。

（訓読：法身は清浄にして、量虚空に等し。聖に在りては聖に同じ、在凡に在りては凡に同じ。天に在るときは天中の主、人に在る時は人中の尊。金の像を鋳るが如く、全像是れ金。水の波を生ずるが如く、全波是れ水。此の旨を悟る者は煩悩に住しても乱れず、居禅定に居しても寂かならず。法法無碍、物物円融す。）

と見える。[12]一切法の平等の真性は清らかで、その量は大空に等しい。聖人に在りては聖人に同じく、凡人に在りては凡人に同じである。天上界に在る時は天上界の主王となり、人間界に在る時は人間界の尊貴となる。つまり、一法一法障りなく、一事一事円かに溶け合うと言うのである。

『華厳経』の根本的な思想も、また「事事無碍」「法法円融」であり、衆生と仏、様々な仏法には限界がないというのであるが、『絶海語録』にはこのような「法法円融」の思想も見られる。

語録（七）初住相国寺の「当晩小参垂語雲徳小参不要会話」に

道無向背理絶言詮、迴出三乗高超十地。一機一境不拘方隅、一色一香解知見縛。有時孤峰頂上坐断閙市紅塵、有時十字街頭眼掛断崖碧嶂。塵塵解脱法法円融。

（訓読：道には向背無く、理は言詮を絶す。迴かに三乗を出て、高く十地を超ゆ。一機一境、方隅に拘われず。一色一香、知見の縛を解く。有る時は孤峰頂上に、閙市の紅塵を坐断し。有る時は十字街頭に、眼、断崖碧嶂に掛く。塵塵解脱し、法法円融す。）

とある。[13]仏道には前後がなく、真理は言句を以てする説明を断ち切っている。声聞、縁覚、菩薩の乗り物に関わらず、十聖の位をも高く越えている。その場の応対、その場の働きは片寄った見解にとらわれぬ。眼に映ず

191

る一花の色、鼻に薫ずる一草の香りも、妄想分別の縛りを解く[14]、と言って、一塵一塵全て成仏し、一物一物円に融合していると説くのである。

　(4) 第一義空、空即是色

　『般若経』に「世間言説、故有差別、非第一義、第一義中無有分別説。何以故。第一義中無言説道断結故説後際。」とある。第一義は一切の語言論議音声を過ぎるため、如何なる言説でもそれを明らかにすることができない。つまり、第一義は言説で言うことができないということが説かれているのである。

　『涅槃経』第二七「師子吼菩薩品」に、「仏性名第一義空、第一義空名為智慧。」とあり、仏性とは第一義空に名づき、第一義空とは智慧と名づくというのであるが、『絶海語録』（五）の初住相国寺の入寺開堂の法語に

　　第一義如何観。仏祖無門窺覷、釈梵無分讃嘆。雖然恁麼。観水有術、必観其瀾。頂門具眼底、相共激揚看。

とある。[15] その第一義をどうみるか、仏なる祖も伺い見る門もなく、帝釈天や梵天も感心してほめたたえる資格がない。しかし、このようであっても、水を見るに方法がある、きっとその波の大小を見ることだ。眉間に正法の眼を具する人は、互いに励ましあってみよ[16]、と語っているのである。

　また、語録（五三）、三住相国寺の入寺開堂の法語に

　　虚玄大道無著真宗、廓通十方弥綸三際。巍然不動卓爾独存、回薄陰陽呼吸風雷、不見其朕雕刻衆形、埏埴万化不宰其功、恢恢焉晃晃焉、迥出思議之外。

とあり[17]、究極の真理である、第一義空と名づく仏性は、十方世界に広く通じ、過去、現在、未来に遍く行き渡り、寛くゆったりとして光り輝き、はるかに思慮分別を超えていると説くのである。

　『般若経』に「色即是空、空即是色」とあり、この世にある一切の存在や物質的なものは、ただ現象に過ぎず、そのまま空であるが、その空のことが体得されると、その現象としての存在が即ち実在だと言うのであるが、『絶海語録』にもこの「色即是空、空即是色」の思想が見られる。

　『絶海語録』（九四）巻上の「妙観院春林居士諱日請昇座」に

　　中道妙観真俗不二、観色即空故。成大智不住於生死、観空即色故。成大悲不住於涅槃、幻生妙化遊戯十方国土、而其本源未曽動揺。

と見える。[18]中道の霊妙な観察は、理と事が一つであり、現象はそのまま空であると観るため、大智慧を成就して生死に止まらぬ。空はそのまま現象と観るため、大慈悲を成就して円寂に止まらない。幻のように現れ、不思議な教化をして、十方世界の国々に遊び、しかもその根本は未だ一度たりとも動いたことはない[19]、と述べ、仏法の最高の真理は「色即是空、空即是色」であると解しているのである。

以上から見ると、いずれも伝統的な仏典をよく消化した上、その真髄を得た上での鋭い真智卓見である。絶海の禅学思想の根源たるものの一斑が窺われるのではなかろうか。

二、臨済宗思想からの継承

周知の通り、『臨済録』は臨済宗の開祖、臨済義玄の語録で、正式には『鎮州臨済慧照禅師語録』という。三聖慧然が編集し、興化存奨が校勘したもので、臨済宗の聖典とも言われる。巻首に北宋末期、鎮州の長官であった馬防の序があり、上堂、示衆、勘弁、行録の四部からなっている。行録の最後に伝記があり、形式、内容ともに禅語録の典型とされている。『臨済録』は「无仏可求、无道可成、无法可得」という思想を強調している。[20]『絶海語録』にもこのような思想が見られる。

『絶海語録』(七八)の巻上「復挙・大覚世尊」に

善哉、三世諸仏只付這無法、歴代祖師只付這無法。(中略) 無法可付是密付、無道可伝是真伝。

とある。[21]過去、現在、未来の諸仏は、ただ此の法だけを伝え、歴代の祖師も、ただ此の法だけを伝えた。付嘱する法は何もない是れが密付というもの、伝える道は何もない是れこそ真の伝授である[22]、と説いている。また、「無情説法不思議、若将耳聴終難会、眼処聞声方得知。」と見える。「無情説法」とは無情の者こそ真実の説法ができるという意味である。その説法は耳で聞いても聞き取れなく、目で聞いてよく聞き取れるというのである。つまり、思慮分別を絶した心境で聞け、そうすれば、はっきり聞き取れると言うのである。絶海が説法に対して、自分の受用の仕方、又、その境界を述べたものであるが、修行と心の自由を重視し、臨済宗思想の真髄をよく得ていることが窺がえよう。

また、「随処作主、立処皆真」というのは、臨済義玄の有名な言葉としてよく知られており、その場その場で主人公になれば、自分の存在するところが、そのままみな真実の場になる、と説くのであるが、『絶海語録』にも、この「随処作主」の思想が見られる。
　その三住相国寺の法語に
　法无定相、遇縁即宗。道嫌揀択、随処作主。
　とある。仏法には一定の相はなく、縁に逢っては宗旨にのっとる、仏道はその場に随って主人公となるというのである。つまり、いつどこにあっても、如何なる場合でも何ものにも束縛されず、主体性をもって真実の自己として行動し、力の限り生きていくならば、何ごとにおいても、いつ如何なるところにおいても、真実を把握でき、いかなる外界の渦にも巻き込まれたり、翻弄されるようなことは無い。その時、その場になりきって余念なければ、そのまま真実の妙境涯であり、自在の働きが出来ると述べているのである。

　三、　祖師禅への止揚

　前文にも触れたが、『絶海語録』をよく考察して見ると、その禅学思想は根源的には正統の如来禅思想を受け継ぎながら、祖師禅をも批判的に吸収して形成されたものとわかる。
　『景徳伝灯録』巻十一の「仰山慧寂禅師」条で、仰山慧寂が弟子香厳智閑に「汝が只だ如来禅を得、祖師禅を得ず」と言い、初めて如来禅と祖師禅を区別して述べている。祖師禅とは、禅宗の初祖菩提達磨から伝来し、六祖慧能以降に発した五家七宗の禅法のことであり、達磨禅、南宗禅とも呼ばれるる。『絶海語録』（五）の初住相国寺の入寺開堂の法語に
　中原一宝耀古騰今、恢恢乎弥綸十虚、而体不可見、蕩蕩乎廓通三際、而徳不可名。多子塔前放開線路、曹渓門下漏泄真風。聖人得之君臨四海、賢相得之子育万邦。便見国泰民豊、風調雨順、一一無非皆承他恩力。津上座幸対竜象筵、不敢囊蔵被蓋、拈来撒向諸人面前了也。拈拄杖卓一下云、諸人還識中原一宝麼。若能識得、依旧十月孟冬。其或未然、重為指出。又卓一下云、長安是日辺。と見える。[23] 絶海は、仏法を宝とし、この宝とされる仏法は中国にあると述べ、達磨禅を禅宗の正統としたのである。
　しかし、絶海は達磨禅を賞賛する一方、達磨の「分皮得髄」説に疑いを

抱き、更にそれ以降の五家七宗の分灯禅に対しても批判的な立場に立ったのである。

その初住相国寺の「達磨忌拈香」に

破南天六宗之邪、当門無歯。観東土大乗之器、眼裏無筋。九年面壁計較不到、一身皮髄強為人分。未上留下一双履、赤脚踏開葱嶺雲。到今無人識蹤跡、後代鬼孫徒紛紛。

と見える。[24] 九年間壁に向かって坐り、何の計らいもなく、自分の皮と髄を無理して人に分かち与えた。最後に一個の履を留めおいて、はだしで葱嶺の雲を踏み分けた。今日まで誰もその足あとを知るものはなく、後世の法孫は徒にゴタゴタ言うばかりだと言うのである。[25]

また、三住相国寺の「達磨忌拈香」に

震旦国有大乗器、香至王生五逆児撥動五天日月。剖破六宗藩籬。（中略）師之心兮甚戇、師之数兮甚奇。一葦渡江無風生浪、九年面壁有眼似眉、分皮得髄当年著甚死急。

とある。[26] 達磨の真意をどのように受け取ったらよいのか、達磨の運命はどうしてこうも不幸せなのか。なぜこうも慌てたのか、と嘆息している。ここから、絶海が、五家七宗がそれぞれ自分の説に固執したため、かえって達磨禅の真諦を見失ってしまったとの不満や批判的な態度は明らかに想像される。

中国宋代に無門慧開によって編集された公案集『無門関』の第六則に「世尊云、吾有正法眼蔵、涅盤妙心、実相無相微妙法門、不立文字、教外別伝、付嘱摩訶迦葉。」とあり、禅宗の宗旨は「不立文字」「直指人心」であり、仏の教えは文字や言説により伝えられるものではなく、師の心から弟子の心へ直接伝えられるものだと言うのである。

ところが、『絶海語録』巻下の偈頌「祖師心印二首」その二に「西天東土錯伝持、心印何曽幹祖師。古篆分明空劫外、黄金鋳出鉄牛児。」とある。印度の此の法を中国で誤って伝え守っている。心の印象はいったい何時祖師に関わったことがあるか。時間を越えた世界に昔の書体がはっきり現れているというのである。つまり、絶海は禅宗の宗旨について、大胆な質疑を打ち出し、「以心伝心」というのは、印度仏教の宗旨を間違えて伝えてきたもの

195

であり、仏教の経典こそ変わらない真理だ、と絶海は主張するのである。

四、五家七宗への批判

絶海は祖師禅に質疑を打ち出しただけでなく、臨済宗の禅僧として臨済宗の思想を受け継ぎながら、五家七宗の説に対しても批判的な態度を示している。

『絶海語録』巻上（八九）の「柏庭祖首座忌日請昇座垂語云」に

徳山棒如雨点、臨済喝似雷奔、直饒三賢十聖、未免曝腮竜門。

と見える。[27]いくら優れた人でも、徳山宗、臨済宗の「棒喝」禅風に浸ったら、仏法の真理を悟ることができない、と述べ、臨済宗の「棒喝」禅風に対して批判の意を表した。

『絶海語録』巻下（一四八）の真讃「温中瑜和尚」に

中峰三尺黒蛇、敲出列祖之骨髄。南閩一滴虫毒、爛尽衲僧之肝腸。

とある。[28]「中峰」とは密庵咸傑をいう。「黒蛇」とは伝来の三尺の竹篦をいう。「南閩」とは、福州の連江県を指す。大鑑（清拙）は福州の連江県の出身であるため、大鑑を指して言う。「一滴虫毒」とは一滴の猛毒の意であって、大鑑の法を嗣いだことをいう。二人とも臨済宗の高僧であったが、それぞれ独自に一派を打ち立てた。絶海はこのような一本立ちしたやり方には批判的な態度を隠さなかった。

語録（六八）三住相国寺の「謝都寺進退上堂」に

諸方談玄談妙以為宗乗、我這裏玄妙束之高閣。諸方行棒行喝以露大機、我這裏棒喝置之一壁。

とある。[29]各所では奥深い道と微妙な理について話し、自宗の宗義としている。私の処では奥深く微妙な道理を束ねて高い棚の上におく。各所では棒でたたいたり怒鳴り付けたりして大きな働きを現している。私の処では棒や喝を壁にかけておくというのである。

また『絶海語録』巻上（一〇三）の「香厳院十三年忌請昇座」に

一言験作家、一喝分賓主。不用如之若何、只要真参実悟。

とある。[30]一言吐いてやり手の相手を調べ、一喝して吐いて賓と主を分かつ。あうだこうだと論ずることをせず、只だ真実に参じ、真実を悟るだけでよいのだというのである。

前述のように、絶海は夢窓疎石に法を嗣ぎ、大衆や弟子への接化においてもその寛容的なものを受け継いだ。『絶海語録』巻上（八九）の「柏庭祖首座忌日請昇座垂語云」に

有物先天地無形本寂寥、能為万象主、不遂四時凋、仁者見之謂之仁、智者見之謂之智、昭昭乎心目之間、晃晃乎色塵之外。

とあり[31]、ここに天地が生ずる以前より存在する一物がある。それは形もなく本来寂かで、あらゆる現象の主宰となり、四季に随いて栄えたり凋んだりしない。有徳の人はこれを仁と言い、智慧のある人はこれを智という。これは自己の心中に明らかであり、総ての対象を越えて光り輝いているというのである。[32]

『絶海語録』巻下（二四二）の偈頌「一源」に

混成天地清寧際、流遠方知出処高。九野八紘無別派、須帰大海作波濤。

と見え、天地が清く安らかに治まる際に入り混って出来る、その流れははるかに遠く、確かに水源の高いことが知られる。中国全土も世界中も別の流れとてない。当然大海に流れ込み、大波小波となるべきである[33]、と述べている。禅宗には様々な宗派があるが、その根本思想は同じであるため、宗派の差別を問わず、仏法の真諦を求めるべきだという絶海の主張は、その語録から見られる。

語録（四一）、再住相国寺の「冬至小参」に

洞山掇退果卓、子細点撿将来、黔之驢技止此。

とあり、洞山良介が始祖とされた曹洞宗を黔国の驢馬の技量と喩えて、あざけったのである。

また、その（一三三）真讃の「雪峰存禅師」に

鰲山雪夜眼難開、虫毒郷添酔後杯。接得雲門跛脚子、無端勾賊破家来。

とある。[34]「雪峰存禅師」は徳山宣鑑に法を嗣いだが、その門下より雲門、玄沙などの高僧が輩出した。雪峰が雲門を門弟にしたが、後、雲門が独自に一派を打ち立てた。これは「賊を家に引き入れ破産するはめとなった」行為ではないか、と揶揄している。

語録（二）初住恵林禅寺の「恵林第二世満翁和尚入祖堂」に

禅外無教、教外無禅。正宗滅向瞎驢辺。

と見える。[35] 禅の外に教えは無く、教えの外に禅はない。正法はめくら驢馬のところで消滅したと言い、法眼宗の「禅教一致」の説に批判の矢を向けたのである。

明らかに、曹洞、雲門、法眼など諸宗への批判的立場や揶揄はその語録から窺がえよう。

終わりに

『絶海語録』を中心に、その禅学思想の特徴について検討してきたが、まとめて言えば、次のようになろう。

一、その根底には『法華経』『楞厳経』『円覚経』などの伝統的な仏典に由来するものが多く、経典を十分咀嚼した上で、大胆に自らの理解や見解を打ち出して確立されたものである。

二、如来禅の「三界唯心、心外無法」、「三昧正受、一念清浄」、「凡聖一如、理事円融」、「第一義空、空即是色」という思想を受け継ぎながら、祖師禅を批判的に吸収して形成されたものである。

三、臨済宗の禅僧でありながら、その思想に囚われることなく、禅宗の真髄思想を引き継いだものの、臨済宗の「棒喝」禅風に対して批判的姿勢を示している。

四、禅宗には様々な宗派があるが、その根本思想は同じであるため、宗派の差別を問わず、仏法の真諦を求めるべきだと主張している。

以上からわかるように、絶海中津の禅学思想というのは、ある意味では、まさに中国禅宗の本源に返還するような、「本源回帰的」な部分が多いように思われる。そういう意味から考えると、絶海中津はいわば、本当の意味での禅宗本源思想の理解者と継承者とも言うべきではなかろうかと思う。

注　釈

[1] 梶谷宗忍訳注『絶海語録 (1)』、思文閣、昭和五十一年 (1976)、6-7頁。訓読は、同 123 頁参照。

[2] 梶谷宗忍訳注『絶海語録 (2)』、思文閣、1976、96-97頁。訓読は、同 404 頁参照。

[3] 小川弘貫「初期中国禅にみられる如来蔵思想」、『駒沢大学仏教学部研究紀要 (28)』、1970、17頁。

[4] [9] [28] [33] [34] 梶谷宗忍訳注『絶海語録 (2)』、思文閣、1976、

416、155、37、336、29 頁。

[5] 呉言生『禅宗思想淵源』、中華書局、2001、20-21 頁。

[6] [8] [11] [14] [15] [16] [17] [18] [19] [21] [22] [23] [24] [25] [26] [27] [29] [30] [31] [32] [35] 梶谷宗忍訳注『絶海語録（1）』、思文閣、昭和五十一年（1976）、203、288、448、179、23、163-164、59-60、107-108、454、82、386、23-24、26、185、65、101-102、70、116、102、438、15-16 頁。

[7] 梶谷宗忍訳注『絶海語録（1）』、思文閣、昭和五十一年（1976）、51-52 頁。訓読は、同 287 頁参照。

[10] 梶谷宗忍訳注『絶海語録（1）』、思文閣、1976、105 頁。訓読は、同 447 頁参照。

[12] 梶谷宗忍訳注『絶海語録（1）』、思文閣、1976、75 頁。訓読は、同 362 頁参照。

[13] 梶谷宗忍訳注『絶海語録（1）』、思文閣、1976、24-25 頁。訓読は、同 178 頁参照。

[20] 呉言生『禅宗思想淵源』、中華書局、2001、59 頁。

参考文献

西尾賢龍『中世の日中交流と禅宗』、吉川弘文館、1999。

荻須純道『日本中世禅宗史』、木耳社、1965。

今枝愛真『中世禅宗史の研究』、東京大学出版社、1970。

玉村竹二『五山僧伝記集成』、講談社、1983。

梶谷宗忍訳注『絶海語録（1）（2）』、思文閣、1976。

寺田透『義堂周信・絶海中津』、筑摩書房、1977。

呉言生『禅宗思想淵源』、中華書局、2001。

玉村竹二『臨済宗史』、春秋社、1991。

高崎直道『如来蔵思想の形成』、春秋社、1974。

附録十　山崎闇斎における「神儒妙契」について

韋立新　劉 铮

はじめに

　山崎闇斎は日本近世における有名な朱子学者で、垂加神道の創始者でもある。その思想には、外来文化である朱子学と、固有文化である神道の面が並存している。確かに日本思想史研究学界においては、山崎闇斎についての研究が多くあり、注目すべき成果が数多く収められたが、にも拘わらず、闇斎の思想を全面的且つ客観的に評価した研究がまだそれほど多くないようで、特に、その思想の独自性については、見解がまちまちで、まだ一致に達していないようである。

　闇斎思想に関しては、最も代表的な両派は後近世思想史研究者である丸山真男と、「日本化」を分析視角の中心にすえてとらえる田尻祐一郎と言えよう。両派は主に山崎闇斎の思想の独自性について論議を展開したが、前にも触れたように、丸山真男は闇斎を「彼の学説内容に特異なものがあるからではなく、むしろ逆にあまりに敬虔な朱子学者」[1]。との評価に対して、田尻祐一郎は、闇斎は積極的に日本の現実に適応するように朱子学を変容するもので、「儒学の日本化」を大いに推進した、と評価している[2]。

　最近、中国の王維先による注目すべき最新的研究があるが、その著作の中に、闇斎思想を垂加神道の発展の流れの中に置き、垂加神道と朱子学との関連を分析した上、その思想は政治的な哲学であると見なし、その結果、やはり闇斎の思想を「儒学の日本化」と言う位置づけをした[3]。しかし、実

附録十　山崎闇斎における「神儒妙契」について

際に闇斎思想をよく考察し、特にその晩年時期の著作をよく研究してみたら、その思想的価値はけっして「儒学の日本化」と言うのに止まらず、むしろそれをはるかに超越して、独自の思想的境地に達したように思われる。丸山真男はかつて闇斎思想の特徴として、「妙契」と名付けてとらえたが[4]、確かにその思想内部には、外来思想の朱子学と古来文化の神道観念とが見事に布置され、まさに「神儒妙契」と言われるべき有様である。

　思想家の原典を研究することにより、その思想における「神儒妙契」を分析・考察し、その思想的価値や意味を再検討する上、新たにその思想史的位置づけを試みるのは、十分意義のある研究作業であろう。そこで、本稿は「垂加社語」、「詩授抄」、「神代巻講義」の中に啓示された、所謂「神儒妙契」観というのを、闇斎の垂加神道の思想が生きている時代の流れの中に置いて考察し、その特質をさらに究明して、改めてその日本思想史における位置づけを試みたいと思う。

一、山崎闇斎の生い立ちと思想転換

　闇斎思想の本質を究明するためには、その生い立ちと思想転換や思想的形成などから考察する必要があろう。

　山崎闇斎（一六一八～一六八二）は、京都で一浪人の子として生まれ、少年時代にまず比叡山に入り、あと妙心寺に転じて本格的に僧堂の人となった。十九歳の頃、土佐の吸江寺に移った。ところが、当時の儒学者である南学派の谷時中と野中兼山らと交際して、彼らから南学派の朱子学を学ぶことになった。江戸前期における仏教の衰えと儒学の興隆のゆえに、二十五歳の闇斎は仏を脱して儒に帰するようになった。その後、闇斎は再び京都に帰り、儒者として活動し、三十一歳で『闢異』一巻を著した。その書は、仏教を排撃し、居敬窮理を論じ、仏を脱して儒に帰した自己の体験を紹介し、最初の帰儒の宣言とも言うべきである。そのあと、山崎闇斎は朱子学に専心沈潜する生活を送っていた。明暦元年十二月に、「伊勢太神宮儀式」両巻に序文を書いた。三年二月に伊勢参宮に出発し、三月帰京してから八幡宮に参詣した。この頃から日本人としての自覚、神道への関心の旺然たる様子が看取される。五十四歳の時、正之は闇斎を招く前に吉川惟足から神道の伝授を受けていたので、その縁により闇斎も惟足に学ぶところがあり、神書を渉猟し、九年秋

201

の東遊には参宮の際に中臣祓の伝を受け、十一年の冬の江戸で吉田神道の伝を惟足から受け、十一月垂加霊社の号を蒙り、以後独自の神道説を唱えるようになった。それ以後、晩年のほぼ十年間は京を離れることなく、講義著述に専念し、延宝四、五年に浅見絅斎、八年には三宅尚斎が入門し、門弟に俊英を得て崎門活況を呈した。其の間、病中にも小学、家礼、近思録、四書、五経などの書を読みながら、朱子末流を批判し、朱子の真説を闡明するのに努め、生涯の撮録を編せる『文会筆録』二十巻に、校訂の筆を加えて止まなかったと伝えられる[5]。

　周知のように、闇斎の思想は二回の転換を経た。始めは熱心に仏教の修行に潜心したが、その後、断然に仏教を脱して、儒学に帰することにした。それから、儒学を修めると同時に、神道への関心を始め、特に晩年になると、神道を強く主張する決意を見せた。その思想的形成からみれば、早期の思想は主に朱子学に対する勉学、吸収、模倣のようなものだが、晩期になると、その思想内部には朱子学と神道との対抗・融合が見られ、いわば独自の思想的形成の段階に入った。

　山崎闇斎が生きていた時代は、ちょうど江戸時代前期にあたり、統治者にとっては、強大な武力のほか、有力な思想統治工具が必要となった。その時に、官学としての中国朱子学は日本に伝来し、朱子の著作がもう日本に溢れていたが、伝えられた著作の大部分は、明初に程朱学派諸氏の著作であった。しかも、当時の日本では、唐本にもとづいて翻刻せる、いわゆる和刻本の出版が盛況を極めた。その状況に対して、山崎闇斎は末流朱子学（明初に程朱学派諸氏の著作）に疑問を抱き、朱子の著作そのものを精読比較して、その真説を闡明するように努力した。

　実は、闇斎の学風に疑問を抱いた研究者が多く、闇斎の著作は朱子の引用及び注解だけで、なんら独特な見解がないと考える者も少なくない。しかし、その考えは必ずしも妥当でないと思う。

　闇斎は嘗て「敬斎箴講義」の始まりにこう書いた。

「天地之開始、ヨリ以来、代々之聖人道統之心法を伝え来リ玉フモ、不過此敬矣。伏羲之時ハ未有文字、敬と云名ハ無レドモ、既に乾坤之二卦ヲ画シ玉ヘル上にアリアリと敬之象見ヘテ、無名の敬ヲ示し玉ヘリ。…朱

附录十　山崎闇斎における「神儒妙契」について

子『敬斎箴』、是皆世に古今アリ、人に聖賢ノ差別アレドモ、その道ヲ伝授スルコトハ一ケノ敬ニハ不過。然に孟子没シテ後、久しく道統之伝絶テ、敬之正意ヲ知人無カリシニ，宋朝に至テ、程子始テ此旨ヲ悟テ、主一此謂敬無適此謂一ト注シ玉ヒテヨリ、再び敬ノ旨明白ナリ。今此「敬斎箴」ハ程子「四箴」之旨ヲ尽シテ、…」（『日本思想大系３１山崎闇斎学派』の「敬斎箴講義」）

　　ここから見れば、闇斎は中国の古典をかなり専心研究し、易経、洪範から程朱の学まで、秦漢から隋唐まで、それから隋唐から両宋までの儒学にとても詳しかったことがわかる。確かに、前期においては、独特な見解がなかったようだが、自分の独自の思想がだんだん形成されてき、所謂「神儒妙契」観と言うのが、その晩期の著作に、よく反映されるようになったのである。

二、晩年思想における「神儒妙契」

　　周知のごとく、闇斎は「述而不作」と言って、個人の見解を隠し、主に朱子の著作を引用したり注解したりするのである。それゆえ、その著作の中には、明確に「神儒妙契」観という概念は提出されなかったが、それでも特に晩期の著作の中から、その思想内部における神道と朱子学の布置が明らかに見え、いかに「神儒妙契」しているかが容易に窺がわれるのだ。

　　「妙契」という言葉についてだが、丸山真男は「闇斎学と闇斎学派」[6]の中に初めてそれによって闇斎の思想を形容し、以下の通り「妙契」を解釈している。

　　「純神道と純儒教が、内容的に両者は妙契的である、この妙契は冥々の神秘的契合で付会でなくて符合である。」[7]

　　確かに、丸山真男はそれが闇斎思想の特徴のひとつと考えているようで、それをさらに具体的に展開しなかった。それから、丸山氏からすると、闇斎思想はなんら「特異なものがない」ととらえ、闇斎思想における「神儒妙契」というのを、その思想的突破として考えていないのである。そのため、氏は主に、その思想の政治性と闇斎学派の内部の矛盾に重点を置いて、闇斎を研究したのだと思われる。

　　しかし、実際に闇斎の晩期著作を考察してみたら、闇斎における「妙契」というのは、けっして単なる闇斎思想の特徴のひとつだけでなく、むしろそ

の思想的突破と考えるべきだと思われる。その「神儒妙契」観について、さらに一歩突っ込んで研究し、もっと客観的にとらえる必要があると思う。

考えてみれば、闇斎の「神儒妙契」観は、ちょうど「神儒一致」論や「儒主神随」論が江戸儒学に広く見られる時期にあたり、形成されていた。周知のごとく、江戸時代になると、日本儒者は仏教の束縛から脱したため、ほとんど仏教批判の立場を取ったが、異なった日本儒学の流派が多く共存していた。特に、多くの日本儒学者は、日本固有文化の神道と儒学との共存と融合を主張し、「神儒一致」や「神儒合一」を提唱した[8]。しかし、儒学と神道の融合と言っても、儒学と神道の布置によっては意義が異なるであろう。

例えば、有名な林羅山は「儒学の日本化」を推進し、儒学は日本の官学となるように努力を続けていた。彼は幕府に奉仕したので、その思想は統治者に大きな影響を与え、その推進によって、儒学が当時の主流思想となった。同時に、林羅山も儒学が外来文化であると意識し、それが主流思想となれるには、日本の固有思想と結合すべきだと考え、結局「神儒一致」を主張した。しかし、羅山の「神儒一致」観においては、神道は儒学に付会し、神道と儒学はひとつの真理だと思っていたが、「儒主神随」を主張し、その「神儒一致」観は、言ってみれば「儒主神随」の立場に立って、儒学の勃興を推進しようとしたのである[9]。

それに対して、山崎闇斎は、「易ハ唐ノ神代巻、神代巻ハ日本の易ジャ」というのが闇斎の常言と浅（あさ）見（み）絅（けん）斎（さい）が語っている[10]ように、闇斎からすれば、神代巻や神道が日本独自の道であり、易なり儒教の経典なりが唐の道である。易と神代巻は同じな真理を語っている経典であるが、易は唐のもので、神代巻は日本のものであることが混淆できない。したがって、闇斎の「神儒妙契」観は、林羅山の観点と違って、どちらかと言うと、日本神道の勃興を推進しようとするもので、天の理も神の道であり、理気も神道の天理であり、儒学と神道は異なる文化に属したが、内在の真理が一致していると主張したのだ[11]。それは「神儒妙契」観の成立の基礎とも言えよう。

それでは、闇斎思想における「神儒妙契」というのは、どこから窺がわれるのだろうか。

三、「天人唯一論」における「神儒妙契」

「天人唯一論」は、闇斎の創立した垂加神道の根本理念であるが、その根本理念の提出は、闇斎の「神儒妙契」観をよく啓示していると言えよう。なぜなら、「天人唯一」は闇斎の提出した理念ではあるが、その根本原理は朱子学の理学の「理」に由来したからである。朱子学では、天の理と人の理は一貫している。闇斎はそれにより、天の理と人の理と神の理も一貫していると考えた。その点について、彼は以下の通り述べている。

「天神七代は造化の神、地神五代は身化の神、伊弉諾尊伊弉冊尊は造化・気化を兼ねるの神号なり。卜部の未生の伊弉諾伊弉冊、已生の伊弉諾伊弉冊の説は、正にこれを謂ふなり。未生は則ち天の陰陽造化の神、已生は則ち男女気化あの神、二尊国土山海草木を生みて天照大神を生む、これ天人唯一の道なり。」(『日本思想大系39　近世神道論、前期国学』の「垂加社語」123頁)

天神七代、地神五代という説法は、神代系譜の合理性を認めた。それは、神々の由来と役割をも解釈し、現実社会の身分制度及び天皇権力をも認めたのである。山崎闇斎は、伊勢思想を受け継いで、朱子学と陰陽道の理論により、神々の由来と変化を解釈したのだ。「我神道四つ、造化、気化、身化、心化は形なし。気化・身化は体あり。これ神代を学ぶ者正に知るべきところなり。」[12]

闇斎は、朱子学の「気化」、「形化」の理論で天神七代と地神五代を分類し、「玉籤集」において、神々の成立を天地開闢の時に出現した造化神、五行を神とした気化神、陰陽男女によって出現した身化の神、心の作用を神とした心化神として説明し、「未生を以て已生を言ひ、或いは已生を以て未生を言ふ。みな天人唯一の理を明らかにする所以なり。」と解釈している[13]。天地は神の出現する前に生まれたが、神は天地を主宰している。神は人間を創ったので、人間は神の子孫である。天地は人間を孕むので、天・神・人は、緊密につなぐようになる。それは、闇斎の理解での「天と神と人が一貫している」思想である。

闇斎の「天人唯一」思想は、朱子学の「天人合一」に由来するものである[14]。朱子学の世界観から見れば、神代巻に載った神々の系譜は荒唐無稽である。「神代巻は日本の易」と主張している闇斎は、ずっと日本の神代巻

の合理性を証明するように努めていた。彼は、神代巻は神聖性があるが、朱子学の合理性に欠けていると考えた。したがって、以上の引用のように、闇斎は朱子学の理気説によって、神道の教義―神代巻を解釈しようとし、神道の合理的な根本原理―「天人唯一」の道を創造したのである。

「二尊天の浮橋の上に立つより、磤馭盧島に至るは、これは天の陰陽和合の道を言へり。二神かの島に降り居しより下は、これ人の男女和合の道を言ふなり。或いは未生を以て已生を言ひ、或いは已生を以て未生を言ふ。みな天人唯一の理を明らかにする所以なり。」（同上 123 頁）

天地の陰陽和合の道が人間の男女和合の道に一致している。それはいわゆる「天人唯一」の道の根本原理である。天地造化と人間の活動は神によって統一され、いわゆる天道と人道は、神によって、統一された。闇斎は、儒学の天の理と神道の神の道を統一することによって、神道と儒学の「妙契」に達したのだ。

すでに指摘されたことだが[15]、闇斎は中国からの朱子学と日本固有の神道を結合するように努めたが、異なる価値体系に属してる両文化の結合は、けっしてそう簡単なことではないから、結局概念互換、概念混同を通じて、両文化を結合したのだ。確かに、その指摘も最もであるが、それでも言ってみれば、やはり立派な「妙契」と言えよう。

四、「敬内義外」思想や土金思想における「神儒妙契」

よく知られているように、心身を相即的にとらえ、身をつつしむことによって、心身相即のうちに心の主宰性を確立しようとするのが、闇斎の朱子学理解の特色のひとつである。

闇斎は、五行相伝と敬の発生を統一し、神道の中においても敬が重要であることを証明しようとし、それによって、闇斎は神道の根本教義―土金伝と、儒学の根本理念―敬とを見事に「妙契」したのだ。彼は、君臣関係は人倫関係の核心であると考えているので、「持敬」と君臣関係とを結合して、「垂加文集」において有名な「敬内義外」思想を提出したのである。

山崎闇斎は、次のように言った。

「夫敬之一字ハ，儒家之成始成終工夫ニシテ、其来クル久遠也。天地之開始、ヨリ以来、代々之聖人道統之心法を伝え来リ玉フモ、不過此敬矣．」

附録十　山崎闇斎における「神儒妙契」について

（『日本思想大系 31　山崎闇斎学派』の「敬斎箴講義」80 頁）

　　闇斎が、土と敬との和訓読が近いことから、土（つ）地（つ）之（し）味（み）、土（つ）地（つ）之（し）務（む）と読ませて彼独自の土金の論を作ったのは、あまりにも付会で、迷信的なことである、との指摘[16]があるが、朱子の「持敬」思想でもって、神道教義の土金思想を解釈し、神道の根本出発点が「敬」にあるという思想を提出し、その上で、「敬」の概念を拡大して、独自の「敬内義外」思想を形成したのだ[17]。

　　また、日本神道の教義である土金思想についてだが、陰陽五行思想に由来するもので、土と金は、五行の要素として神道では土神と金神と称された。

　　闇斎の土金思想は、朱子の五行説から大いに影響を受けたものだから、土を特殊な位置に置いて考えられた。朱子学の五行説においては、

　「阳变阴合，初生水火，水火气也。流动闪烁，其体尚虚，其成形犹未定。次生木金，则确然有形矣。水火初是自生，木金则资于土。五金之属皆从土中旋生出来。」（漢文）（『朱子性理語類』51 頁）

とある。

　　つまり、土は水火木金の寄せるところにあり、五行の中には根本であって、土が無ければ物が生ずることができないのである。

　　山崎闇斎は、その思想を発展させ、次の通り考えた。

　「土金ノ伝授ト云事ゾ。此が先神道一大事ノ伝ゾ。ソレハ何トシタ事ゾト云ヘバ、先土ハ五ツト云コト，土ヲ五ツニトリテアルコト、神代巻デ覚ヘテイルカ、伊弉諾尊ノ軻遇突智ヲ斬テ五ツニナサヒタ、アレガタゞキケバ何トンタコトヤヲシレヌ。則チアレガ土を五ツニナカレタ処ゾ。」（同上の「神代巻講義」143 頁）

　　闇斎によれば、土金の伝授が神道の一大事である。神代巻の記載においての伊（い）弉（ざ）諾（なぎ）尊（のみこと）が火神軻（か）遇（ぐ）突（つ）智（ち）を斬って五つになされたという話は、「火生土」を象徴し、正に土と火の関係を明らかに表した。

　　さらに、闇斎は以下の通り、土金相伝の過程は敬の産生の過程であると考えた。

　「サテコノ土ハ火カラデナケレバデキヌゾ。火ト云ハ則心ゾ。心ニ神ハ

207

ヤドラセラルゝゾ。コレハ常ニ伝授スル時ハ云ヌコトナレドモ、ソチガ能心ニ徹シテ合点ノユク様ニト思フチ、大事ヲ云テ聞ス。アノ神ノ社ヲホコラト云ガ大事ノ秘訓ゾ。凡テ神ノ御座在処ヲオコラト云。オコラトハ火蔵ト云コトゾ。火ハホト通ズ。ホノラ、ホノコナド云。ソレデ、ヒコラト云、去程ニ、ツゝシミ云うノ心デナケレバ生ゼヌゾ。面白イコトデハナイカ。心ニテナノワケヨリ合点ノユクコトゾ。サテアノ土ノバラグシタ処ニハ何モ物出来ヌモノゾ。土ノジットカタマリタ処デナケレバ、物ノ生ズルト云コトハナイゾ。ソレデツゝシミト云訓ハ、土ヲシムルト云コトゾ。土ト云モノハ、ヂットシマリタモノゾ。ヂットニギリタモノゾ。」（同上144頁）

　闇斎の理解では、土の訓はつつしみであり、土はじっと握った心持を象徴し、つまり、敬の精神状態に相当する。「火生土」は、神前へ参詣する時の心持ちは「持敬」すべきであることを表した。

　彼は、「扨敬ト云ヘルハ何ノ子細モ無ク、此心ヲ鬱乎々々ト放チヤラズ、平生吃ト照ラシテメルヲ敬ト云ゾ。」と説いている[18]。その解釈によれば、つまり、火生土、土生金は、神へ参った時に人の「持敬」の生じた過程を象徴しているのである。

　要するに、闇斎は土金相伝の過程がつまり敬の生ずる過程であると考え、土金の伝は神道教義の重要なものであるから、「持敬」というのも神道の中において甚だ重要なものと言える。朱子学の「持敬」思想は、道徳修養上の理論であるが、闇斎はそれを神道と結合して、神道思想を道徳修養化させたのである。

　闇斎は、ここにおいて正に、土金の伝と「敬」というのを見事に「妙契」させたのではなかろうか。

五、「神皇一統」における「神儒妙契」

　「敬内義外」説から見ても分かるが、闇斎は特に忠君の敬義を重んじ、君臣の義は自然の理、つまり天理であると考え、天理に従い、神霊へ参り、君主へ絶対的な「持敬」をすべきことを強調した。彼は、君臣関係や天皇の統治に神聖性を強めるために、神道神話の「神籬磐境」と人類の「君臣の道」とを「妙契」し、「神籬磐境」の恒久性を証明することにより、君臣の道の恒久性を証明しようとした。

附录十　山崎闇斎における「神儒妙契」について

　それでは、闇斎はいかにして、「神（ひも）籬（ろぎ）磐（いわ）境（さか）」と「君臣の道」とを「妙契」させたのか、或いは、その「妙契」から、どのような「神皇一統」思想が反映されたのか。次に、この問題について考えていきたい。

　よく知られているように、神道においては、「神籬」と「磐（いわ）境（さか）」は祭祀の場所である。高皇産霊尊が自ら吾孫尊のため、祭祀の場所をつくり、神を祭ったのである。「神籬磐境」は祭祀の場所だけでなく、天神の皇孫に対する加護の象徴でもある。

　「神籬」は堅木によって、立てられたので、移植できるが、「磐境」は「磐石」によって築き上げられたので、移すことができない。したがって、「神籬」は神霊の絶え間なく繁殖する様を象徴するのに対して、「磐境」は天皇統治の堅固さと恒久性を象徴する。神道では、神と人、天皇と皇祖は、「神籬磐境」によって結び付けられ、それによって、天皇の統治の神聖性が強くなり、天皇に対する敬が自然に必要となったのである。

　ここで注意すべきは、山崎闇斎は、「神籬磐境」について、新たな解釈をした。

　「嘉曰く、口伝に云く、神籬は日守木なり、厳境は中なり。…口伝に云く、日守木は、日は日なり、日継の君なり。守木は皇孫を覆ひ護り奉ること。なほ樹木の天日を蔽翳するがごとし。児屋命の訓も亦皇孫を覆ふの」義なり。磐境は中なり。」（「詩授抄」133頁）

　山崎闇斎は「神籬」を「日守木」と解し、天神を日と解し、天皇は日継の君として、つまり天神の現人神に相当し、皇孫としての臣民を守ることと解した。神と天皇は樹木の陰の如く臣民を護り、それは即ち上守下である。磐境は中であって、中はすなわち君臣相守る道である。つまり、君は下の臣民を守ることに対して、臣民は上の君を護らなければならない。それに、磐境は天皇の統治及び君上臣下の秩序の不動不易を象徴しているのである。
闇斎はさらに、

　「嘉謂ふ、天孫を助け奉りて、天孫の為に祭れよとは、神皇一体の心伝なり。」（「詩授抄」135頁）

　と言った。天神は天皇といってよい、天皇も天神といってよい。そうな

209

れば、神籬磐境は神皇一体のシンボルではなく、天皇の統治の恒久性及び神聖性のシンボルとなるのだ。神道の出発点は神であるが、最終的には人間の世界に戻るのである。「詩授抄」において闇斎は神代秩序の恒久性を論証し、それによって、人間の世界の秩序を説明した。ここに至って、闇斎は神道と朱子学の君臣大義をしっかりと結合して、神道の本質を掲示したのである。

　要するに、闇斎は、神道教義である神代巻の「神籬磐境」の神話によって、天皇の統治の神聖性を強めようとするが、神話は真実感が欠けているため、闇斎は「神籬磐境」を朱子学の「君臣の道」と解釈し、神道の神話に真実感と合理性を与えた。闇斎の「神皇一統」思想は、その「神儒妙契」観の一側面を反映していることが容易に窺がわれよう。

六、闇斎思想における「神儒妙契」の本質

　闇斎の「天人唯一」の道と「敬内義外」説、それからその「神皇一統」思想を考察してみたら、その「神儒妙契」の本質を次のようにまとめられるかと思う。

　一、両文化が対抗するような時になると、儒学は往々にして神道に服従する立場に置かれる。言い換えれば、神道はかならず第一位とされ、儒学はその次になる。

　これは、『先哲叢談』において、よく知られている闇斎に関する一段の記事からわかるが、それは、闇斎が門弟に対し、もし孔子を大将とし孟子を副将として日本に攻めてきたらば、諸君いかに為すと訊くと、黙って答えず。闇斎は声を励まして、わが手に武器を執ってこれと一戦し、もって孔孟を擒にして国恩に報いる事が孔孟の道であると言ったと伝えている。

　二、両文化が結合する際、神道が必ず主体とされ、儒学は客体とされる。つまり、闇斎は神道を根本とし、儒学を手段とし、儒学によって神道を完全なものにしょうとするのである。

　その点も重要である。闇斎思想は、前期には主に朱子学の引用・模倣と言えるが、晩期になると、朱子学の長所を取り入れ、神道の短所を補うという特徴を見せる。その「天人唯一」の道と「敬義内外」説、「神皇一統」思想からも見て取ることだが、朱子学を日本化させただけでなく、「日本化」を超越して、朱子学の「天人合一」、「敬」、「君臣の道」と違った神道思

想—垂加神道を創立したのである。

　三、儒学と神道との結合は、単なる「習合」、「雑信」でも、簡単な付会でもなく、冥々の「妙契」と言える。しかも、「妙契」と言っても完全な合一でもなく、両文化の独立をも認められる。

　「天人唯一」の道と「敬内義外」説と「神皇一統」思想から見れば、いわゆる「妙契」というのは、儒学と神道とが同じ天理を共有しており、儒学の理と神道の道が根本的には相通しているとの考えであることが分かる。闇斎はその三つの思想において、主に朱子学の根本原理によって神道の教義を解釈し、朱子学と神道の根本原理が通用していると主張した。彼からすれば、儒学の真理がそのまま神道の真理と考えられるし、神道の真理も儒学の真理と言ってよいことだ。「易ハ唐ノ神代巻、神代巻ハ日本の易ジャ」と、闇斎が常に言っているようだが、同時にまた、神道は日本の独自の道で、儒学も紛れも無く中国独自の道であると主張している。そういうところから見れば、闇斎の固執している「妙契」は、その政治的目的に奉仕したもので、儒学の理学によって神道を補完しようとするための産物であると言ってよかろう。

七、「神儒妙契」の思想史的意義——「儒学の日本化」への超越

　「神儒妙契」観は、闇斎独自の思想的形成と言える。その「神儒妙契」観から、闇斎の思想内部における朱子学と神道の「最終的布置」がよくわかる。

　近世初期における日本儒者達は、ほとんど外来文化の論理性と合理性を感嘆し、朱子学の吸収や「日本化」に努めていたが、闇斎だけは「朱子学の日本化」の限界を超え、日本独自の道に属している神道の完全に力を注ぎ始めた。それから、両文化の共存している局面に対して、他の儒学者は「神儒一致」或いは「儒主神随」の旗を揚げたが、闇斎だけは神道と儒学との布置において、独特の「神儒妙契」観を表した。

　闇斎の儒学受容或いは闇斎思想における「神儒妙契」からわかるが、儒学はあくまでも「用」であって、「体」にはならない。闇斎は、朱子学の「体用」理論によって神道と儒学を解釈したとの指摘があるように[19]、その思想の中における神道と儒学との布置からも、神道は絶対第一の位置にあって主体であり、儒学はその次に位置され、客体であることが窺がわれる。これもまさに、闇斎思想における「神儒妙契」の最大の特徴ではないかと思う。

確かに、闇斎思想を「儒学の日本化」ととらえるのは、中々特色のある学説と言えようが、よく考えたら、闇斎思想における朱子学と神道の布置――「神儒妙契」観は、最終的には、すでに儒学の枠を超え、日本独自の文化を形成するようになった。言い換えれば、闇斎思想は儒学の原理を媒介にして、日本朱子学の境界を越え、所謂「儒学の日本化」の枠を脱して、独自の思想的創造――垂加神道に達したのだと思われる。

　闇斎は、「敬」の「和訓」を牽強に読み替えるのが意味深いことであろう。彼は、朱子学の源は「理」にあり、垂加神道の源は土金の伝にある、それから、朱子学の政治的方向は君臣大義にあり、垂加神道の政治的方向は「神皇一統」にある、とし、垂加神道の源を朱子学の思想とこじつけて結合し、その原理によって、垂加神道の教義を解釈した。正に、「敬」という朱子学の一部を完全に恣意的に模倣或いは「日本化」することによって、神道のものとして再構成し、結局独自の思想的創造と言われるべき垂加神道説を形成したのだ。そういう意味からでも、闇斎思想における「神儒妙契」を、単なる「儒学の日本化」ととらえるのは、必ずしも妥当ではないことが頷けよう。

　闇斎思想における「「神儒妙契」というのは、日本思想史においてどれだけ重要な意味を持つものか、容易に想像がつくものだと考える。

注　釈

　[1] 丸山真男「山崎闇斎と闇斎学派」（『日本思想大系 31　山崎闇斎学派』、岩波書店、1983）参照。

　[2] 田尻祐一郎「儒学の日本化―闇斎学派の論争から」（『日本の近世 13』、中央公論社、1993）参照。

　[3] 王維先『垂加神道哲学思想研究』（山东人民出版社、2004 年 1 月）参照。

　[4] 丸山真男「山崎闇斎と闇斎学派」（『日本思想大系 31　山崎闇斎学派』、岩波書店、1983）参照。

　[5] 『日本思想大系 31　山崎闇斎学派』（岩波書店、1983）606-608 頁。

　[6] 『日本思想体系 31　山崎闇斎学派』（岩波書店、1983）収録。

　[7] 丸山真男「山崎闇斎と闇斎学派」（『日本思想大系 31　山崎闇斎学派』、岩波書店、1983）参照。

　[8]　[9] 王維先「山崎闇斎的神儒合一思想与儒学的本土化」（『斉魯学刊』、2001 年第 6 期）参照。

附录十　山崎闇斎における「神儒妙契」について

　　[10]　[11]『日本思想大系 31　山崎闇斎学派』の「雑話筆記」参照。
　　[12]　[13]「垂加社語」（『日本思想大系 39　近世神道論　前期国学』、岩波書店、1972）、123 頁。
　　[14]　[15] 王維先『垂加神道哲学思想研究』（山東人民出版社、2004 年 1 月）、46 頁。
　　[16] 鳥居博郎・三枝博音『日本宗教思想史』、世界書院、1948）、220 頁。
　　[17] 王維先『垂加神道哲学思想研究』（山東人民出版社、2004 年 1 月）、100 頁。
　　[18]『日本思想大系３１　山崎闇斎学派』の「敬斎箴講義」参照。
　　[19] 王建『"神体儒用"的辨析』（大象出版社、2002 年 9 月）参照。

参考文献

『日本思想大系 31　山崎闇斎学派』、岩波書店、1983。
『日本の近世 13』、中央公論社、1993。
『日本思想大系 39　近世神道論　前期国学』、岩波書店、1972。
鳥居博郎・三枝博音『日本宗教思想史』、世界書院、1948。
王建『"神体儒用"的辨析』、大象出版社、2002 年 9 月。
王維先『垂加神道哲学思想研究』、山東人民出版社、2004 年 1 月。

后　记

　　本研究名为"日本中世文化研究",实际上是在10年前完成的"宋元时期中日佛教文化关系"研究成果的基础上,略作修改和增删而成。皆因该研究的主要内容,本来就是围绕着日本的中世文化而展开,其关注的焦点实际上也主要集中在日本的中世文化上,而并非专门讨论佛教或禅等宗教性问题,故以此名命之似乎更为客观一些。再加上,随着时过境迁,不仅在相关学界有新的研究成果不断涌现,自己本人亦随着学习和研究的不断深入,既有对相关知识和新成果、新见解的不断吸收和消化,也不乏因新资料的发掘和解读而对有关问题进行的再思考和重新认识,颇感有必要以某种方式在适当的时候做个交代。

　　谈起日本的中世文化,应该说,真正对其产生浓厚兴趣,并促使自己去关注、去探个究竟的,实际上是在正式开始涉猎中日两国佛教文化关系的研究以后的事。不过,在那之前,自己其实对所谓日本文化和日本文化史,一直有一种朦朦胧胧的偏好。不仅喜欢涉猎这方面的书籍和知识,在从事教学的过程中,还主动地去开设、承担这方面的课程。后来,随着对日本文化的认识和理解的进一步加深,对中日文化交流史、中日文化关系方面的兴趣也日渐浓厚,并在2000年考入暨南大学历史系博士课程之后,选定了"宋元时期中日佛教文化关系"为研究课题,主要集中对宋元明时期(亦即日本的中世武家政权时期)中日两国之间,围绕着"中国禅的东传与日本禅的形成及发展"而展开的佛教文化关系进行考察研究,在导师纪宗安教授的帮助和指导下,终于在2003年年底得以将研究的阶段性成果撰成博士论文并获历史学博士学位。可以说,这项阶段性的研究工作的完成,又进一步加深了自己对所谓日本的中世文化的本质和特征的了解和认识,从而越发感到:对于日本的中世文化,尤其是对其在当时中日佛教文化关系背景下的形成和发展,以及其所呈现出来的独特现象的

后　记

前因后果，似乎都有必要给予新的把握和诠释。

值得一提的是，就在本研究的后期阶段以及本书的修改、整理过程中，笔者有幸于 2012 年 3 月至 2013 年 4 月期间，获得了在位于京都的国际日本文化研究中心（以下简称"日文研"）从事相关研究的宝贵机会，同时在"日文研"优越的研究环境和条件下，不仅"衣食无忧"，还有机会接触到以往未曾涉猎过的许多珍贵资料而增长了不少见识，并对日本中世时期的佛教"本土化"现象和上流阶层的"唐物趣味"现象做了相应的考察和研究，分别作了题为"关于日本化的地狱极乐意象——以《熊野观心十界图》为例"（平成二十四年度"日文研"一般公开讲座）和"关于日本的中世文化——以上流阶层的唐物趣味、禅趣味为中心"（第 262 回京都"日文研"论坛）的讲座。窃以为，这些由新的资料启发而来的对日本中世文化的新的认识和理解，也有必要再以某种形式加以反映出来以飨中文读者，并借此机会就教大方。

另外，在"日文研"从事研究期间，得到了铃木贞美教授的大力帮助和指导，在此，谨表示我由衷的谢意！

韦立新
2013 年 9 月